완벽한
빙하시대

THE COMPLETE
ICE AGE

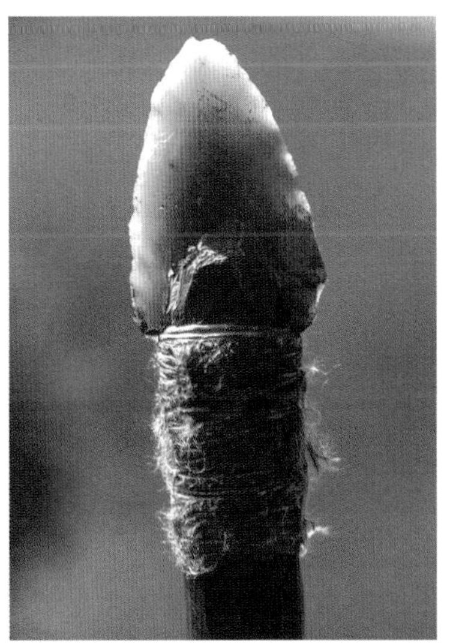

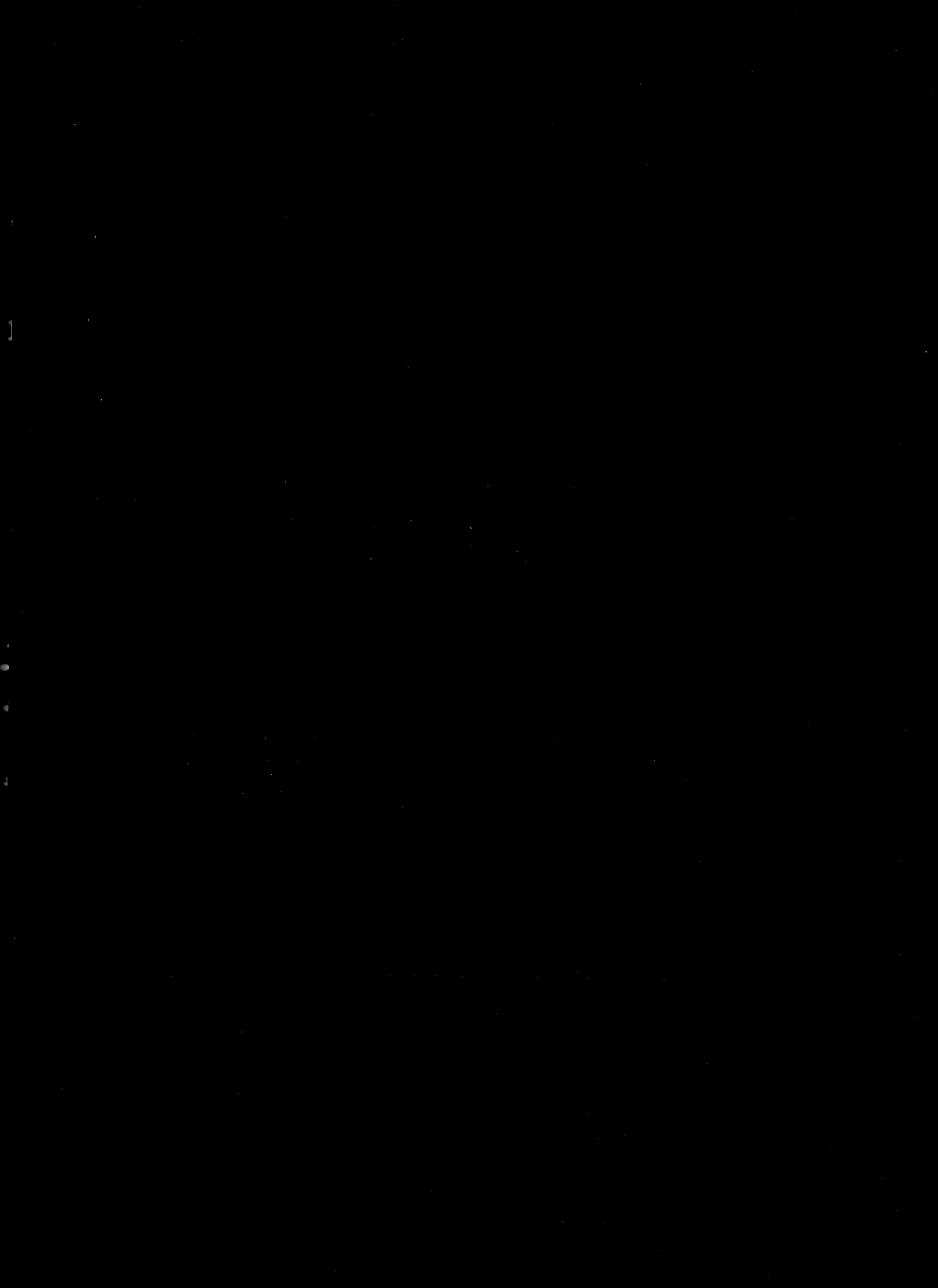

완벽한 빙하시대

THE COMPLETE
ICE AGE

기후변화는 세계를 어떻게 바꾸었나

브라이언 페이건 편
이승호 · 김맹기 · 황상일 역

192개의 정밀삽화 및 160개의 컬러사진 수록

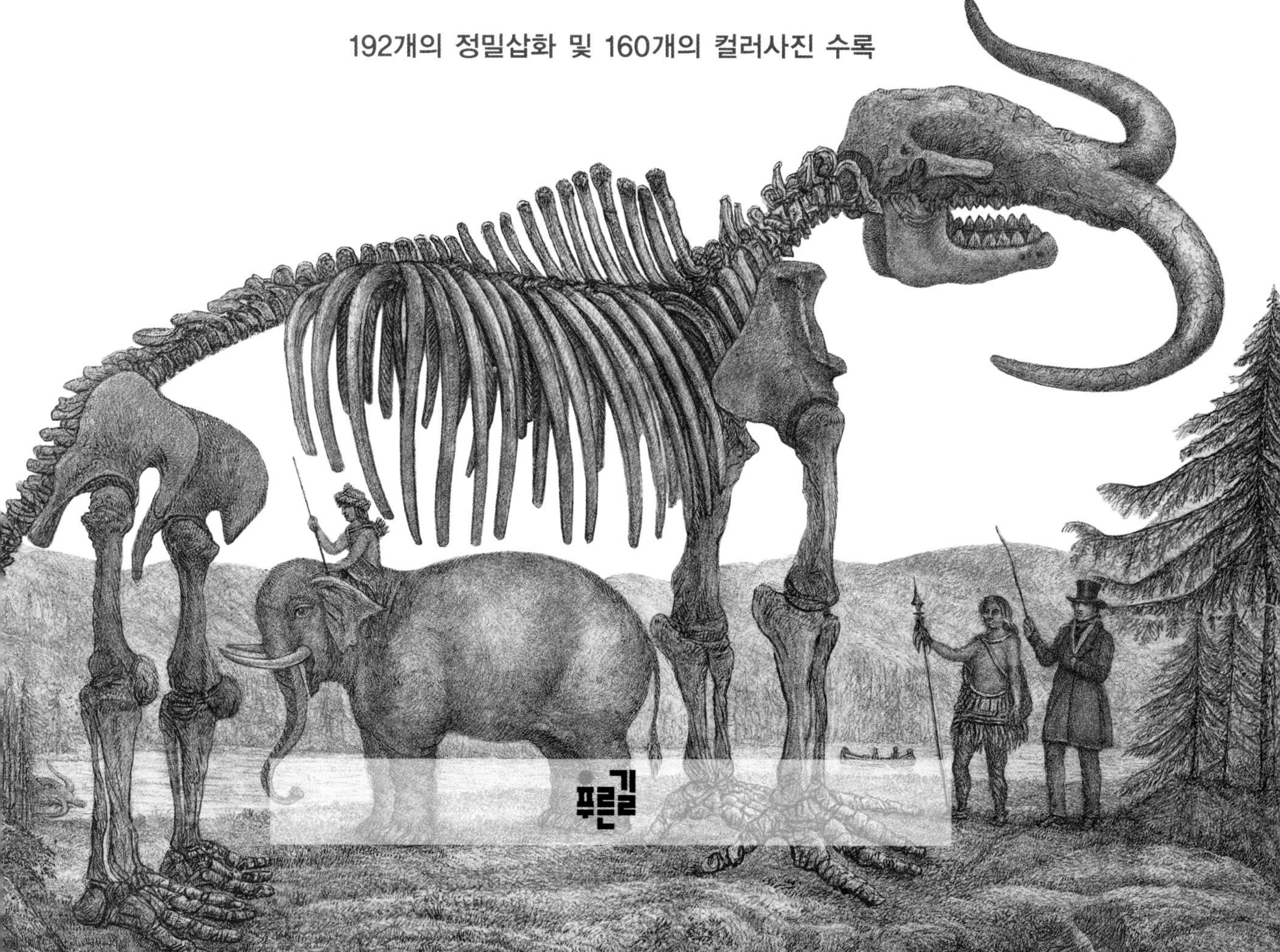

푸른길

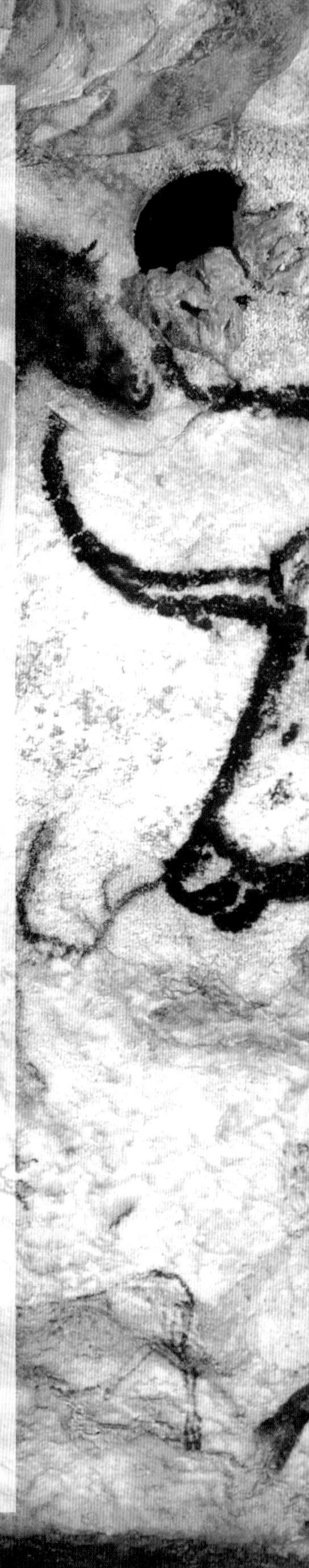

초판 1쇄 발행 | 2011년 5월 2일

엮은이 | 브라이언 페이건
옮긴이 | 이승호 · 김맹기 · 황상일

펴낸이 | 김선기
펴낸곳 | 주식회사 푸른길
출판등록 | 1996년 4월 12일 제16-1292호
주소 | 137-060 서울시 서초구 방배동 1001-9 우진빌딩 3층
전화 | 02-523-2907 팩스 | 02-523-2951
이메일 | pur456@kornet.net
블로그 | blog.naver.com/purungilbook
홈페이지 | www.purungil.com, www.푸른길.kr

ISBN 978-89-6291-149-7 03900

이 도서의 국립중앙도서관 출판시도서목록(CIP)은 e-CIP홈페이지(http://nl.go.kr/ecip)에서 이용하실 수 있습니다.(CIP 제어번호: CIP2010004610)

*잘못된 책은 바꿔 드립니다.

차례
CONTENTS

빙하시대의 이해

빙하시대. 이 말은 엄청난 빙하, 눈 덮인 산지, 바람 부는 초원에서 풀을 뜯고 있는 거대한 매머드 등의 이미지를 떠올리게 한다. 털옷을 입은 사냥꾼이 이미 오래 전에 멸종된 사냥감을 찾아 헤매고, 영하의 겨울 날씨가 일 년 중 9개월이나 계속되는 꽁꽁 얼어붙은 고대의 세계에는 눈길을 끄는 부분이 있다. 빙하시대란 말은 기후학의 초창기이면서 지질학에서 지구의 층서 연구가 매우 중요시되던 빅토리아 시대에 등장하였다. 그 무렵은 오늘날보다 한랭한 시기였다. 그런 기후 환경은 추위가 수천 년 동안 계속되었을 것이라는 그들의 초기 생각에 영향을 미쳤다. 온난화가 지속되고 있는 시기에 쓰인 이 책 『완벽한 빙하시대(*The Complete Ice Age*)』는 지질학자들이 플라이스토세라고 부르는 마지막 지질시대의 아주 독특한 모습을 기술하고 있다.

앞으로 장기간 지속된 수많은 빙기의 세상을 이야기하겠지만, 한랭한 시기와 온난한 시기의 변동이 끊임없이 이어지고 있다. 지난 80만 년 중 3/4 이상의 기간 동안 지구의 기후는 한랭한 환경과 온난한 환경 사이를 변화해 왔다. 기후변화는 빙하시대가 시작될 무렵인 200만 년 전 건조한 아프리카에서 번성하였던 유인원이 최초로 도구를 만들던 시대부터 인류 역사의 배경이 되어 왔다. 이 책은 이런 극단적인 변동에 적응하였던 멀고도 가까운 우리 선조의 생활 양식에 많은 관심을 기울이고 있다. 우리는 그들의 삶을 통하여 오늘날 온난화하는 지구에서 살아남을 수 있는 방법을 찾는 데 중요한 실마리를 얻을 수 있을지 모른다.

이 책은 새로운 지식을 설명하고 있다. 이 책은 기후학과 지질학뿐만 아니라 세련된 고고학적인 발굴과 관찰을 포함하는 학제 간 연구의 새로운 흐름을 통해 독자들에게 전달되는 하나의 여행이 될 것이다. 각 쪽에서 설명하는 내용의 대부분은 야외 관찰은 물론 심해 퇴적물 코어의 분석과 화분 분석, 과거 나무의 나이테 연대 비교 등과 같이 실험실에서 얻은 결과도 포함하고 있다. 종종 과거의 DNA 분석 결과가 빙하시대의 기후변화에 대한 반응으로 나타난 인류의 이동과 관련된 실마리를 제공하기도 하였다. 반면에 고고인류학자들의 연구 결과는 현존하는 화석 인류에 대해 세부적인 정보를 제공하였다. 스위스의 아가시(Louis Agassiz)라는 젊은 과학자가 빙하시대의 발견을 선언한 지 170년이 지난 지금에서야 우리는 그 복잡성에 대하여 이해하기 시작하였다.

이 책의 설명은 빙하시대의 연구를 포함한 서로 다른 분야에서 적극적으로 활동하고 있는 네 학자의 노력으로 이루어졌다. 페이건(Brian Fagan)은 빙하시대가 어떻게 발견되었는지 그리고 빅토리아 시대의 지질학자이면서 고생물학자인 버클랜드(William Buckland) 이후의 과학자들이 빙하시대의 존재를 확인하기 위해서 어떻게 아가시의 선구적 업적을 진전시켜 왔는지를 설명하였다. 그는 두 번째 장에서 19세기의 뛰어난 독학자인 스코틀랜드 과학자 크롤(James Croll)의 연대 연구와, 그리고 고대와 근대의 기후

길이 약 10km, 폭 2km 이상, 두께 900m인 알레치(Aletsch) 빙하는 오늘날 알프스에서 가장 거대하다. 그러나 마지막 빙하시대 정점일 때인 약 2만 년 전에는 유럽의 북부 대부분과 북아메리카, 남아메리카의 남부 대부분이 3~4km 두께의 광대하고 연속적인 빙하(또는 빙상)로 덮였었다.

오늘날 우리가 알고 있는 과거 기후에 대한 것의 대부분은 빙상에서 뽑아낸 빙하 코어에서 얻은 것이다. 사진은 큐레이터 하그리브스(Geoffrey Hargreaves)가 -36℃에서 얼린 상태로 보관 중인 그린란드 빙상에서 채취한 빙하 코어를 조사하고 있는 보습이나. 빙하 코어는 빙하시대 기후변화의 증거로 설명되며, 지구 온난화가 탄산가스 농도의 증가에 의한 것임을 보여 준다.

를 설명하기 위해서 수학적 이론을 만들면서 일생을 살아온 밀란코비치(Milutin Milankovitch)의 예측적인 계산 결과에 대해 설명하였다. 오늘날까지도 아주 타당한 밀란코비치의 이론은 처음으로 비교적 정확한 빙하시대 시간 규모를 제시한 방사성 탄소동위원소와 칼륨-아르곤(potassium-argon) 연대 측정법이라는 새로운 두 가지의 연대 측정법이 등장한 20세기 중반까지 여러 세대 동안 빙하시대 연구에 영향을 미쳤다. 1960년대 초에 이르러 빙하시대가 최소한 100만 년 전에 시작되었다는 사실이 확인되었다. 그 후의 새로운 연구가 빙하시대를 약 250만 년 전인 플라이스토세 초반까지 연장시켰다. 점차 시간이 흐르면서 서서히 진행된 냉각이 인류 발상지인 아프리카를 포함하여 지구 상의 여러 지역에 영향을 미치기 시작하였다.

기후학자인 마슬린(Mark Maslin)은 빙하시대의 시작과 원인에 대하여 설명하고 있다. 그는 광범위한 지질학적 정황으로 빙하시대를 인정하고, 비교적 최근의 기후변화에 대한 연대학적 기초를 제시하였다. 그리고 그는 플라이스토세 동안, 특히 과거 80만 년 동안 있었던 극단적인 기후변화를 설명하였다. 이 때는 최소한 9번의 빙기가 짧고 급격한 온난한 시기에 의해서 분리되었다.

갑작스런 한랭기 동안 오늘날의 캐나다와 스칸디나비아 대부분 지역에 대규모의 빙상이 덮었다. 당시 북반구의 겨울은 9개월 이상 계속되었고, 수 주 동안 −20℃ 이하인 상태가 이어졌다. 여름 기온은 오늘날보다 최소한 10℃ 이상 낮았으며 전구의 해수면은 오늘날보다 최소한 90m 낮았다. 이는 오늘날 인구를 황폐화시킬 것이라고 하는 다음 100년 간의 예상 상승치가 1m 이하인 것에 비하면 엄청난 규모이다. 이 때 시베리아와 알래스카가 육교로 연결되었다. 광대한 대륙붕이 북아메리카의 태평양 연안과 대서양 연안 및 동남아시아에서부터 확대되었고, 영국은 대륙에 연결되었다. 그 사이에 극단적인 온난화로 빙상이 녹아내리고 온대 식생이 북쪽으로 이동하거나 해수면이 급격히 상승하는 등 온난한 간빙기가 짧게 나타나기도 하였다. 특히 이 장은 최근 새로운 연구에 의해서 과거 10만 년까지 밝혀진 빙하시대 기후의 불안정성을 강조하고 있다. 예전에는 추위가 지속되었을 것으로 여겼지만, 이제는 그 사이에 급격한 기후 변동기가 있었을 것으로 여기고 있다. 이 때 유럽의 기후는 거의 오늘날만큼 온난하였다.

변동하는 빙하시대의 기후는 플라이스토세에 살았던 인류와 동물에게 특별한 기회와 도전이 되었다. 고고학자인 호페커(John Hoffecker)는 인류의 이야기를 이끌어 가고 있다. 빙하시대가 시작되었을 때 어느 정도 유인원과 비슷한 초기 인류만이 지구상의 유일한 인류였다. 그들은 직립보행하고 도구를 만들어 사용하였으며 소규모의 무리로

세 개의 구석기는 체코 모라비아(Moravia) 지역에서 발견된 것으로 네안데르탈인 사냥꾼이 만든 것이다. 진보한 기술은 네안데르탈인이 매머드와 코뿔소의 효과적인 사냥꾼이었다는 것과 단백질과 지방을 충분히 섭취할 수 있게 되었음을 의미한다. 이것이 한랭한 동부 유럽에서 생존하게 된 주요 이유이다.

돌아다녔고, 보다 한랭하고 건조한 개활지에 잘 적응하였다. 처음에 인류는 아프리카의 포유류에 불과하였다. 그러나 180만~170만 년 전 무렵 유라시아와 아시아에 갑자기 인류가 출현하였으며, 그들은 북위 40° 보다 훨씬 이북까지 분포하였다. 이때까지 인류는 순전히 열대 동물에 지나지 않았다.

호페커는 약 75만 년 전 네안데르탈인의 선조가 아프리카를 떠나 유럽으로 이동하

였다고 주장하고 있다. 그들은 한랭한 위도내에서 살아남을 수 있는 결정적인 도구가 된 독특한 주먹 도끼와 불에 대한 지식을 가지고 이동하였다. 그는 현생 인류 이전에 유럽은 물론 아시아에서 살았던 인류가 한랭기에는 아열대로 향하여 남으로 이동하고 온난할 때는 북으로 이동하면서 어떻게 기후변화의 충격을 피해 갔는지 설명하였다. 인류가 한랭한 조건에 훨씬 더 잘 적응하기 시작한 것은 마지막 빙기부터이다. 유럽인

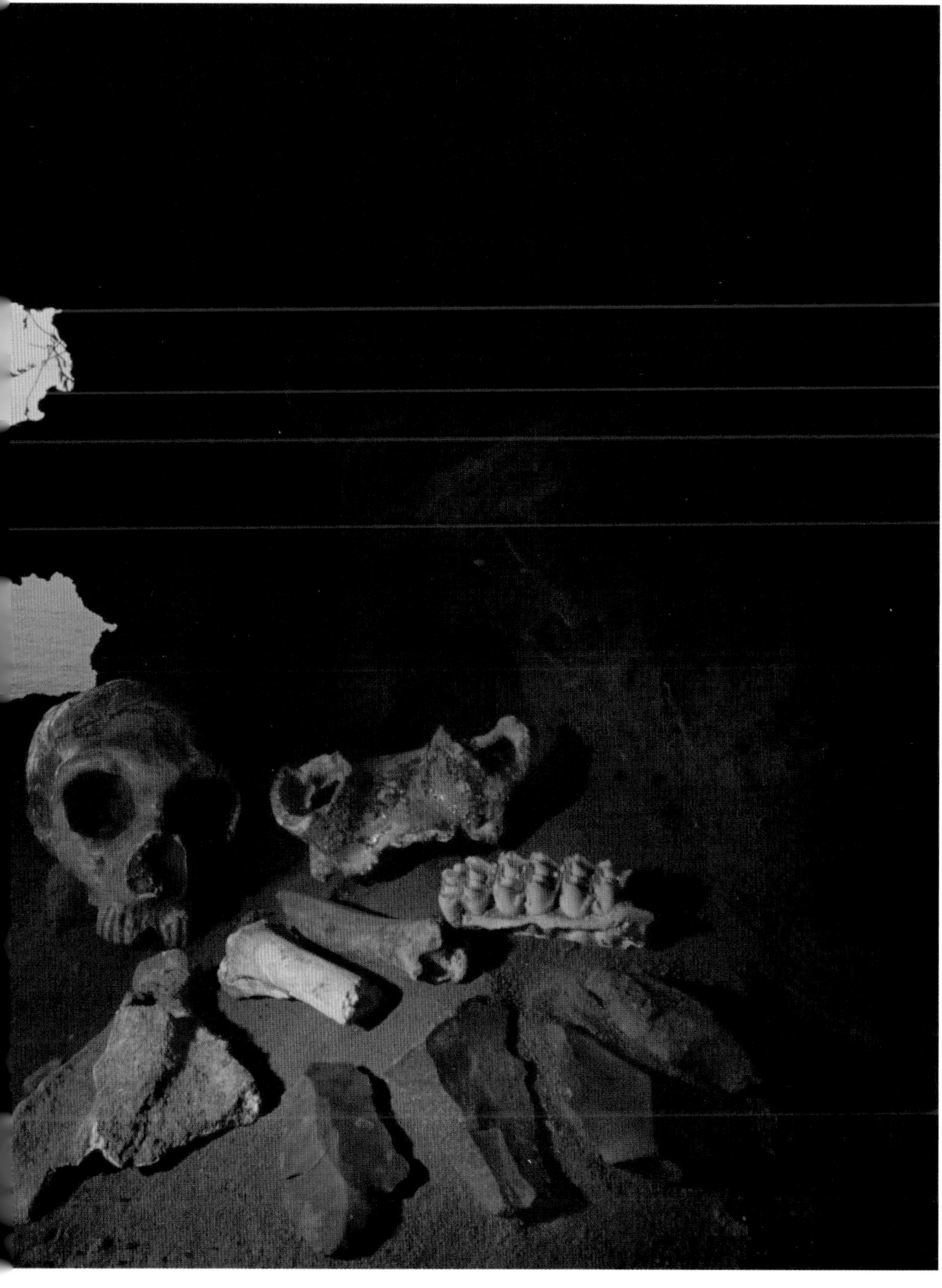

대략 3만 년 된 것으로 추정되는 지브롤터 동굴에서 발견된 여성의 두개골은 네안데르탈인의 무리로 알려졌으며, 가장 최근 인류를 보여 준다. 현생 인류는 1만 5,000년 동안 유럽에서 네안데르탈인과 함께 있었지만 생물적 · 문화적 특성은 명확하지 않다. '우리가 그들과 경쟁하여 그들을 대륙의 주변부로 몰아내고 결국 멸종되게 만들었는가?' 이 질문은 아직 해결되지 않고 남아 있다.

인 네안데르탈인은 약 12만 5,000년 전 마지막 간빙기 동안 동부 유럽의 광대한 평원에 터를 잡은 첫 번째 사람들이었다. 그들은 약 10만 년 전 다시 한랭기가 돌아왔을 때, 남쪽으로 이동한 것으로 추측된다. 그럼에도 불구하고 보다 안락한 계곡의 강가와 중앙아시아 알타이 산맥 너머의 먼 동쪽까지 일 년 내내 살고 있는 일부 무리가 등장하였다. 이들 네안데르탈인은 극단적인 추위에 대한 해부학적 적응성 보다는 매머드나 코뿔소와 같이 단백질과 지방이 풍부한 큰 동물을 사냥할 수 있는 효과적인 기술이 있어서 살아남을 수 있었다.

해부학적으로 현생 인류인 호모 사피엔스는 20만~15만 년 전 사이에 아프리카 열대에서 진화하기 시작하여 10만 년 전부터 빠르게 퍼져 나가기 시작하였고, 기원전 5만 년에는 본격적인 이주가 시작되었다. 그들은 유라시아와 시베리아의 극단적인 빙하시대 환경에서부터 열대우림과 동남아시아의 섬에 이르기까지 다양한 거주 환경과 기후대로 이동하였다. 그들은 4만 2,000년 전에 유럽과 오스트레일리아에까지 이르렀다. 호페커는 유라시아의 스텝에서 최초의 현생 인류가 덫이나 그물과 같은 새로운 기술 개발과 이미 멸종한 네안데르탈인이 먹이를 잡을 때 사용하던 가벼운 사냥 무기로 격변하는 기후변화에 어떻게 적응하였는지를 설명하였다. 사람들은 4만 년 내지 3만 년 전에 꿰맨 옷과 같은 혁신을 통해 극단적인 기후에 적응하면서 최소한 여름철에 일시적으로라도 북극권까지 이동하였다.

고생물학자 오리건(Hannah O'Regan)은 색다르고 대단한 빙하시대의 이야기를 기술하였다. 예를 들면, 검치호(sabre-toothed cat), 인류가 어두운 동굴에서 마주친 무시무시한 동굴곰, 키가 4m를 넘는 털매머드, 네안데르탈인의 무시무시한 적과 그것들을 사냥하려는 또 다른 인류의 이야기 등에 대한 것이다. 그리고 들소와 야생 말, 순록, 마스토돈과 같은 모든 동물들을 공격하기 위해서는 숙련된 추적 기술과 효과적인 무기가 필요하였다. 오리건은 오늘날 인류가 마주치는 동물들은 약 1만 1,000년 전까지 존재하였던 아주 다양한 생물 중 일부가 남아 있는

빙하시대가 단순히 지속적인 추위의 시대는 아니다. 빙상이 후퇴하는 간빙기 동안에 온난화에 적응한 동물들은 우리가 생각하는 것보다 훨씬 더 북쪽으로 이동하였다. 사진은 영국에서 발견된 하마(상)와 코뿔소(하)의 잔해이며 오늘날 그들의 선조가 살았던 아프리카와 아시아에서 먼 길을 이동한 것이다.

옆면 육식은 아니지만 키가 1m가 넘고 유럽과 서아시아에 걸쳐 살았던 동굴곰은 빙하시대에 인류와 마주친 무시무시한 짐승이었다.

것임을 설명하고 있다. 그녀는 빙하시대 동물의 대규모 이동은 사하라 사막을 만들 정도의 강수량 변동과 빙기 동안의 대륙붕과 육교의 출현이 장벽이나 고속도로 역할을 하였기 때문에 가능하였다고 기술하였다. 당시 동물들도 인류의 동반자로서 때때로 분포가 확대되기도 하고 축소되기도 하면서 기후변화에 적응하였다. 아무튼 빙하시대의 큰 수수께끼이면서 의문은 그렇게 많고 큰 동물들이 플라이스토세 후반에 왜 사라졌는가 하는 것이다. 단순히 기후변화 때문인가 아니면 인류 때문인가? 오리건은 증거를 세세히 조사하여 답을 제시하였다.

러시아 뉴시베리아(New Siberian) 섬에서 매머드 엄니와 오스트레일리아인 콜레턴(Dennis Collaton). 지구의 일부를 덮고 있는 마지막 빙기 이후 녹지 않은 영구 동토층은 수많은 빙하시대 동물들을 거의 완벽하게 보존하고 있다.

페이건이 보여 준 것처럼 약 1만 5,000년 전 빙하시대가 끝나고 온난한 시기가 시작될 무렵 초기에 사냥꾼의 일부가 여름 동안에 일시적으로 시베리아 북동단으로 이주하였다. 자료가 불확실한 면도 있지만, 그들의 일부가 베링 육교를 건너는 방법을 찾았고 현생 인류의 대규모 이주 중 마지막 장으로서 아메리카 대륙으로의 이주가 시작되었다. 빙하시대의 마지막 단계인 1만 3,000년 전에 유럽 대부분의 지역과 북아메리카에서 거의 빙기 상황에 가까운 길고 혹독한 추위가 시작되었다. 역설적으로 이 짧고 강력한 충격이 인류 역사상에서 최고의 혁신인 농업의 출현을 자극하였다. 인류는 추위가 시작되기 전 좀 더 온난한 조건일 때 확대되었는데, 그때 정착했던 서남아시아의 레반트(Levant, 역자 주-동부 지중해 및 그 섬과 연안 제국을 말함)와 유프라테스 계곡에서 당시의 생존에 필수적인 야생 곡물 서식지가 축소되는 상황에 맞닥뜨렸다. 시간이 흐르면서 찾아낸 해결책은 같은 작물을 재배하는 것과 양과 염소 같은 가축을 키우는 것이었다. 인더스 계곡과 중국의 양쯔 강 계곡, 아메리카 등과 같이 조건이 적당한 세계의 여러 곳에서 지리적 경계가 없다는 인류의 발명과 진보가 일어났다. 그로부터 수천 년 내에 수많은 사람들이 세계 최초의 문명 속에서 신의 법칙과 강력한 지도자가 이끄는 도시에서 살게 되었다.

빙하가 녹고 있지만 아직 기후변화가 끝나지 않았으며, 최근 1만 년 동안 수많은 기후 진동을 보여 왔다. 소위 중세 온난기(Medieval Warm Period, AD 800~1250)는 아메리카에서 장기간의 한발을 야기한 반면, 소빙하기(Little Ice Age, AD 1300~1860)는 강력한 추위와 폭풍을 증가시켰다. 어쨌든 마지막 장에서 마슬린이 강력하게 주장하는 것처럼 현생 인류의 방탕과 대단한 성공이 온난화를 통해서 지구의 미래를 위협하고 있다. 그러면 우리의 먼 미래는 더워질까, 추워질까? 우리는 『완벽한 빙하시대』에서 수십만 년 동안 인류와 동물, 기후가 어떻게 상호작용을 했는가뿐만 아니라 지구 상의 삶을 지배하는 장기적인 경향을 이해하는 더 나은 방법과, 이 지식이 수천 년 동안 인간이 생존하는 데 어떻게 도움을 주었는지에 대한 답을 줄 것이다.

녹아 버린 북극 유빙 한복판에 있는 북극곰. 지구 온난화는 북극곰과 같은 대다수 극지 동물의 생명을 위협하고 있으며, 해수면 상승은 저지대 해안과 섬을 위협한다.

1
빙하시대의 발견

1837년 7월 24일 존경받는 스위스 자연과학학회 회원들이 젊은 회장인 아가시(Louis Agassiz)의 연설을 듣기 위해서 뇌샤텔(Neuchatel)에 모였다. 그들은 당시 아가시가 세상에 알려지지 않은 '브라질의 물고기 화석' 이란 주제의 연구로 높은 명성을 얻고 있어서 그것에 관한 강의를 할 것이라 기대하고 있었다. 그러나 그들은 쥐라(Jura) 산지 부근에서 발견된 홈이 있는 연마된 표석에 대한 강연을 듣게 되었고, 이에 깜짝 놀라면서 격분하였다. 멀리 떨어진 기원지에서 이동하여 퇴적된 이 이상한 암석은 지질학 분야의 오래된 수수께끼였다. 이 강연에서 아가시는 대담하게 빙하시대에 빙상이 그것을 이동시킨 것이라며 수수께끼를 해결하였다고 주장하였다. 이 뇌샤텔 논쟁은 19세기 내내 빙하시대의 존재에 대한 지질학적 논쟁의 촉매가 되었다.

앞면 잉글랜드 피크(Peak) 지구의 이데일(Edale) 계곡에 있는 빙상에 의해서 퇴적된 표석. 오랫동안 먼 기원지에서 표석을 이동시킨 힘이 수수께끼였고, 많은 사람들이 노아의 홍수에 의해서 이동했다고 생각하였다.

위 베르투(Alfred Berthoud)가 그린 스위스 운테라(Unteraar) 빙하에 서 있는 빙하시대 과학의 선구자 아가시(Louis Agassiz, 1807~1873)

1836년 봄에 보웬(Lieutenant Bowen)이 그린 리슐리외 래피즈(Richelieu Rapids)의 세인트로렌스 강에 있는 빙하 표석 전경. 유럽에서처럼 빙하시대의 극적인 증거는 북아메리카의 여러 지역에서 볼 수 있다.

논쟁과 관찰

그날의 선배 과학자들은 바로 아가시의 이론을 부정하였다. 젊은 과학자 아가시는 유창하고 현란한 모습으로 과장스럽고 대담한 담론을 학계에 던졌다. 아무튼 빙하와 빙하 퇴적물 가까이에서 살고 있는 수많은 스위스 사람들은 한때 거대한 빙상이 알프스를 덮고 있었다는 가정을 사실로 여겼으며, 한 아마추어 지질학자가 스칸디나비아와 알프스에서 과거 빙하작용의 징후를 보고하였다. 1793년에 『지구의 이론』의 저자인 영국 지질학자 허톤(James Hutton)이 쥐라 지방을 답사하고 최초로 명백한 빙하 활동의 증거를 찾았다. 그리고 1832년에 독일의 자연과학 교수 베른하르디(Reinhart Bernhardi)는 극의 빙모가 한때 남쪽으로 독일 중부까지 확장하였다고 주장하였다.

스위스 그린델발트(Grindelwald) 빙하. 이 빙하는 19세기에 계곡까지 뻗어 있었으나, 오늘날에는 계속되는 온난화로 아가시 시대에 비하여 상당히 감소하였다.

이런 이론과 그 밖의 다른 것들이 주로 개별적인 야외 관찰을 통하여 독자적으로 얻어졌지만, 주류 과학자들의 신념 때문에 거의 진전을 보지 못하였다. 당시는 성경에서 문자로 기록된 역사를 진실이라고 주장하는 종교적 굴레가 지질학을 옭아매고 있었다. 창세기 1장에서 신은 6일 동안 지구와 모든 생명체를 만들었고 7일째 날 쉬었다고 분명하게 선언하였다. 17세기 아일랜드 아마(Armagh) 주의 대주교 어셔(James Ussher)와 그 외 다른 사람들에 의해서 개발된 성서 연대기에서 천지창조는 지질학적 시간과 인류의 역사를 통틀어서 6,000년에 이르며 기원전 4004년까지 거슬러 올라간다. 이런 교리에 대한 도전은 이단이었으며, 이런 이단이 진지하게 등장한 것은 19세기 초반이었다. 『지질학의 원리(*Principles of Geology*)』로 유명한 라이엘(Charles Lyell)과 같은 1830년대의 지질학자들은 노아와 그의 방주를 제외한 모든 인류와 오늘날 사라진 동물들을 쓸어 버린 마지막의 격변적인 성경의 홍수를 '대홍수(Universal Deluge)'로 믿었다. 이런 전제 하에서 알프스 등지의 표석은 대규모 범람에 의하여 떠내려온 빙상이나 빙하 조각에 의해서 이동하였다고 여겨졌다.

아가시는 이동하는 빙하에 긁힌 바위를 기록한 등산가 페로뎅(Jean-Pierre Perraudin)

을 포함하여 여러 관찰자들의 업적을 바탕으로 그의 사고를 발전시켰다. 고속도로 엔지니어 베네츠(Ignace Venetz)는 1829년에 대규모 빙상이 스위스 전체를 덮었다는 것을 주장하기 위하여 표석을 이용한 논문을 스위스 자연역사학회에 제출하였다. 그러나 그의 주장은 무시되었다. 소금 광산 관리자인 자연과학자 샤르팡티에(Jean de Charpentier)는 수많은 조사 결과를 축적하여 1834년 루체른에서 열린 학회에 빙하 이론을 제출하였다. 아가시는 그 논문을 경청하였지만 샤르팡티에와 함께 베(Bex)에서 여름을 보내며 직접적인 증거를 찾을 때까지 확신하지 못하였다. 아가시는 그를 초청한 샤르팡티에 및 베네츠와 함께 빙하를 찾았고 곧바로 빙하 이론의 열렬한 지지자가 되었다.

뒷면 아가시의 이론은 심세한 관찰에 기초하였다. 그는 1840년에 출판한 그의 고전 「빙하에 관한 연구」에서 체르마트(Zermatt) 빙하의 주석 도해를 그렸다. 반대의 면에는 그의 주석 없이 같은 빙하를 보여 준다.

아래 버클랜드(W. Buckland, 1784~1856) 솝워드(Thomas Sopwith) 만화에서 보여 주는 것처럼 빙하 사이에서 하루를 지낼 수 있는 완전한 장비를 갖추고 있었던, 촉망받는 지질학자였다. 야외 관찰 전문가인 버클랜드는 성서에 기록된 문자를 그대로 역사적 진실로 믿는 신봉자였지만, 아가시의 빙하 이론을 받아들였다.

열렬한 운동가

샤르팡티에가 증거를 쌓아 가는 것에 만족한 반면, 아가시는 동료들의 7년간의 신중한 관찰 결과를 곧 앞지르게 되어 빙하 이론의 열렬한 지지자가 되었다. 그는 거대한 빙상이 유럽 전체를 뒤덮었다는 '빙하시대(Eiszeit) 이론'을 발전시켰다. 그는 뇌샤텔의 발표에서 회의적인 청중들에게 자신의 거대한 이론을 펼쳤다. 쥐라의 야외 답사에서도 그의 반대자들을 설득하는 데 실패했다. 뿐만 아니라 1840년에 발표된 그의 기념비적인 책 『빙하에 관한 연구』조차도 실패하였다. 원로 자연과학자인 훔볼트(Alexander von Humboldt)는 아가시에게 편지를 써서 '태고 세계의 변혁에 대한 일반적 사고'를 고집하지 말고 그의 전공인 물고기로 되돌아오라고 충고하였다.

아가시는 활발한 상상력과 유창한 문체의 소유자였다. 일찍이 거대한 빙상이 동물과 무성한 열대 세계를 무너뜨렸다는 그의 시나리오가 많은 청중들에게 그대로 전달되었다. "죽음의 침묵을 따라…… 얼어붙은 해안에서 떠오르는 태양 앞에는 북풍 소리와 거대한 빙하의 바표면을 가로질러 입을 벌리고 있는 크레바스의 으르렁거림만이 놓여 있었다." 아가시의 빙하시대는 수많은 동료들이 믿기에는 대홍수처럼 큰 격변이었다. 그의 빙하시대 이론은 화려하였지만 확고한 종교적 교리를 앞지르지는 못하였다. 그의 주장을 경청한 사람 중 한 사람이 대학 예복과 중절모를 쓰고 야외로 나갔던 괴짜, 옥스퍼드의 지질학자 버클랜드(William Buckland)였다. 버클랜드는 대홍수에 대한 특이성과 애착을 지닌 세심한 관찰자였다. 그는 빙하의 증거를 직접 보기 위하여 1838년에 스

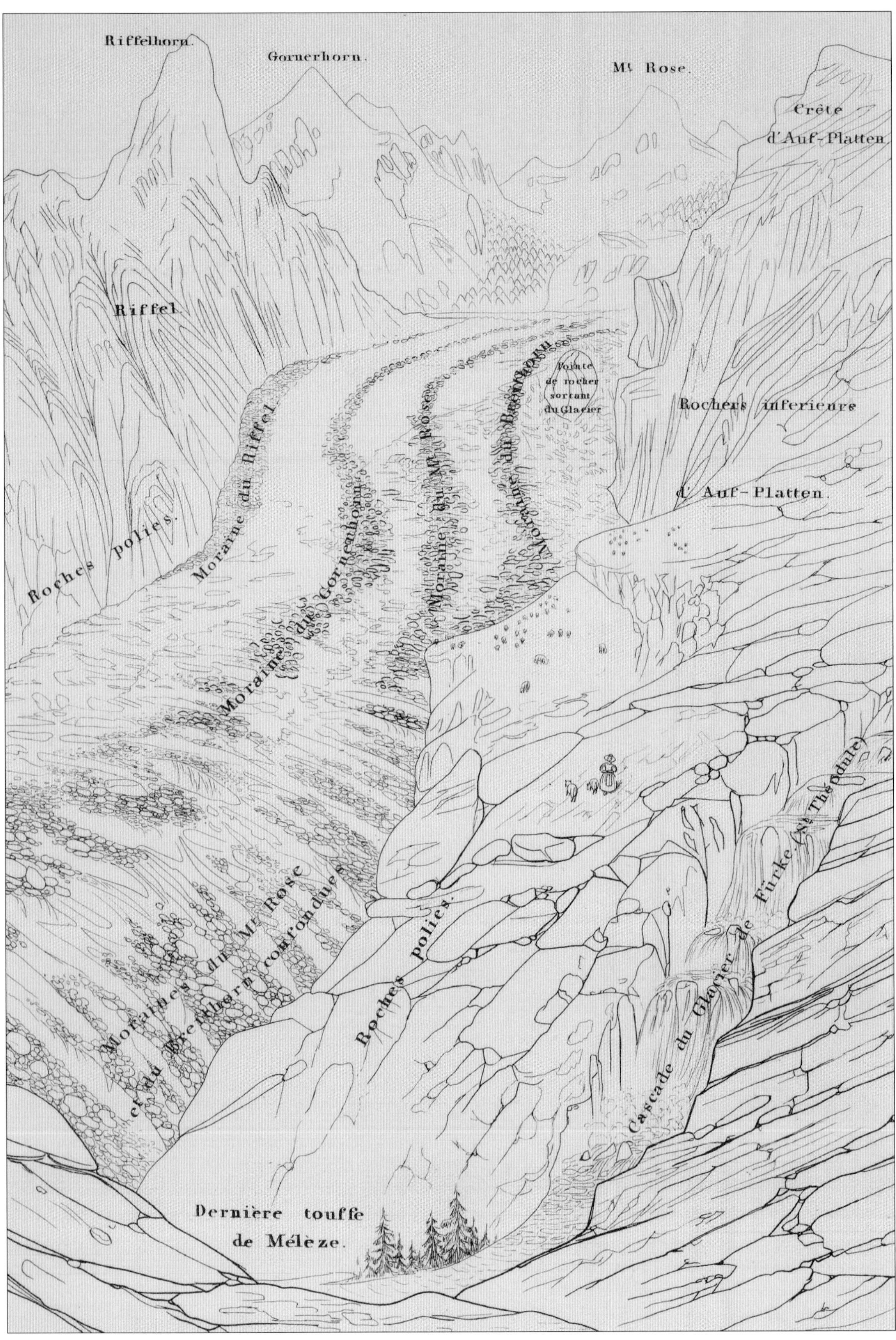
Riffelhorn.
Gornerhorn.
Mt Rose.
Crête d'Auf-Platten
Riffel.
Pointe de rocher sortant du Glacier
Rochers inferieurs d'Auf-Platten.
Roches polies.
Moraine du Riffel
Moraine du Gornerhorn
Moraine du Mt Rose
Moraine du Breithorn
Moraines du Mt Rose et du Breithorn confondues
Roches polies.
Cascade du Glacier de Furke (St Théodule)
Dernière touffe de Méleze.

위스로 아가시를 찾아갔다. 버클랜드는 처음에는 확신하지 못하였지만, 1840년 아가시와 스코틀랜드 야외 답사 후, 해발 1,524m에 표석을 운반할 만한 홍수가 일어날 수 있는지를 설명할 수 없어서 마음이 바뀌었다. 그는 1840년에 아가시에게 했던 것처럼 라이엘에게 '아버지 집에서 2마일 이내에 있는 아름다운 모레인 군'이라는 편지를 써서 빙하시대의 존재를 설명하였다. 1841년에 지질학자 포브스(Edward Forbes)는 아가시에게 "당신은 모든 지질학자들을 빙하에 미치게 하였고, 그들은 대영제국을 빙하의 집으로 바꾸었습니다."라고 편지를 썼다.

그럼에도 불구하고 대부분의 종교적 정설뿐만 아니라 주류 보수 과학자까지 빙하시대의 개념에 대해 여전히 반발하였다. 그러나 과거 수차례에 걸쳐서 지구의 대부분이 바다에 잠겼었다는 방대한 지질학적 증거 때문에 완벽하게 그것을 비판할 수 없었다. 어쨌든 아가시의 화석 물고기는 이런 것에 대한 증거였다. 그러나 대부분의 빙하 퇴적물이 물고기 화석과 해양 패류를 포함하는 것이 아니라, 일부만 그런 것을 포함하고 있다. 그것은 1865년에 스코틀랜드의 지질학자 크롤이 화석을 포함한 빙하 퇴적물에 대해 얕은 물 위를 떠다니면서 화석화된 바다 패류를 모은 빙상에서 기원한 것이라고 제시할 때까지 수수께끼였다. 더욱이 빙하를 직접 경험한 지질학자는 거의 없었다.

아가시는 1837년에 주장한 그의 발견을 과장하려는 경향이 있었다. 예를 들어, 빙상은 한 때 멀리 남쪽의 지중해까지 유럽을 다 덮고 있었다고 주장하였다. 그러나 빙하가 후퇴하면서 남아 있는 퇴적물인 빙하 표석의 흔적은 없었으며, 그의 주장은 분명히 잘못된 것이었다. 아가시의 빙하이론이 광범위하게 흥미를 얻고 있었음에도 불구하고 다듬어지지 않은 그의 주장은 더욱 거센 회의적 저항에 부딪쳤다. 비교적 최근의 빙하작용에 대한 수많은 발견으로 빙하시대의 개념이 과학의 주류가 되기까지 20년이 흘렀다. 그것을 발견한 학자들 대부분은 최근까지도 빙하작용이 나타나고 있는 스칸디나비아와 스코틀랜드, 스위스에 살고 있는 지질학자들이다. 또한 아가시의 빙하 이론은 대서양의 건너 쪽에서도 상당한 주목을 받았다. 1839년 초에 고생물학자 콘래드(Timothy Conrad)는 뉴욕 주 서부에서 최초로 빙하 활동의 흔적을 보고하였다. 그는 1852년 과학적 조사의 결과로 대규모 빙상이 그린란드를 덮었다는 것을 보여 주었다. 19세기 후반에는 탐험가들이 북극 빙상의 범위를 설정하였다.

점차 빙하작용과 그와 관련된 현상에 대한 증거가 근대의 빙상과 빙하시대 조건을 비교할 수 있을 정도로 축적되었다. 산발적이고 끊임없는 반대론자를 제외하고는 1860년대에 빙하이론이 대서양 양쪽에서 거의 확립되었다. 반대론자들은 대부분 종교적 편견을 갖는 사람들이었다.

아가시는 1846년에 라이엘의 간청으로 그동안 북아메리카에서 발견한 빙하작용의 증거를 보기 위하여 미국을 방문하였다. 후에 그는 강의에서 다음과 같이 말하였다. "(보스턴 주변에서) 나는 낯익은 흔적을 보았다. 즉 연마된 표면, 빙하에 의해 형성된 고랑과 긁힌 자국…… 여기서도 이 위대한 작용이 있었다." 그는 1847년 하버드 대학 교수직을 받아들인 후에 여행을 즐겼고, 모든 자연과학의 강력한 지지자가 되었다. 그는 더 이상 빙하시대에 대한 연구를 하지 않았지만, 1865년 안데스에서 빙하작용의 흔적을 발견하였고, 북아메리카의 빙상이 남쪽으로 널리, 심지어 무더운 아마존 분지까지도 확대되었다고 주장하였다. 라이엘은 좋은 뜻으로 "아가시가 완전히 빙하에 미쳤다."라고 불평하였다. 아가시는 비록 종종 고지식한 측면도 있었지만 1873년에 죽을 때까지 과학에 대한 지지자로서 이목을 끌었다. 예를 들어, 그는 진화론에 반대하였고 신의 성스러운 손으로 빙하시대의 세계를 창조하였다고 믿었다. 그의 다듬어지지 않은 사고에도 불구하고 아가시는 빙하시대 과학의 주요 발견자 중 한 사람으로 남아 있다.

인류와 빙상

대부분의 과학적 돌파구가 그러하듯, 빙하시대 발견에 대한 공적도 아가시에게만 돌아가지 않았다. 그는 엄청난 변화기 동안에 수많은 과학 분야에서 대빙하 이론을 발전시켰다. 암석의 층서를 연구하는 층서 지질학이 아가시와 그 시대 사람들의 발견을 가능하게 하였다. 다윈(Charles Darwin)은 빙하시대에 대한 논의가 분분한 시기인 1859년에 『종의 기원에 관하여』를 출판하여 진화론과 자연선택을 발전시켰다. 이 시기에는

1856년 독일의 네안데르 계곡에서 발견된 네안데르탈인 두개골. 이것은 그 3년 후에 발표된 다윈의 업적인 『종의 기원에 관하여』와 더불어 인류의 연대와 기원에 관한 혁신적인 사고에 도움을 주었다. 네안데르탈인 화석은 순록이나 털매머드와 같이 한랭한 기후에 적응한 종과 관련이 있으며, 이 인류가 빙기 동안 유럽에서 살았던 것을 보여 주는 것이다.

빙하시대의 거상. 원래 시베리아 영구 동토층에서 발견된 이 매머드는 1903년 야쿠티아(Yakutia)에서 발굴되었고, 상트페테르부르크(St Petersburg) 동물학 박물관에 전시되었다. 19세기에서 20세기 초반까지 매머드는 러시아에서 상아의 주요 기원이었음은 물론 대단한 경외의 대상이었다.

성서 연대학적으로 말하는 6,000년보다 훨씬 오래 진으로 확대되는 지질시대 동인 인류가 멸종한 동물과 같은 시기에 살았다는 분명한 증거를 보여 주기도 하였다. 생물학자인 헉슬리(Thomas Henry Huxley)가 인류와 그에 가장 인접한 침팬지 사이에 해부학적으로 밀접한 관계가 있다는 것을 설명하기 7년 전인 1856년에 독일의 한 동굴에서 초기 네안데르탈인의 두개골이 발견되었다. 1862년에 프랑스 남부 레에즈(Les Eyzies)의 기차역에서 터파기 공사를 하던 노동자들이 순록처럼 추위에 강한 동물이 있던 층에서 완벽한 현생 인류의 매장지를 발견하였다. 여기에 아가시가 빙하시대라고 명명한, 극단적으로 한랭했던 시기에 유럽에서 인류가 살았다는 확고한 증거가 있었다.

인류와 그 조상 화석 간의 관계를 풍자한 선사시대에 대한 19세기의 군중 강연 만화. 인류가 유인원에서부터 왔다는 이 사고는 19세기에 특히 성직자들과 같은 엄청난 반대자의 저항에 부딪혔다.

빙하시대의 발견은 단순히 지질학자의 견해일 뿐만 아니라 전 세계에 걸친 관찰을 기반으로 이룩한 결과로서 19세기 과학이 이룬 대단한 업적 가운데 하나이다. 뇌샤텔의 담론은 지구와 그 역사에 대한 과학적 호기심에 의한 것일 뿐만 아니라 산업혁명으로 광물 수요가 엄청나게 늘면서 촉발된 지질학 연구의 폭발적인 성장에 따른 것이었다. 1870년대 미국 서부를 조사하고 지도화한 대규모 과학적 탐사가 새로운 지질학의 한 부분으로 자리 잡았다. 그것은 빙하와 산지 사면의 높은 곳에서 빙하작용(확대와 후퇴를 하는 방법, 단단하게 다져진 눈으로 빙하가 만들어지는 과정, 빙상의 후퇴와 확장에 의해서 퇴적된 빙력토와 다른 암설)에 대한 수많은 현장 조사로 나온 것이었다. 빅토리아 시대의 지질학자들은 빙하시대 빙하작용의 범위를 지도화할 수 있었다. 북아메리카의 광대한 빙상이 뉴욕에서 워싱턴 주 시애틀까지 덮었고, 유럽에서는 스칸디나비아와 알프스를 빙상이 덮고 있었다. 1875년에 빙하시대의 빙하와 빙상이 4,400만km^2를 덮고 있었다는 것을 보여 주는 세계 지도가 만들어졌고, 그 면적은 오늘날의 3배 이상에 이른다. 빙하시대의 빙하 면적은 약 2,600만km^2였으며 대부분 북반구에 분포하였다. 1만 년 전의 세계는 현재와 상당히 다른 경관이었다. 세계 대부분은 광대한 빙상으로 덮여 있으면서 혹독한 추위를 겪고 있었다.

새로운 지도는 많은 의문점을 초래하였다. 빙하시대가 언제 시작되었고, 얼마나 오랫동안 지속되었는가? 빙상이 확대되고 다시 축소되기 전에 1,000년 동안 한랭기가 한 차례 이상 있었는가? 왜 지구는 수백 년 동안 지속된 열대기후에서 갑자기 빙하시대로 들어섰을까? 그 후 이런 질문이 지속적으로 과학자들을 사로잡았다. 지질학자들

오른쪽 미국의 지질학자 체임벌린(Thomas C. Chamberlin, 1843~1928)이 그린 이 지도는 빙하시대 동안 북아메리카를 덮은 로렌시아 빙상과 코르디예라 빙상의 최대 범위를 보여 준다. 미국 북부에서 이루어진 빙하 퇴적물에 대한 그의 조사는 오늘날까지도 적용 가능한 다양한 빙하작용의 이론을 전개하게 했다. 그는 빙하시대의 과학에 대한 기여는 물론 지구의 기온에 대한 주요 조정자로서 이산화탄소의 역할을 최초로 강조한 사람 가운데 하나이다.

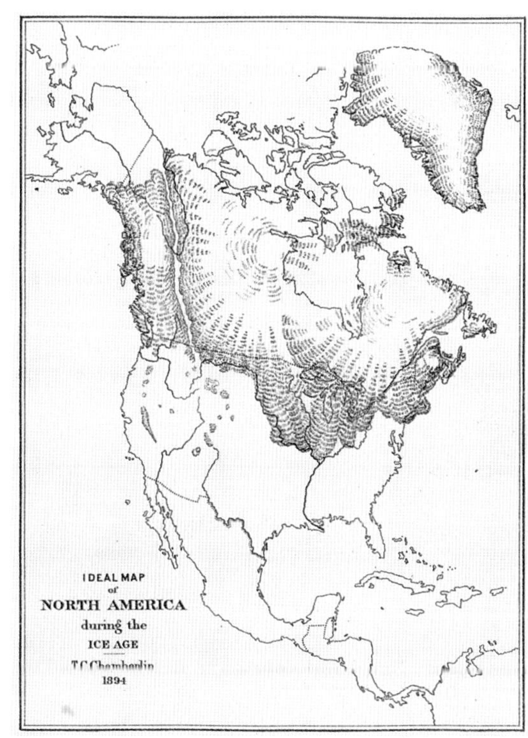

아래 그는 남동부 일리노이 주의 모레인에서 태어났지만 어렸을 때 남부 위스콘신으로 이사하였고, 1873년에 위스콘신 주의 종합적인 지질 조사를 시작하였다. 이 조사와 다른 조사를 통하여 아래 보이는 것과 같은 북아메리카의 빙하 퇴적물의 상세한 지도를 만들었고, 북아메리카의 플라이스토세에 대한 지식을 상당히 발전시켰다.

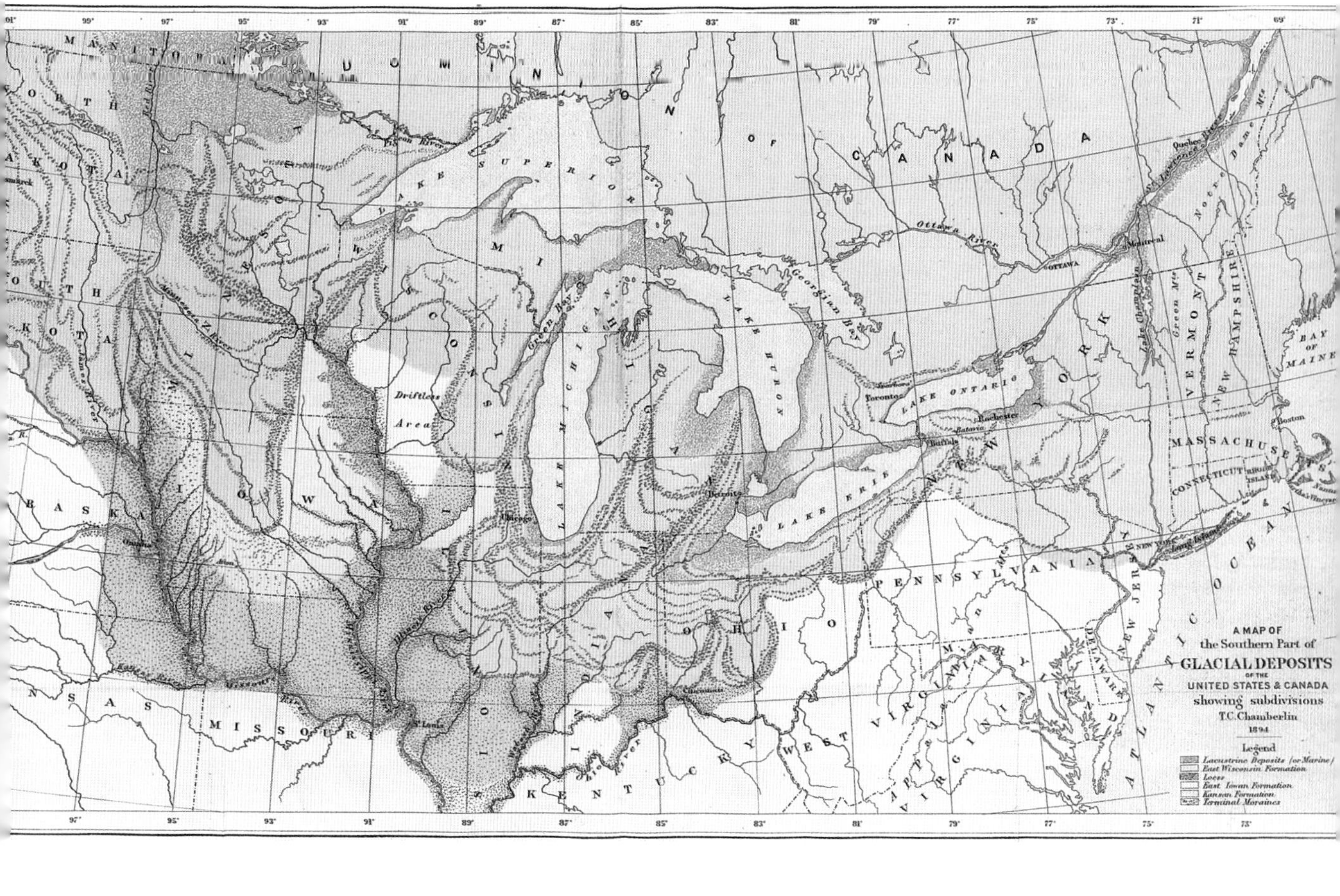

2
단서를 찾아서

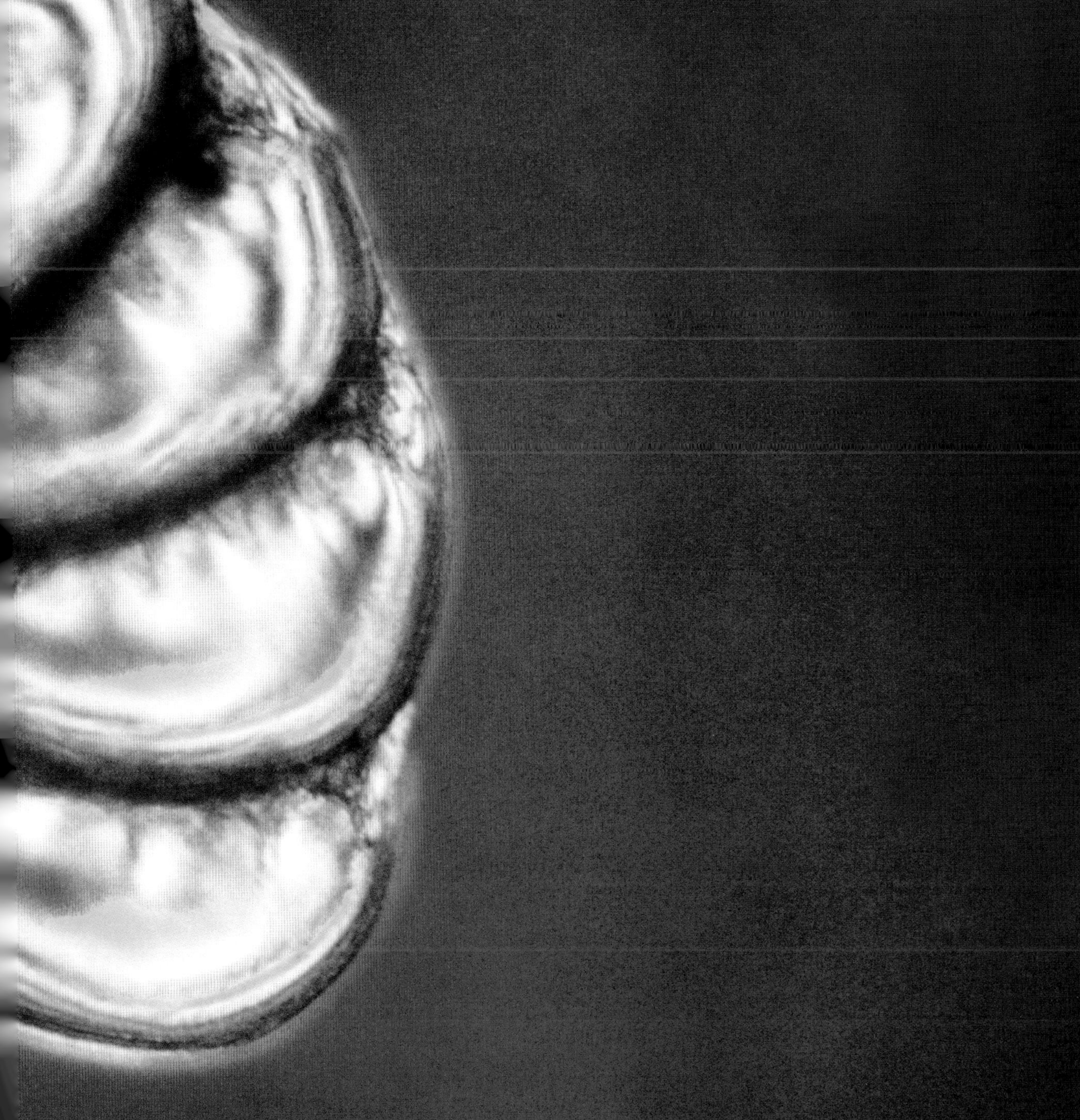

19세기에 아가시는 거대한 빙상 속에 감춰진 빙하시대에 대해 비교적 간단한 비전을 밝혔다. 그는 『지질 스케치(*Geological Sketches*)』(1866)에 "긴 여름이 끝나고……오랫동안 열대 기후가 우세했다……. 그리고……거대한 네 발 짐승들이……지구를 지배했다. 그러나 그들의 지배는 끝났다. 갑자기 춥고 긴 겨울이 지구를 습격했다."라고 기술하였다. 그러나 그의 상상은 오랫동안 지속되지 못했다.

앞면 유공충류에 속하는 껍질 있는 원생동물과 노니오니나 디프레슐라(Nonionina depressula)의 광학현미경 사진. 이 생물들은 대부분 바다에 사는 유공충으로 알려져 있다. 일부는 해저에 살지만, 몇몇은 해상플랑크톤의 일부를 형성한나. 비록 작시만, ㅗ것은 사실 빙하시대에 대한 가장 위대한 정보 자료들 중의 하나이다.

아가시의 후계자들은 빙하의 작용과 이동에 대해 많은 것을 빠르게 배웠다. 그들의 부지런한 지도화가 곧 놀라운 것을 발견하게 하였다. 그것은 거대한 빙상이 북극 중심에서부터 북반구 대부분을 덮었다고 본 아가시의 최초 비전에 반대되는 것이었다. 허드슨 만을 중심으로 캐나다의 대부분을 덮었던 거대한 로렌시아 빙상은 남쪽과 북쪽으로 경계가 있었다. 1,300만km^2 면적의 남극 빙상은 빙하시대에도 약간만 확장되었다. 그 외의 다른 남반구 빙상은 안데스처럼 산악 지역에 있었다. 하지만 거대한 빙하와 빙상을 만든 모든 물은 어디에서 온 것일까?

해수면과 뢰스

스코틀랜드 지질학자 매클레런(Charles Maclaren)은 1841년의 논문 「아가시 교수의 빙하이론(The Glacial theory of Prof. Agassiz)」에서 "앞서 말한 얼음층을 형성하기 위하여 필요한 물을 빼내면 해양은 약 240m 낮아진다."라고 추정하였다. 그러나 그의 주장을 진지하게 받아들인 사람은 거의 없었다. 1868년경, 오랫동안 희미해졌던 빙상이 좀 더

키가 큰 프레리의 목초는 아이오와 서부의 뢰스(loess) 언덕에서 자란다. 바람에 날린 침적토 중 100만 톤이 건조한 빙하기 동안에 형성되었고, 풍화된 뢰스의 토양은 오늘날 농부에게 비옥한 토양을 제공한다.

빙하시대의 유산은 세계 도처에서 볼 수 있다. 중국 북부의 황허 계곡 기슭에는 밀을 재배할 수 있게 하안단구가 깎여서 만들어진 광대한 뢰스 퇴적물이 있다.

자세하게 알려지면서 오하이오 클리브랜드 출신의 지질학자 위대시(Charles Whittlesey)가 대륙 빙하의 두께를 계산하여 해양이 현재의 수준보다 107~122m 낮았었다고 추정하였다. 이 정도면 주요 대륙으로부터 떨어져 있는 거대한 대륙붕이 해수면 위로 노출되기에 충분하다. 당시 알래스카와 시베리아는 하나였을 것이고 잉글랜드는 대륙의 일부였을 것이다.

빙상과 더 낮아진 해면 : 빙하시대는 현재의 상황과 매우 달랐다. 빙상에 인접한 지역에서 혹한과 광범위한 빙하작용의 효과는 어떠했을까? 지질학자들은 모레인을 찾던 중 유럽과 아시아, 북아메리카에서 2억 6,000km^{2}의 범위가 3m 두께의 미세하고 균질한 실트층으로 덮여 있다는 것을 알게 되었다. 스위스와 독일 농부들은 그것을 뢰스(lösch, loose)라고 부른다. 미세한 실트 입자는 균질했지만 각이 져 있고 종종 층층이 쌓여 있었으며, 간혹 개개의 파편으로 발견되기도 하였다. 독일 지질학자 리히트호펜(Ferdinand von Richthofen)은 1870년에 뢰스를 바람에 의해서 날려 온 먼지라고 인식하였다. 그는 『지질학 잡지(*Geological Magazine*)』에 "완전히 균질한 토양으로…… 수백m^{2}를 덮은 것을 설명할 수 있는 상당히 신뢰할 만한 매개체가 있다."라고 썼다. "건조한 곳에서 바람에 의해 운반된 먼지는 식생으로 둘러싸인 지점마다 퇴적되었다." 그는 빙하 이동으로 비롯된 자욱한 실트가 빙하에서 불어온 강한 바람에 의해 날려 갔다는 것을 이론화하였다. 쟁기를 갖고 있지 않았던 8,000년 전 유럽 최초의 농부들이 뢰스를 선호했다는 것과 뢰스가 미국 농업 지대의 토양 속에 포함된 필수 성분이라는 것은 우연이 아니다.

빅토리아 시대 지질학자들은 유럽과 북아메리카에서 빙하 퇴적물과 해안선을 자세히 조사하면서 자신들이 하나의 빙하시대가 아니라 더 따뜻한 기후 기간으로 나뉘는 여러 번의 빙하사건을 지도화하고 있다는 사실을 깨달았다. 그들은 빙하시대에 일정하게 진동하는 빙기와 더 온난한 간빙기가 있었다는 것을 깨달았다. 도대체 얼마나 많은 것이 미스터리로 남아 있는가. 또 이 주기에 대해 얼마나 많은 것들이 아직도 상세히 밝혀지지 않았는가.

1883년의 크라카토아(Krakatoa) 화산은 광대한 쓰나미와 엄청난 사상자를 야기시켰다. 짙은 화산재 구름은 대기로 높이 올라갔고 세계의 넓은 지역에서 장관을 이루는 일몰을 만들었다. 이것은 연속적인 거대한 폭발로부터 먼지에 의해 햇빛이 차단되어 빙하시대가 발생할 수 있다는 것을 제안한다. 그러나 이러한 화산활동에 대한 어떠한 증거도 아직 발견된 것은 없다.

왜 빙하시대인가?

초기 빙하학자들은 또 다른 주요한 의문에 당혹해했다. 빙상은 전 세계 대륙의 거의 1/3을 먼저 덮고 난 후, 더 커지기 전에 왜 다시 후퇴했을까? 태양에너지와 흑점활동의 변화, 우주 먼지 입자의 불균등한 분포, 대기 중 이산화탄소 농도의 변화와 같은 요인을 주제로 하는 이론들이 난무했다. 뉴질랜드인 윌슨(Alex T. Wilson, 1964)의 극적인 가설은 눈의 축적으로 야기된 빙하의 질량 증가로 해양으로 들어간 남극 빙상의 붕괴가 빙하시대를 유도했을 것이라고 제안하였다. 주변의 물이 태양복사에너지를 우주로 반사시키는 유빙으로 바뀌었고, 그것이 빙하시대를 야기했을 것이다. 그러나 몇몇 산악빙하에 기록되어 있는 빙하의 급증은 빙하시대보다 해수면 상승을 유도했을 것이다.

강력한 화산활동으로 발생한 먼지가 빙하시대를 촉발할 수 있을까? 강력한 폭발은 방대한 미세 먼지를 대기로 방출하면서 태양으로부터 지구를 차단하여 기온을 하강시켰을 것이다. 화산폭발이 기온을 낮출 수 있다는 사실은 잘 알려져 있다. 동아시아에서 1815년 템보라 화산이 폭발하자, 1816년 유럽은 '여름이 없는 해'를 경험했다. 스위스의 경우 너무 추워지면서 농업이 실패하여 사람들이 굶주렸다. 당시 셸리(Mary Shelley)

는 휴가철에 스위스의 실내에 머무르면서 『프랑켄슈타인』을 지었다. 1883년 크라카토아 섬은 4,828km 떨어진 곳까지 들렸을 정도로 큰 폭발음과 함께 날아갔다. 전 세계에서 2년 동안 붉은 일몰이 관찰되었고, 먼지 입자가 땅으로 가라앉아서 기후가 정상으로 되돌아올 때까지 전구 기온이 상당히 하강하였다. 이들은 각각 개별적인 폭발이었다. 만약 지속적인 화산폭발과 그에 이어지는 기온 하강이 있었다면 어떤 일이 일어났을까? 그러나 아무도 빙하시대의 시작 때 그런 일이 있었다는 지질학적 증거를 발견하지 못하였다.

지금까지 거의 2세기 동안 부지런한 야외 연구와 이론화에도 불구하고, 빙하시대에 대해 확실한 지질학적 이론을 제시한 사람이 없었다. 가장 가능성이 있는 설명은 아가시가 뇌샤텔에서 빙하시대에 대하여 강연한 후 5년 만에 발표된 학설에서 나왔다.

프랑스 수학자 아데마르(Joseph Alphonse Adhemar)는 1842년에 『해양의 혁명』이란 책을 출판하고, 빙하시대는 지구가 태양 주위를 움직이는 상황의 변화로 나타났다고 주장하였다. 그는 빙하시대 기후가 매 2만 2,000년의 주기를 갖는 지구궤도의 분점 이동에 의해서 발생했다고 이론화했다. 그 시대 사람들은 그의 생각을 환상이라고 여겼다. 특히, 남극 빙상의 융해가 과거에 그 빙상의 형성으로 말라버린 북반구 육지에 얼음을 적재한 조석파가 홍수를 일으켰다는 시나리오를 환상이라고 생각했다. 하지만 그의 천문학 이론은 빙하시대에 대한 첫 번째 천문학적 이론이 되었다.

제임스 크롤은 주목할 만한 지적인 힘을 갖고 독학을 한 스코틀랜드 과학자이다. 지구궤도의 변화가 전구 기후에 엄청난 영향을 가져온다는 그의 학설은 여러 번의 빙하시대에 빙하작용이 있었다는 것을 예측했다.

13세에 학교를 중퇴하였지만 독학으로 공부를 계속한 스코틀랜드의 크롤(James Croll)에게 아데마르의 역할이 넘어갔다. 그는 수리공이라는 직업이 이론적인 성향의 사람들에게 적합할 것이라는 희망으로 기계 수리공이 되었고, 목수를 거쳐 찻집에서 일하면서 가게와 호텔을 경영하고 보험 파는 일을 하였다. 그러나 곧 그의 추상적인 생각은 실용적인 세계에서 쓸모없다는 것을 깨달았다. 그는 1859년 훌륭한 과학도서관을 자랑했던 글래스고(Glasgow)의 앤더슨 박물관 관리인이 되었다. 크롤은 이제 그가 '거의 거부할 수 없는 학문을 향한 경향' 이라 부르는 것에 빠져들 수 있었다. 그는 물리학부터 시작하여 1864년 지질학과 빙하시대에 빠져들었다.

이 무렵 크롤은 아데마르의 책과 지구궤도의 이각*이 계속해서 천천히 변화한다는 것을 보여 준 프랑스 천문학자 르베리에(Urbain Le Verrier)의 연구를 알았다. 크롤은 이것이 빙하시대의 원인이라고 믿었다. 그는 1864년 8월 『철학 잡지(*Philosophical*

* (역자 주) 지구에서 관측되는 천체와 천체 사이의 각 거리

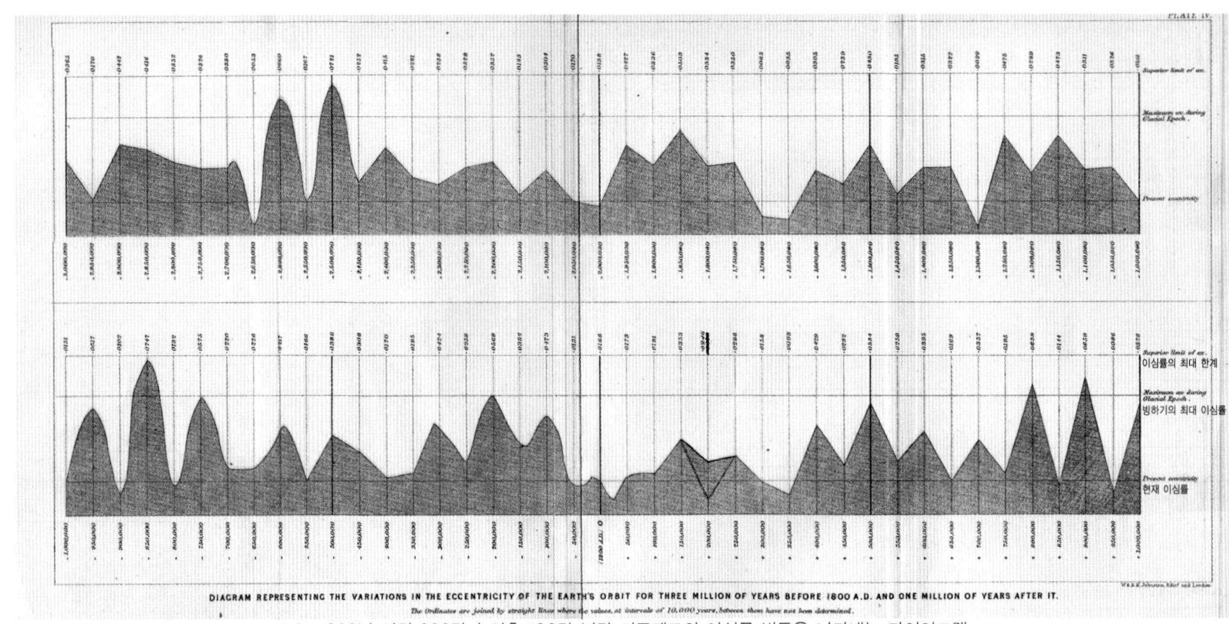

A.D. 1800년 이전 300만과 이후 100만 년간 지구궤도의 이심률 변동을 나타내는 다이어그램

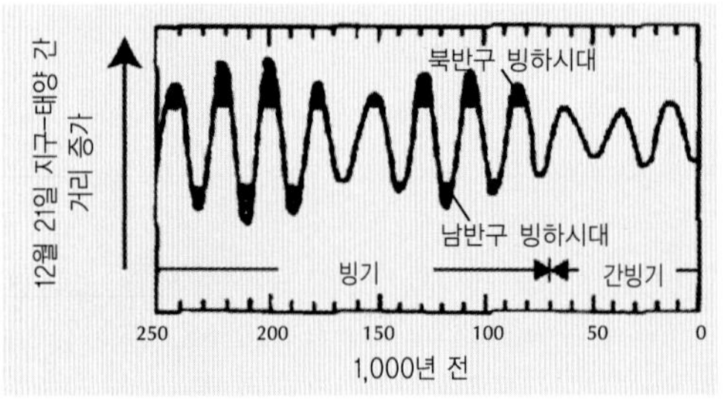

Magazine)』에 이 주제에 대해 폭넓게 칭찬받는 논문을 발표하였고, 그 후 르베리에의 10년 궤도 계산을 지지하면서 복소수 수학을 마스터했다. 크롤은 과거 300만 년간의 궤도 이심률 변화를 그렸으며, 낮은 이심률과 높은 이심률이 번갈아 가면서 주기적으로 나타난다는 것을 발견하였다. 그는 빙하시대가 동지 때 지구와 태양 간 거리 변화에 의해서 일어난다고 믿었다. 이 거리가 임계값을 넘을 때, 북반구의 겨울이 지구의 일부에서 빙하시대를 촉발할 정도로 추워진다. 크롤은 1865년 그의 이론을 요약한 『기후와 시간(*Climate and Time*)』을 출판하였고, 그 연구로 왕립학회의 특별회원으로 뽑혔다.

빙하시대에 대한 크롤의 영향력이 대단히 커졌고, 스코틀랜드 지질학자인 케이키(James Geikie)가 1874년 그의 책 『대빙하시대(*The Great Ice Age*)』에서 크롤의 아이디어를 옹호한 후에 더욱 그러했다. 이 책은 아가시의 1840년 『빙하 연구(*Studies on Glaciers*)』 이후 이 주제에 대한 첫 번째 대본이었다. 하지만 크롤 이론에는 심각한 약점이 있었다. 그는 마지막 빙하시대가 약 8만 년 전에 이심률의 변화와 함께 끝났다고 믿었다. 당시에는 지질연대를 추정할 수 있는 사람이 없었다. 그래서 그의 연대기를 정당화할 수 있는 방법도 없었다. 결국 미국 지질학자가 나이아가라 폭포와 미니애폴리스 근처의 미시시피 강 세인트안토니 폭포에서 수집한 자료를 사용하여 빙하 종료 연대가 1만 5,000년에서 1만 년 전 정도라고 주장하였다. 동시에 한 기상학자는 심각한 결함을 제

위와 맨 위 빙하시대 빙하작용의 이론을 설명하는 크롤의 다이어그램. 이것은 빙하시대가 동지 때 관측된 지구와 태양 간 거리 변화에 의해 나타난다는 가정에 기초하였다. 그는 거리가 임계점에 도달했을 때, 북반구 겨울철은 빙하시대를 유발할 만큼 충분히 춥다고 믿었다.

옆면 태양 주변의 지구궤도는 9만 6,000년 주기로 다소 타원의 상태로 농일하게 신농한다(위). 지축의 기울기는 4만 1,000년마다 21.5°와 24.5° 사이에서 진동한다(아래 왼쪽). 그리고 지구는 자이로스코프처럼 회전하기 때문에 흔들린다. 각각의 '흔들림(wobbles)'은 2만 1,000년간 지속된다.

기하면서 크롤의 태양 가열 변동은 너무 작아서 지구 기후에 어떤 영향도 미칠 수 없다고 주장하였다. 크롤의 이론은 1894년경 '무한대에 미움을 빼앗긴' 세르비아 기술자가 '전 우주와 빛이 가장 먼 변두리로 퍼져 나가는 것을 이해하기 원한다'고 말할 때까지 역사적 호기심에 지나지 않았고, 논리적으로 모순된 것으로 간주되어 거의 잊혔다.

1943년 세르비안 화가 파하 조바노빅(Paja Jovanovic, 1859~1957)이 그린 밀란코비치의 초상화

밀란코비치 곡선

그 기술자가 밀란코비치(1859~1958)로, 나중에 베오그라드(Belgrade)대학 응용수학과 교수가 되었다. 그는 무한대에 매료되어 지구뿐만 아니라 화성과 금성에 대한 고대와 현대의 기후를 설명할 수학이론을 만드는 일에 깊이 빠져 들었다. 밀란코비치는 아데마르나 크롤과 달리 상당한 정확도를 갖고 궤도 변동의 크기를 계산할 수 있는 수학적 훈련을 하였다.

밀란코비치는 30년간 여행할 때나 휴가에도 객실에 책상을 제공해 달라고 하면서 그의 이론에 몰두하였다. 그는 컴퓨터가 없던 시절 장기간의 노력으로 지축의 경사 감소가 여름철 복사량의 감소를 야기할 수 있으며 그 효과의 강도는 위도에 따라 다르다는 것을 밝혀냈다. 고위도의 지구–태양 거리 경사 주기는 4만 1,000년이 우세하였고, 적도의 주기는 2만 2,000년이었다. 그는 산악의 설선(snow lines) 자료를 사용하여 적설이 여름철 복사의 변화에 따라 얼마나 증가할 수 있는가를 설명하였다(4장 참조).

아래 오른쪽 해저 퇴적물들은 화석화된 미생물의 껍데기에 보존된 화학적 특성 연구를 통하여 과거 기후변화를 복원할 때 사용될 수 있다. 이러한 심해 코어 기록은 과거 600만 년간 주요한 온도 변동을 나타낸다.

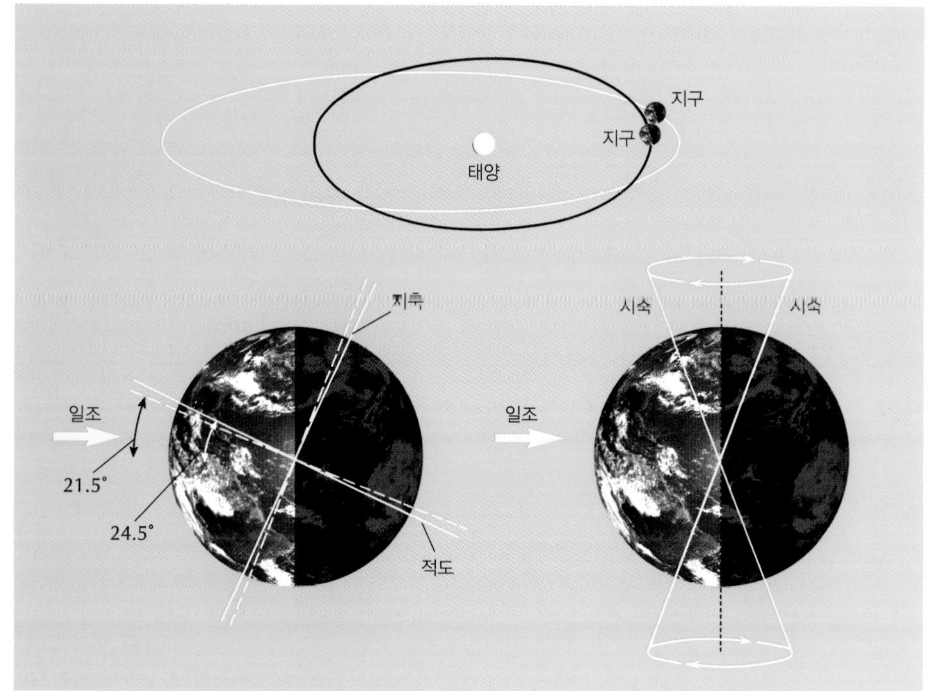

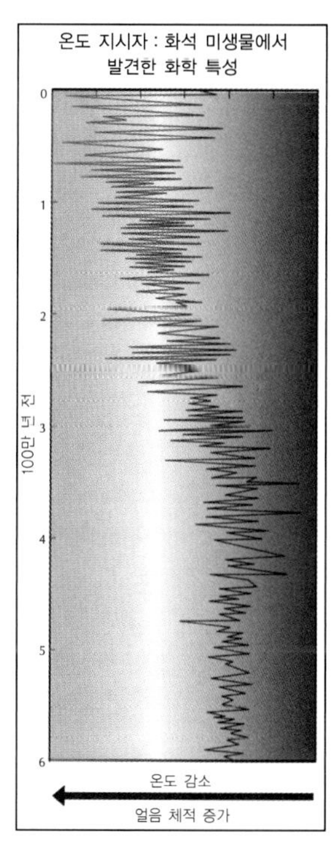

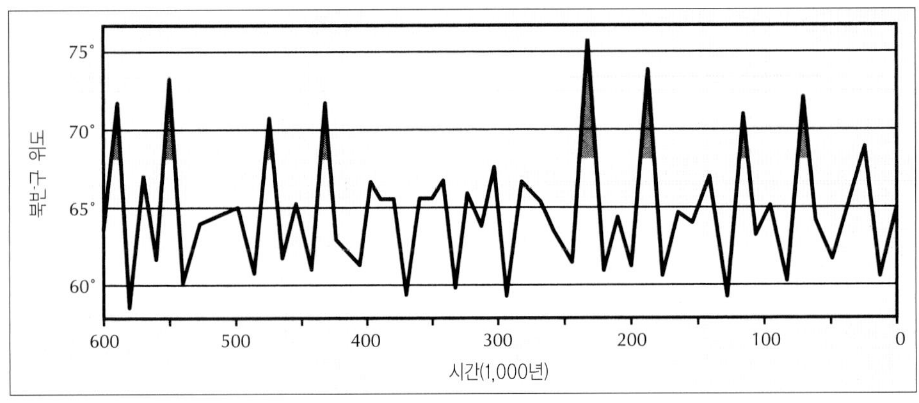

쾨펜과 베게너(Wegener)는 널리 읽혀진 그들의 책 『지질시대의 기후』에서 밀란코비치가 고안해 낸 이 그래프를 사용하였다. 이 그래프는 지표면에 도달한 태양 에너지의 총량(일사량)에 기초하여, 과거 60만 년에 걸쳐 여름철 북위 65°에 대한 '상당 위도(equivalent latitude)'를 보여 준다. 그러므로 북위 75°의 그래프상 최고점은 그 해의 여름철 지구가 오늘날의 북위 75°에서 받았던 일사량만큼을 북위 65°에서 받았다는 것을 나타낸다. 이 그래프에서 음영으로 표시된 피크들은 상대 위도가 오늘날보다 높았던 기간을 나타내며, 이것이 빙하기를 유도했을 것으로 밀란코비치가 믿었던 요소이다.

밀란코비치는 1920년경 그의 책이 출간된 후 유명한 독일 기후학자 쾨펜(Wladimir Köppen) 및 그의 양자인 지질학자 베게너(Alfred Wjegener)와 공동연구를 시작하였다. 그들의 도움으로 과거 65만 년 동안 북반구 3개의 위도에서 여름철 태양 복사량의 변화를 계산하였다. 그 계산은 꼬박 100일이 걸렸고, 유명한 밀란코비치 곡선을 만들어 냈다. 이 곡선은 최근 알프스에서 확인된 4번의 빙하시대 빙하작용과 일치하는 것으로 보이는 한랭한 시기를 확인시켜 주었다. 밀란코비치 곡선에는 빙하작용을 나타내는 9번의 복사량 감소와 분명하고 불규칙한 패턴이 있었다. 이 복사 곡선은 1924년 쾨펜과 베게너의 유명한 『지질시대의 기후(*Climate of the Geological Pasts*)』에 표현되었다.

당시 이 곡선과 비교할 만한 빙하 자료가 있었다. 오스트리아의 지질학자 펭크(Albrecht Penck)와 브뤼크너(Eduard Brückner)는 1909년 알프스에서 빙하시대의 빙하작용에 대한 권위 있는 논문을 발표하였다. 『빙하시대의 알프스(*Die Alpen im Eiszeitalter*)』에는 알프스의 적설고도가 현재보다 1,000m 정도 낮았던 4번의 빙기인 귄츠, 민델, 리스, 뷔름에 대하여 서술되어 있다. 펭크와 브루크너의 4개의 빙하작용은 밀란코비치의 그래프와 잘 일치하였다. 그들의 다소 수준 낮은 관측은 곧 독일의 지질학자 에베를(Barthel Eberl)과 죄르겔(Wolfgang Soergel)에 의해서 밀란코비치 곡선과 일치하는 정교한 도표로 대체되었다.

밀란코비치 곡선이 등장하자 지질학자들은 야외의 빙하 퇴적물에 맞춰 보기 시작하였다. 미국의 지질학자 체임벌린(Thomas C. Chamberlin)과 레베렛트(Frank Leverett)는 한때 북아메리카대륙 대부분을 덮었던 4개의 빙상을 발견하였다. 그것은 시기적으로 알프스 빙상과 일치할지도 모르지만, 연관성이 너무 막연하다고 비판받았다.

비록 알프스와 멀리 떨어진 미국의 학자들은 비교적 회의적이었지만, 방사성 탄소 혁명이 있기 전인 1930~1940년대 유럽에서는 밀란코비치 달력이 빙하시대 연대 측정의 기준이었다. 많은 비판자 중 독일의 지질학자 쉐퍼(Ingo Schaefer)가 알프스의 빙하 퇴적물에서 온난한 곳에 서식하는 연체동물류를 발굴하였다. 한 기상학자가 밀란코비치에게 열을 수송하는 데 대기와 해양의 역할을 무시하였다고 지적하였으나, 그는 비판을 일축하였다. 그는 "무지한 이들에게 기초를 가르치는 것이 나의 의무라고는 생각하지 않는다."라고 말했다. 그의 아이디어에 대한 지지가 너무 강해서 1930~1940년대에는 밀란코비치의 시간 척도만이 실용적인 빙하시대 연대기로써 독보적이었다. 그 다음에 방사성 탄소와 칼륨-아르곤 연대 측정법이 개발되어 빙하시대 연대기를 완전히 바꾸었을 때, 마치 카드로 만든 집처럼 그 곡선에 대한 지지는 갑자기 붕괴되었다.

리비(Willard Libby, 1908~1980), 노벨상 수상자이면서 방사성 탄소 연대 측정법의 발명자.

연대 측정 혁명

시카고대학의 화학자 리비(Willard Libby)는 제2차 세계대전 동안 맨해튼 사업(Manhattan Project)으로 그의 과학적 경험을 쌓았다. 1946년 시작한 3년 동안의 연구에서 그는 탄소의 방사성 형태(^{14}C 또는 방사성 탄소)가 대기 중에서 적은 양으로 만들어진다는 것을 발견하였다. 대기 중에 있는 방사성 원자는 살아 있는 동물과 식물의 몸으로 흡수된다. 일단 생물체가 죽으면, 유기 조직 중의 원자는 붕괴되면서 가이거 계수기로 측정 가능한 비율의 비활성 질소로 천천히 바뀐다. 리비는 연대

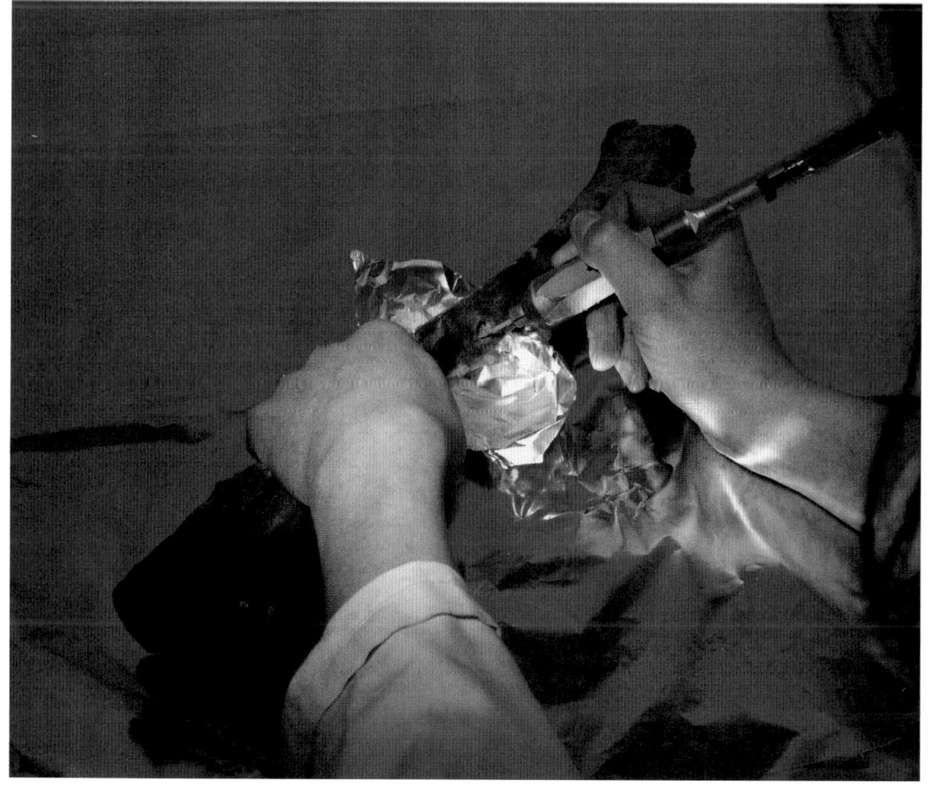

한 과학자가 방사성 탄소 연대 측정법을 위해 순록의 뼈를 깎아 내 표본을 얻었다. 이 과정은 견본에서 방사성 동위원소 탄소-14(^{14}C)와 안정 동위원소 탄소-12(^{12}C)의 비율을 측정하는 것이다. 표본 중 ^{14}C와 ^{12}C의 비율은 조사 대상 동물 또는 식물의 죽은 후의 시간과 관련이 있다. 방사성 연대 측정은 나이테, 빙하 코어나 다른 자료를 이용하여 연대가 보정된다.

측정 방법을 발견했다고 확신하고 나무, 목탄 심지어 뼈와 같은 고대 유기 물질의 탄소 원자 비율을 측정하기 시작했다. 그는 이 방법을 광범위한 실험에 잘 적용할 수 있지만 4만 년 이내의 화석 연대 측정에만 사용할 수 있다는 것을 알았다. 그러나 새로운 방사성 탄소 연대 측정법은 빙하시대 마지막 1,000년의 연대 측정에도 사용될 수 있었다.

미국 지질학자 플린트(Richard Foster Flint)는 초기에 방사성 탄소를 사용하였으며 미국 동부와 중부의 마지막 빙하시대의 빙하 퇴적물에서 많은 표본을 수집하였다. 그는 곧 하나의 빙하작용이 아니라 두 개의 빙하작용, 즉 현재로부터 약 1만 8,000년 전에 끝난 빙기와 1만 년보다 이전에 완전히 퇴각한 빙기를 다루고 있다는 것을 깨달았다. 안타깝게도 마지막 빙하시대에 대한 밀란코비치의 천문학적 연대 측정이 부정확하다는 것이 곧 밝혀졌다. 방사성 탄소 연대 측정은 너무 정확해서 후퇴하는 빙상에 의해 남겨진 퇴적물에서 표본을 수집하여 후퇴 단계별로 연대를 추정할 수 있었다. 지질학자와 기후학자들은 4만 년이 넘는 기후변화의 자세한 내용을 밝혀냈으며 마지막 빙하시대 연대학의 혁명으로서 지금까지 이어져 왔다.

지질시대의 긴 시간에 비하면 4만 년은 상대적으로 짧은 기간에 불과하다. 그렇다면 그 이전의 빙기와 간빙기를 밀란코비치보다 더 정확하게 연대 측정을 할 수 있는

루이스 리키(Louis Leakey, 1903~1972)와 메리 리키(Mary Leakey, 1903 ~1972) 1959년 탄자니아 올두바이 협곡에서 메리가 발굴한 건장한 오스트랄로피테쿠스인 진잔트로푸스의 두개골 전시.

버클리 캘리포니아대학의 칼륨-아르곤 연대 측징법. 실험실에서 전기 화로를 사용하여 먼 과거의 연대를 측정하고 있다. 이 연대 측정법은 빙하시대의 연대기와 초기 인류의 진화론에 대변혁을 일으켰다.

방법은 무엇일까? 과학은 1950년대 후반에 다시 한 번 칼륨-아르곤 연대 측정법이라는 해답을 제공했다.

1959년에 메리 리키는 탄자니아의 올두바이(Olduvai) 협곡의 오래된 호수 바닥에서 단단한 몸을 가진 인류, 진잔트로푸스*의 화석을 발굴했다. 리키는 그 화석을 '친애하는 소년(Dear Boy)'이라 이름 붙였으며, 인류 신화의 이해에 혁신을 일으켰다. 당시는 어림짐작으로 인류의 역사를 대략 250만 년이라고 생각하는 수준이었다. 1년 후 루이스 리키와 메리 리키가 진잔트로푸스 유적 밑의 좀 더 오래된 화산 퇴적물로 층화된 호수 바닥에서 더 진화한 초기 인류인 호모 하빌리스**를 발견하였다. 이 놀라운 발굴물의 연대 측정법은 인류의 연대 측정에 가장 중요한 기준이 되었다.

다행히 올두바이의 발견은 화산암에 흔한 성분인 칼륨을 통해 지질연대를 측정했던 버클리 캘리포니아대학 과학자 그룹의 연구와 일치하였다. 아르곤의 동위원소 ^{40}Ar은 방사성 탄소보다 붕괴율이 훨씬 느려서 수십억 년 전의 암석 연대 측정도 가능하였다. 이 때 칼륨-아르곤 연구자는 고대의 화산활동 지역인 올두바이 협곡으로 관심을 집중했다. 그들은 곧 진잔트로푸스와 호모 하빌리스의 연대를 각각 대략 175만 년과

* (역자 주) 아프리카 동부에서 발견된 구석기 시대 전기의 화석 인류

** (역자 주) 도구를 만들어 쓴 인류

200만 년 전으로 확인하였고, 이 새로운 연대는 인류진화에 센세이션을 일으켰다.

그 후 칼륨-아르곤 연대 측정법은 인류진화의 경계를 최소한 450만 년 전으로 더 연장하였으며, 빙하시대에 대해서도 약 250만 년 전부터 서서히 냉각되었음을 확인하였다. 그래서 초기 인류의 진화는 빙하시대의 초기 1,000년 이전까지 확장된다.

해양 시추

빙하시대가 약 150만 년 동안 지속되었다면, 이 오랜 시간 동안 빙기와 간빙기의 패턴은 어떠했을까? 지상의 빙하 퇴적물이 빙하시대의 기후변화에 대한 가장 정확한 지표라고 할 수만은 없다. 그래서 기후학자와 해양학자는 해저로 관심을 돌렸다.

해양에서 빙하시대의 기후변화를 찾는 발상이 새로운 것은 아니었다. 크롤은 그의 책 『기후와 시간(*Climate and Time*)』에서 예지적인 추측과 영감으로 "수많은 식물과 동물들이 바다 깊은 곳에서 수십m의 모래와 진흙, 자갈 밑에 묻혀 있으며, 이것들은 강에서 바다로 운반된 것이다."라고 기술하였다. 1972~1975년에 과학자들이 HMS 챌린저호를 타고 해저 침전물을 조사하기 이전인 크롤 시대의 해양은 수수께끼였다. 챌린저호의 연구원들은 해안선과 대륙붕에서 멀리 떨어진 열대와 온대지방의 비교적 얕은 물에서 동물성 플랑크톤인 유공충의 광물화된 화석 등 미세한 조직의 진흙 표본을 수집하였다. 챌린저호 연구원들은 몇 종의 유공충과 다른 플랑크톤 유기체가 차가운 물에서만 서식하는 반면 다른 생물은 더 따뜻한 물에서 서식한다는 것을 발견하였다. 심해 퇴적물의 층화된 단면 속 유공충을 분석하여, 적어도 이론적으로는 빙하시대의 기후변화 복원이 가능하게 되었다.

그러나 불행히 미세한 퇴적물의 변형 없이 심해 코어를 복원할 수 있는 방법을 찾지 못하여 그런 연구는 시들해졌다. 그 후 1947년 스웨덴의 해양학자 쿨렌베리(Bjore Kullenberg)가 퇴적물을 튜브로 빨아들여 규칙적으로 15m 길이까지 코어를 만들 수 있는 피스톤 굴착기를 개발하였다. 1947~1948년 사이 스웨덴의 심해탐사를 통해서 얻은 일련의 시추 코어에서 대서양과 태평양의 표본이 만들어졌다. 곧 39개의 대서양 코어에 대한 믿을 만한 연구 논문이 빙하시대에 최소 9번의 빙기가 있었다는 증거를 보여 주었다.

이 연구와 동시에 다른 해양학자인 시카고대의 에밀리아니(Cesare Emiliani)는 유공충 화석에서 산소 원자의 동위원소 성분을 조사하였다. 그 결과를 라몬트의 코어에서 얻은 최근 1,000년 동안의 화석과 비교하였으나 초기에는 차이가 컸다. 한편, 라몬트의 에릭슨(David Ericson)은 빙기가 최소한 9번 연속해서 출현했다는 것을 증명하기 위해 3,000개 이상의 코어를 분석하였다. 빙하시대 초기에 생성된 8개 코어 분석 결과

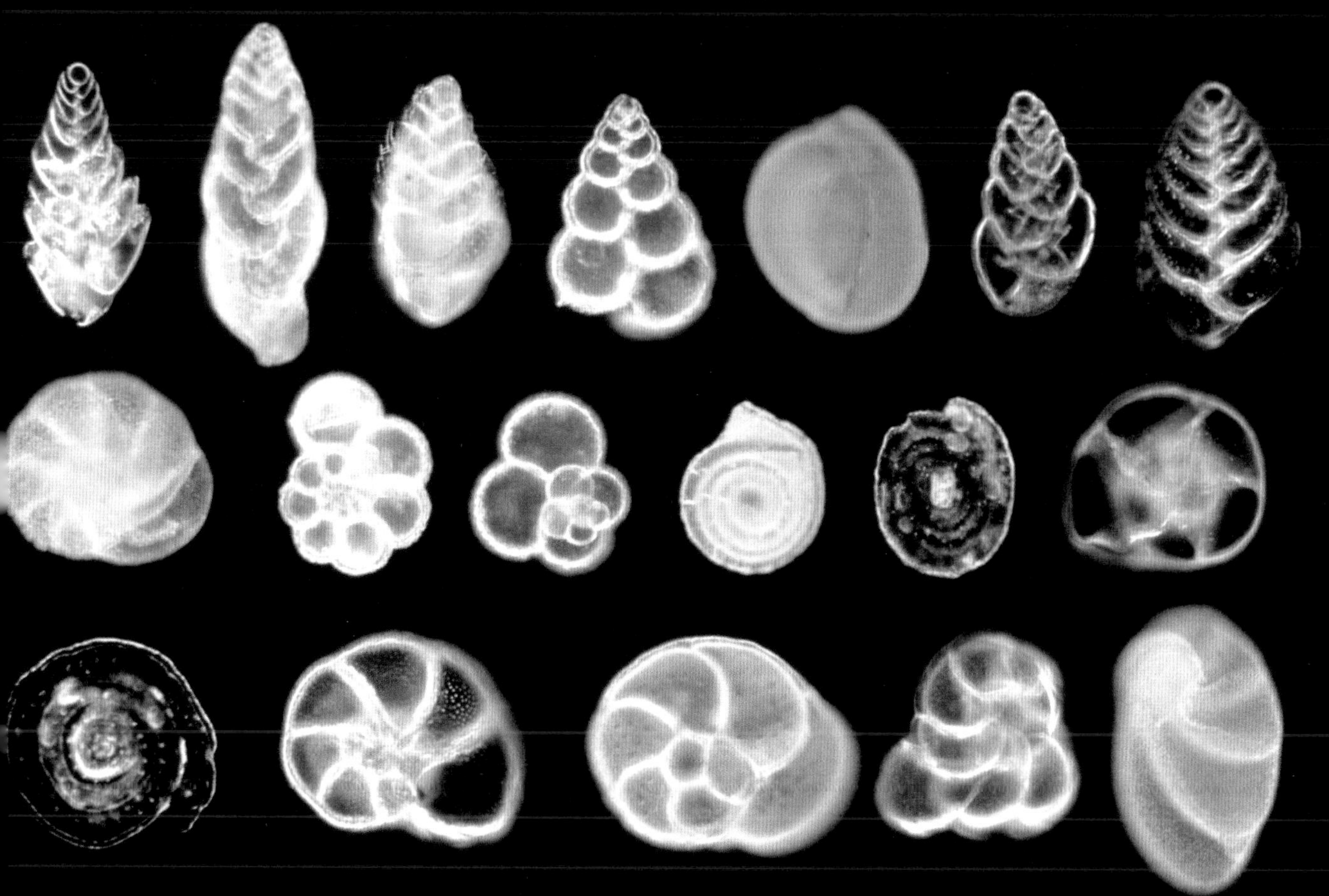

'디아코아스타(discoasters)' 라 불리는 별 모양 식물화석의 멸종시기를 확인할 수 있었으며, 대략 150만 년 전으로 추정되었다.

아무도 코어 안 연체동물의 연대 측정에 대한 정확한 방법을 찾지 못하였기 때문에 에릭슨(Ericson)의 연대기는 논란이 많았다. 이 무렵 에밀리아니는 과거 해양 온도를 밝히기 위해 산소 원자를 이용하였던 시카고 연구팀과 손을 잡았다. 해수는 산소-18(^{18}O)과 산소-16(^{16}O) 동위원소를 포함하며, ^{18}O이 ^{16}O보다 무겁다. 두 가지 모두 해양 유기체의 탄산칼슘 골격 속에 들어 있다. 주변의 물에서 추출한 동물의 무거운 동위원소 양은 수온에 좌우되므로 차가운 물에서 번성했던 유기체의 골격은 ^{18}O의 농도가 더 높을 것이다. 미국의 지구화학자 유레이(Harold Urey)는 뼈화석에서 두 동위원소의 비율을 이용하여 물의 온도 계산이 가능하다고 주장했다. 에밀리아니는 빙하시대의 해양 유공충류에 오늘날 '동위원소 온도계' 라 불리는 것을 적용하였다. 그는 1955년에 8개의 심해 코어를 분석하여 지난 30만 년간 7번의 빙기가 기록된 대서양과 카리브 해의 온도 곡선을 계산하였다. 그리고 카리브 해에서 한 번의 빙기 동안 기온이 6℃ 정도 하강했음을 계산하였다. 그는 그의 연대기가 밀란코비치의 곡선과 꽤 일치한다고 보았다.

결국 유공충 군집의 통계분석으로 동위원소의 눈금 변동이 온도 변화에 의한 것이

유공충 목에 속하는 다양한 생물의 껍질의 광학현미경 사진. 유공충의 껍질은 초크와 많은 심해 진흙의 중요한 성분을 형성한다. 이전 지질시대에 유공충이 대량 발생하였고, 대부분이 탄산칼슘인 그 껍질은 오늘날 석회암으로 알려진 거대한 화석 퇴적물을 형성하였다.

아니라 빙하시대 빙상의 체적 변화에 의해서 비롯되었음을 확인하였다. 이로써 연구자들은 얼음 부피를 측정할 때는 동위원소 기법을 사용하고 해양 온도 변화를 측정할 때는 통계적 방법을 사용하게 되었다.

자기 역전과 빙하시대의 경계

언제 빙하시대가 시작되었을까? 심해 코어는 약 150만 년 전으로 추정하지만 전혀 다른 접근 방법인 고지자기 이론은 다른 추정치를 보여 준다.

1906년 지구의 자기장을 조사하던 프랑스의 지구물리학자 브루네(Bernard Brunhes)는 새로 구운 벽돌이 냉각되면서 약간의 자성을 띤다는 것을 발견하였다. 그는 냉각된 화산용암이 벽돌처럼 작용한다는 사실도 발견했다. 그는 곧 일부 용암의 흐름에서 자성의 방향이 지구의 현재 자기장의 방향과 정반대임을 확인하였다. 20년 후에, 일본의 지구물리학자 마쓰야마(松山基範)는 플라이스토세에 적어도 한 번, 그리고 지질시대 동안에는 여러 차례 지구의 자기장이 역전되었을 것이라 확신하였다. 미국에서 자기장 역전이 세계적인 사건이었다는 것을 증명한 1963년까지 브루네와 마쓰야마의 발견은

왼쪽 종종 고위도대에서 볼 수 있는 자연광 현상인 극광. 극광은 지구 자기장의 가시적인 표시이다. 그것은 지구의 자기권에서 대전된 미립자들의 충돌로 인해 일어나는데, 이것은 지구의 자기장과 연결되어 있고 상층대기에서 원자와 분자를 들뜨게 한다.

옆면 지구 자기장의 컴퓨터 묘사. 파란색 선은 자극(magnetic poles)으로부터 확장된 자기장선을 나타낸다. 이들은 남극과 북극에 가까이 있지만 남극과 북극에는 없다. 자기장은 지구의 핵에서 용해된 금속의 움직임으로 인해 발생되는 것으로 생각된다. 그것은 태양의 강한 에너지 복사로부터 지구를 보호한다. 자기장은 안정하지 않으며 지구역사 기간 동안에 갑작스럽게 그리고 불규칙적으로 역전되었으며 가장 최근은 약 78만 년 전 브루네-마쓰야마 사건으로 알려진 시기이다. 이 역전은 심해 코어에서 볼 수 있다.

입증되지 않았다. 빙하시대에는 78만 년 전의 브루네-마쓰야마(Brunhes-Matuyama) 사건과 약 180만 년 전으로 추정되는 올두바이 사건까지 두 번의 자기장 역전이 있었다. 이어서 그와 동일한 역전이 남극 심해 코어에서도 확인되었다.

고지자기는 빙하시대의 시작 시기를 더 정확하게 하였다. 미국 우즈홀(Woods Hole) 해양과학연구소의 과학자들이 180만 년 전 올두바이 사건 때 저온성 종이 처음 나타났다는 것을 제시하였다.

기후주기

그동안의 육지와 해저에 대한 집중적인 연구가 빙하시대의 기후에 대한 인식을 바꾸었다. 1960년대 후반, 라몬트-도허티 지구관측소의 브뢰커(Wallace Broecker)와 동크(Jan van Donk)는 카리브 해 코어 V12-122에서 유공충의 동위원소 측정 결과를 이용하여 에릭슨과 에밀리아니의 동위원소 기록에 있는 주요 주기는 10만 년이라고 결론지었다. 당시 냉각은 느리고 온난화는 급격하여 기후주기가 상당히 비대칭적이었다. 그래서 빙하시대의 주요 빙하작용은 약 10만 년 간격이며, 그 주기는 코어 연구뿐만 아니라 체코슬로바키아 벽돌공장의 지상 황토 퇴적층에서도 확인되었다. 이때 라몬트의 루디먼(William Ruddiman)과 매킨타이어(Andrew Macintyre)는 남북선상의 대서양 코어를 사용하여 멕시코 만류가 브루네-마쓰야마 사건 이후 8번의 기후 주기 중 빙기에 남쪽에서 동쪽의 스페인으로 이동했다는 것을 밝혀냈다. 그렇게 멕시코 만류는 주기적인 기후패턴을 따라 움직였다.

1971년에 진정한 국제적 노력을 위한 수많은 연구 활동이 이루어졌다. 이것은 빙하시대의 지표면을 지도화하고 빙하시대 기후변화를 연구하기 위하여 고안된 CLIMAP 프로젝트 방식을 취했다. 1973년에는 CLIMAP 프로젝트가 확대되어 빙하시대의 기후주기 연구까지 포함되었고, 약 1만 8,000년 전 마지막 빙하시대 절정 무렵의 세계 해양 온도와 빙하 분포도가 출판되었다. 그러나 이 프로젝트에는 브루네-마쓰야마의 역전보다 더 과거로 이어지는 층상구조를 보이는 빙하시대의 기후 한 장면이 누락되어 있었다.

케임브리지대학 지구물리학자인 섀클턴(Nick Shackleton)은 75만 년 전까지 거슬러 올라가는 빙하시대의 연대 '로제타석'을 만들어 냈다. 그는 V28-238로 알려진 얕은 적도 서태평양

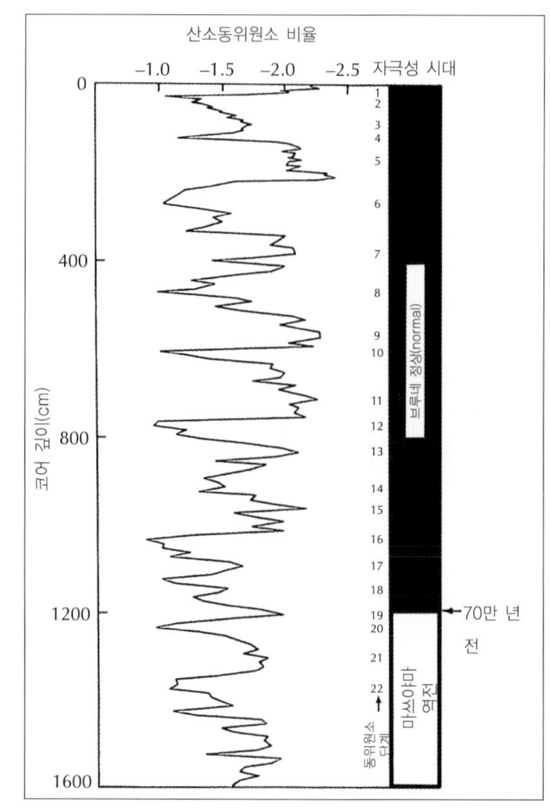

빙하시대 기후의 '로제타석'
태평양 심해 코어 V28-238로부터 얻은 빙하시대 기후변화의 다이아그램. 이것은 산소동위원소 비율의 변화에 의해 보여 주는 빙하시대 기후변화의 대표적인 관점을 제공한다.
여기서 70만 년 전에 일어난 자기 역전은 현재 BP(현대 이전) 78만 년으로 연대가 매겨진다.

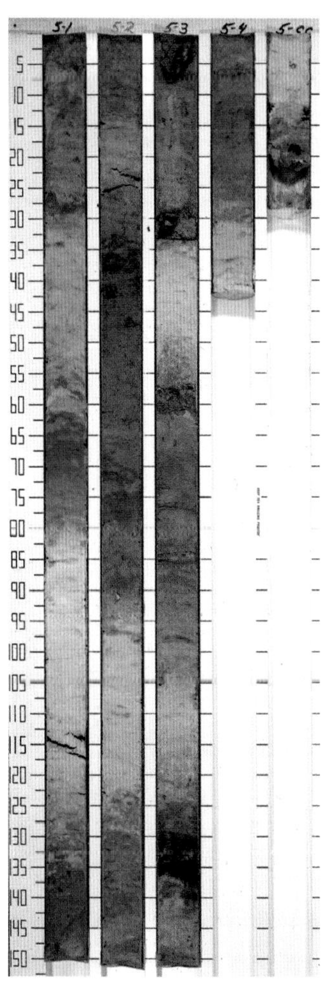

글로마 챌린저 호(Glomar Challenger) 탐험의 심해 시추 계획을 통해 얻은 심해 코어 샘플. 이 배는 직경 6.35cm, 길이 9m의 코어 표본을 채취했다. 코어 반쪽은 보관되고 다른 반쪽은 여전히 시료 요청을 충족시키기 위해서 자료로써 사용되고 있다.

에서 길고 깊은 코어를 분석하여 브루네-마쓰야마 사선까지 거슬러 올라가는 퇴적물과 연체동물의 연대를 계산하였다. 새클턴은 해저에 사는 작은 유기체 껍질의 동위원소 변이를 측정할 수 있는 질량 분석기를 최초로 개발하였다. V28-238에서 얻은 곡선은 빙하시대 기간 중 최상부는 방사성 탄소로, 최하부는 자성 역전으로 연대를 측정하여, 19개의 동위원소 단계를 확인하였다. 동위원소 단계 19는 브루네-마쓰야마 경계에 있다.

새클턴의 연구는 밀란코비치 곡선과 빙하시대 기후 주기의 새로운 연구를 자극하였다. 임브리 등은 스펙트럼 분석과 CLIMAP 시간 범위로 알려진 통계적인 방법을 사용하여, 10만 년의 주기뿐만 아니라 4만~2만 년의 작은 주기가 있다는 것을 확인하였다. 지구의 이심률 주기를 계산하여 광범위한 통계 검증을 거친 후 기후 진동이 이심률 변동에 부합하는 10만 년 주기와 자전축의 경사 변동 결과인 4만 1,000년 주기, 그리고 지구 세차운동의 변화에 의한 2만 3,000년과 1만 9,000년 주기가 있다는 것이 확인되었다. 이런 연대는 동위원소와 연체동물의 연구로 밝혀진 결과와 상당히 일치하였으며, 결국 밀란코비치가 정확했다는 것을 강하게 확인시켰다.

1976년에 간행된 이런 연구는 아데마르와 크롤에 의해 제기된 후 밀란코비치에 의해 정교화된 천문학 이론인 태양 주위의 지구 운동 변화가 빙하시대의 여러 빙하작용을 촉발시킨다는 것을 입증하였다. 그러나 이러한 작용이 어떻게 일어나는지에 대한 미스터리는 여전히 해결하지 못하였다.

심해 시추 사업의 해양 굴착선, 글로마 챌린저호는 1968년에 만들어져 1983년에 서비스가 종료되었다.

3
빙하시대는 어떻게 시작되었나

5,000만 년 전의 지구는 오늘날의 모습과 아주 달랐다. 당시 지구는 현재보다 더 덥고 습했으며, 열대우림이 캐나다 북부에서 파타고니아까지 확대되었다. 그러면 어떻게 푸르고 우거지고 활기찬 지구가 어떻게 현재의 얼음으로 덮인 한랭한 지구로 바뀌었을까? 빙하시대가 시작된 원인은 무엇일까? 5,000만 년 전 세계 지도와 오늘날의 세계 지도를 비교하여 보면, 처음에는 비슷하게 보이지만 더 자세히 보면 작은 차이점이 보일 것이다. 지표면을 덮고 있는 대륙의 움직임은 매우 느리지만 이 작은 변화가 전 지구의 기후에 중대한 영향을 미쳤다.

앞면 알래스카 주노에 가까운 빙하의 항공사진. 이것은 북아메리카의 다섯 번째로 큰 빙원에 의해서 성장하는 38개의 빙하 중 하나일 뿐이다.

무엇이 지구를 한랭하게 하였을까?

빙하시대가 되려면 일단 극이 대륙이어야 한다. 지질학자들은 이러한 개념을 증명하기 위하여 기초적인 기후모델을 수행하여 모든 대륙이 적도 주변에 위치한다면 적도와 극의 온도 차이는 약 30℃가 된다는 것을 증명하였다. 이것은 대기와 해양의 특징 때문이다. 기후의 기본 법칙은 뜨거운 공기는 상승하고 차가운 공기는 하강하는 것이므로 열대지방에서는 지면이 가열되고 따뜻한 공기가 상승한다. 그 결과 수증기가 냉각되어 응결하면서 두꺼운 구름이 발달한다. 극에서는 추위 때문에 반대 현상이 일어난다. 한랭한 공기가 하강하여 지면에 도달하면서 극에서 저위도로 밀려간다. 그러므로 극지방에서 해수가 빙결하여 얼음이 형성되더라도 이 얼음은 극에서 비교적 따뜻한 물이 있는 방향으로 바람에 의해 떠내려간다. 이것이 균형을 유지하는 데 도움을 주어 극의 온도가 영하로 하강하는 것을 막아 준다. 그러나 극 또는 극 주변에 육지가 있다면 얼음은 영구적으로 형성될 수 있으며, 적도와 극의 온도 차이는 65℃ 이상으로 커진다. 이것은 오늘날 남반구의 상황과 일치한다. 이와 대조적으로 북반구의 경우, 극에는 육지가 없고 대륙이 북극을 둘러싸고 있으며, 남극 대륙에서와 같이 한 개의 대규모 빙상 대신에 그린란드에 더 작은 빙상이 하나 있다. 그리고 북반구의 대륙은 북극해의 해빙을 유지시키는 울타리 같은 역할을 한다. 그래서 북반구에서 적도와 극지방의 온도 차이는 결빙된 남극지방의 극값과 육지가 없을 경우 극지방의 극값 차이에 해당하는 약 50℃이다.

이런 온도 차이가 적도에서 극으로 열을 수송하는 해양과 대기순환의 주요 동력이 되기 때문에 기후과정에 중요한 역할을 한다. 그래서 극과 적도 사이의 온도 차이에 의해서 세계의 기후형이 결정된다. 오늘날의 지구와 같이 비교적 차가운 지구는 적도와 극 사이에 극한 온도 차이를 갖는다. 그로 인하여 역동적인 기후가 만들어지면서 허리케인이나 겨울철 폭풍과 같은 기상현상이 발생한다. 기후 시스템이 뜨거운 열대에서 한랭한 극으로 열을 펌프질하고 있는 것이다. 최근 1억 년 동안 남극 대륙은 남극

아래 우리는 그린란드와 남극 대륙 위의 커다란 빙상과 함께 빙하시대에 살고 있다. 북극에서는 해빙이 계절에 따라 확장하고 수축하며, 여름에도 (아래에서 보여지는 것처럼) 해빙은 북극해의 많은 부분을 덮고 있다.

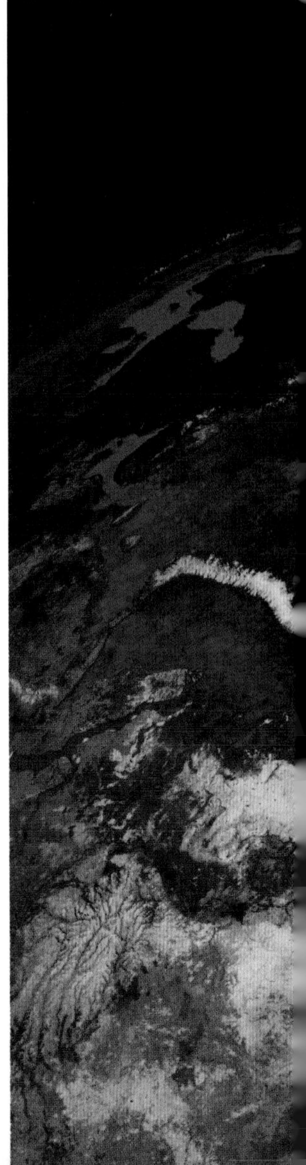

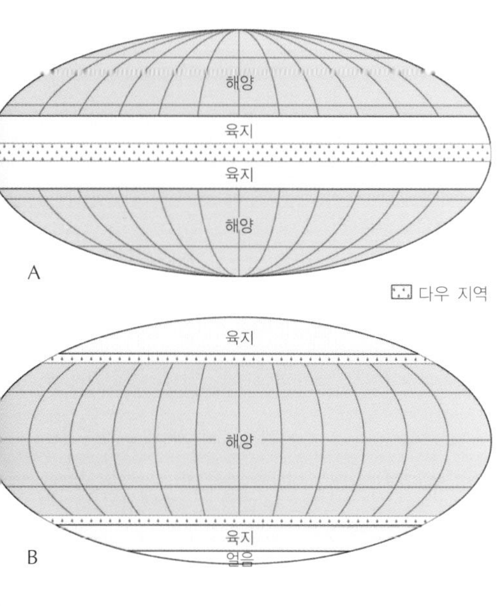

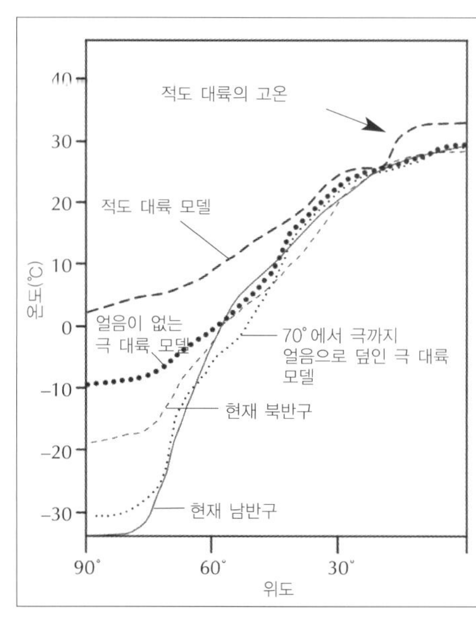

가장 왼쪽 적도와 극 사이의 온도 경도는 대륙이 어디에 위치하는가에 의해 지배된다. 모든 대륙이 적도(A)에 위치한다면 온도 경도는 30℃가 되고, 극에 위치한다면 온도 경도는 60℃ 이상으로 상승할 수 있다.

왼쪽 A와 B 사이의 대륙 배치를 사용한 모델 모의와 비교하여 현재 온도 경도를 그래프상에 나타냈다.

에 자리하고 있었고 아메리카와 유라시아 대륙은 북극을 둘러싸고 있었다. 그러나 빙하기는 겨우 250만 년 전에 시작되었으므로 지구 상의 기온을 조절하는 또 다른 요인이 있어야 한다.

빙하시대가 되기 위해서는 극 주변 또는 극의 대륙을 냉각시킬 수 있는 도구가 있어야 한다. 남극 대륙의 경우 약 3,500만 년 전이 되어서야 비로소 얼음이 쌓이기 시작했다. 이 이전 시기에 남극은 무성한 온대림으로 덮여 있었으며, 심지어 거기에서 공룡의 뼈도 발견되었다. 3,500만 년 전 남극 대륙을 냉각시킨 소규모의 대륙 이동이 최고점에 이르렀다. 북아메리카와 오스트레일리아가 천천히 남극 대륙에서 멀어져 갔다. 약 3,500만 년 전, 태즈메이니아와 남극 대륙 사이에서 바다가 만들어졌다. 약 3,000만 년 전 남아메리카와 남극 대륙 사이의 드레이크 해협이 만들어졌다. 이것이 남반구의 해양이 남극 대륙 주위를 순환하게 만들었다. 남반구의 해양은 냉장고의 냉

그림의 왼쪽은 심해의 산소동위원소 기록을 보여 준다, 이것은 심해의 온도와 전 지구 얼음의 부피 변화를 나타낸다. 그것은 최근 5,000만 년 동안 전 지구가 더 추워지고 빙상이 남극 대륙과 그린란드에서 성장하였다는 것을 보여 준다. 그림의 오른쪽에서 우리는 이 기록과 지난 7,000만 년간의 중요 기후, 구조적, 생물학적 사건을 비교할 수 있다.

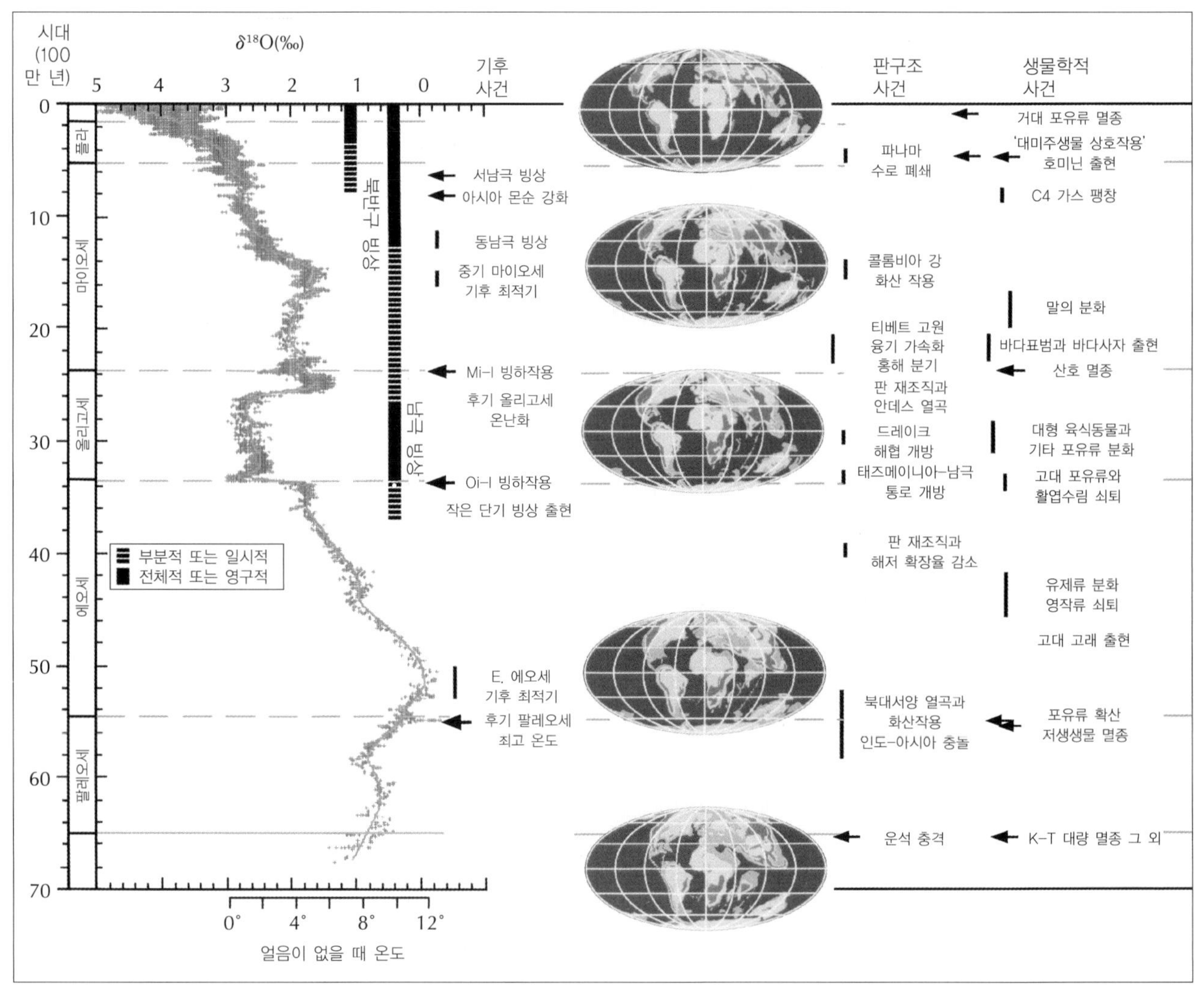

매와 같은 역할을 한다. 즉, 바닷물이 대륙 주변을 이동하면서 남극 대륙의 열을 빼앗아 대서양, 인도양, 태평양 등으로 방출한다. 그러므로 겉보기에 작지만 대륙 사이에 통로 역할을 하는 바다가 만들어지면서 완전하게 순환할 수 있는 해양을 만들었고, 이것이 지속적으로 대륙에서 열을 뽑아내서 어느 정도 차갑게 유지되도록 하였다. 이런 과정이 상당히 효율적이어서, 현재 남극 대륙의 빙상이 전부 녹는다면 미국의 자유여신상 머리를 덮을 수 있는 70m 정도까지 전구의 해수면이 상승할 것이다. 과학자들은 남극 대륙에서 일어나는 빙하작용의 이러한 구조 때문에 해수면을 65m 가량 상승시킬 수 있는 남극 대륙 동부의 빙상이 전구 온난화로 인해 녹는 일은 없을 것이라고 확신한다. 하지만 불안정한 남극 대륙 서부의 빙상도 같은 조건이라고 할 수는 없다(8장 참고).

그러나 이유는 모르지만 3,000만 년 전 빙결된 남극 대륙은 오래 지속되지 않았고, 2,500만 년 전부터 남극 대륙에서 얼음이 녹기 시작하여 1,500만 년 동안 계속되었다. 의문점은 "왜 1,000만 년 전에 세계 도처에서 다시 냉각이 시작되었는가?" 그리고 "왜 북반구에서도 얼음이 형성되기 시작하였는가?"라는 것이다. 고기후학자들은 그 답은 대기에 있으며 만약 지구가 한랭한 채로 유지되려면 대기 중 이산화탄소 농도가 낮은 것이 가장 중요하다고 믿는다. 컴퓨터 모델에 의해서 이산화탄소의 농도가 높아지면 열을 빼앗아 가는 해양이 있더라도 남극 대륙에 얼음이 생길 수 없다는 것이 확인되었다. 그러면 무엇이 이산화탄소의 농도를 낮춰서 북쪽에서 얼음을 성장하게 하였을까?

무엇이 대규모의 동결을 야기했을까?

1988년 버지니아대학의 루디먼(Bill Ruddiman) 교수와 그의 제자 레이모(Maureen Raymo)는 대단히 영향력 있는 논문을 발표하였다. 그들은 세계적인 냉각과 북반구 빙상의 성장이 티베트-히말라야 산맥과 시애라-콜로라도 지역의 융기에 의해 야기되었다고 주장하였다. 그들은 이 거대한 고원이 대기순환을 바꾸어 놓았고, 그 결과 북반구가 약간 냉각되어 눈과 얼음이 성장했을 것이라고 주장하였다. 그러나 당시에 그들은 히말라야의 융기 대부분이 2,000만 년과 1,700만 년 전 사이에 일어났다는 것과 융기가 북반구 얼음 성장의 직접적인 원인이 되기에는 너무 이른 시기였다는 사실을 깨닫지 못하였다. 레이모는 이런 뜻밖의 사실을 추적하여 융기가 공기에서 이산화탄소를 소모하는 엄청난 침식으로 지구의 기후를 냉각시켰다는 새롭고 놀라운 제안을 내놓았다. 그녀는 산맥이 만들어질 때 강수그늘도 만들어지며, 강수그늘이 만들어지는 것은 공기가 강제 상승할 때 수증기가 응결되면서 산 위에서 강수가 되기 때문이라고 주장하였다. 그녀는 증가한 강수가 대기 중의 이산화탄소와 섞여서 바위를 녹일 수 있는 약한 탄산 용액을 만들었다고 주장했다. 이런 사실은 석회암으로 된 빌딩의 탈색에서 확인할 수 있을 것이다. 그런데 흥미롭게도 규산염 광물의 풍화작용만이 대기 중의 이산화탄소 농도를 줄일 수 있다. 탄산에 의한 탄산염 암석의 풍화작용은 사실 이산화탄소를 대기로 돌려보낸다. 히말라야 산지의 대부분은 규산염 암석으로 만들어져 있어서 그곳에는 대기 중 이산화탄소를 가두어 둘 수 있는 암석이 많다. 이후 빗물 속에 녹은 새로운 광물이 바다로 흘러가면 해양성 플랑크톤은 껍질을 만들면서 탄산칼슘을 소비한다. 해양 생물의 방해석 골격 유해는 궁극적으로 심해 퇴적물로 퇴적되므로 그것이 퇴적된 해양 지각의 남은 생애 주기 동안 지구 탄소 순환에서 제외된다. 장기간의 이산화탄소 농도 변화에 대한 지질학적 증거를 보면 지난 2,000만 년에 걸쳐서 이산화탄소 농도가 상당히 줄었을 것이라 추측할 수 있다. 이 이론에 대한 유일한 문제점은 무엇이 그것을 멈추게 하였는가 하는 것이다. 지난 2,000만 년에 걸쳐 침식된 티베트 암석의 양은 대기 중의 모든 이산화탄소가 제거되었어야 할 정도이다. 즉 대기 중 이산화탄소가 균형을 유지할 수 있도록 영향을 미치는 또 다른 자연적인 메커니즘이 분명히 있다는 것이다.

1,000만 년 전과 500만 년 전 사이 이산화탄소 농도가 낮았을 때, 그린란드의 빙상이 성장하기 시작했다. 흥미롭게도 그린란드를 둘러싼 더 따뜻한 물 때문에 빙하는 남쪽에서부터 성장하기 시작하였다. 이것이 지구를 냉각시키기 위해서 필요한 세 번째 요인이 얼음을 성장시킬 수 있는 수분 공급원인 이유이다. 지구 상에서 아무리 한랭한 곳이라 하여도 수분이 없으면 얼음이 성장할 수 없다. 500만 년 전에는 오늘날과 매우 흡사하게 남극 대륙과 그린란드에 거대한 빙상이 덮여 있었다. 거대한 빙상이 북아메리카와 유럽 북부에서 확장하였다 후퇴할 때인 250만 년 전까지는 빙하시대가 아직 시작되지 않았다. 그러나 600만 년 전 쯤에 이런 큰 빙상이 성장하기 시작했다는 것을 보여 주는 흥미로운 증거가 있다. 최근, 얼음에 의해 침식된 후 빙산에 의해 바다로 흘러가 대륙에서 떨어져 나온 암석 파편이 북대서양과 북태평양, 노르웨이 해 등에서 발견되었다. 이것은 빙하시대로 진입하는 데 실패했다는 것을 보여 주는 증거이며 모든 것은 지중해 때문이었다.

거대한 염 위기

600만 년 전 점진적으로 지각구조가 변화하면서 지브롤터 해협을 막았고, 이것이 일시적으로 대서양과 지중해를 갈랐다. 이렇게 격리된 동안 지중해는 여러 번 바닷물이 말랐었고, 퇴적된 방대한 소금의 두께가 3km에 이르렀다. 수m의 바닷물이 광대한 지

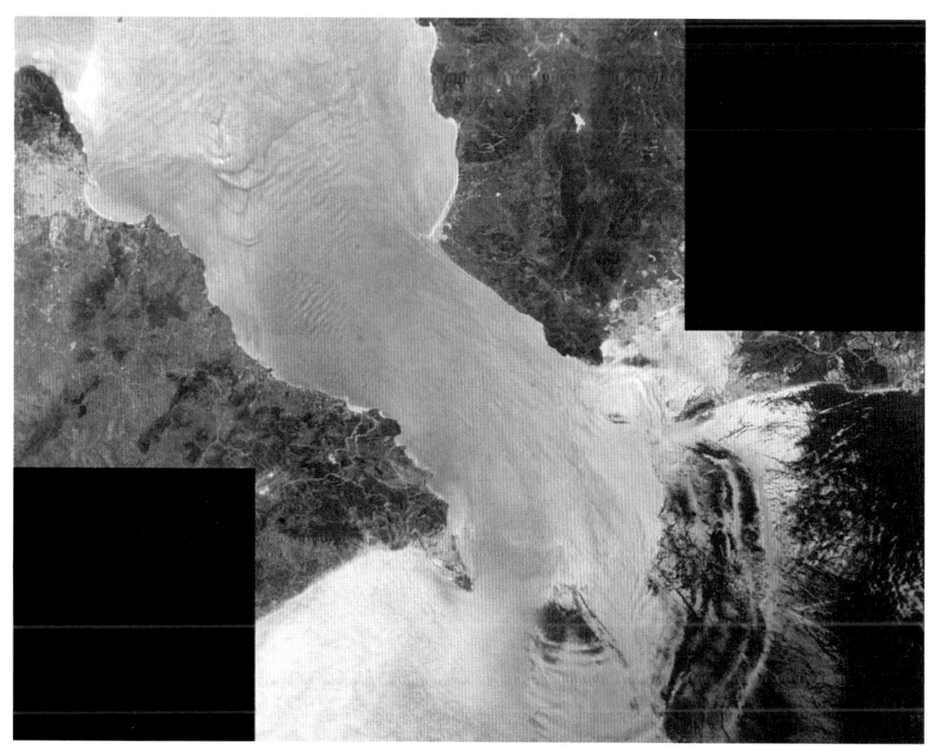

지브롤터 해협과 이 해협을 통하여 지중해로 흐르는 해류의 위성 영상. 550만 년 전 이 해협은 닫혀 있었고, 지중해는 고립되고 마르기 시작하여 거대한 소금 침전물을 만들었다. 이 해협은 다시 열리면서 대서양의 해수가 흘러 들어온 것은 20만 년이 지나서였다.

역을 넓고 있는 거대한 사해의 경우를 상상해 보자. 세계 해양에 녹아 있는 모든 소금의 6% 정도가 제기된 이 사건은 시칠리아에 있는 메시나 섬의 이름을 따서 메시나 염도 위기(Messinian Salinity Crisis)라 불렸으며 지구의 기후에 상당한 변화를 초래하였다. 550만 년 전 지중해는 바다와 완전하게 격리되었고, 하나의 소금 사막으로 바뀌었다. 이 시기는 세계가 빙하시대에 들어서는 시기와 거의 일치한다. 그러나 약 530만 년 전 지브롤터 해협이 다시 열리면서 메시나 홍수(Terminal Messinian Flood)를 일으켰다. 대서양의 물이 지중해로 쏟아져 들어올 때 지브롤터 해협의 거대한 폭포는 오늘날 볼 수 있는 어떤 폭포보다도 웅장하였을 것이다. 거대한 양의 소금이 용해되어 지중해-대서양의 통로를 통해 전세계의 대양으로 다시 퍼부어졌으며, 이것은 해양이 순환하는 방식에 영향을 주었고 그 과정에서 빙하시대를 범수게 했을 것이다. 이것은 지구의 기후를 결정하는 데 있어서 대양순환이 결정적인 역할을 한다는 것을 보여 주는 것이다.

해양 컨베이어 벨트

소금과 열은 해양의 심층 순환에 주요 조정 장치 역할을 한다. 오늘날 열대지방에서 태양은 카리브 해의 해수 표면을 가열하여 활발하게 증발을 일으키면서 수문순환을 시작한다. 이런 모든 증발이 표층수에 염분을 풍부하게 한다. 뜨겁고 염분이 많은 표층수는 플로리다 해안을 따라서 카리브 해에서 바람을 타고 밀려가 북대서양으로 이

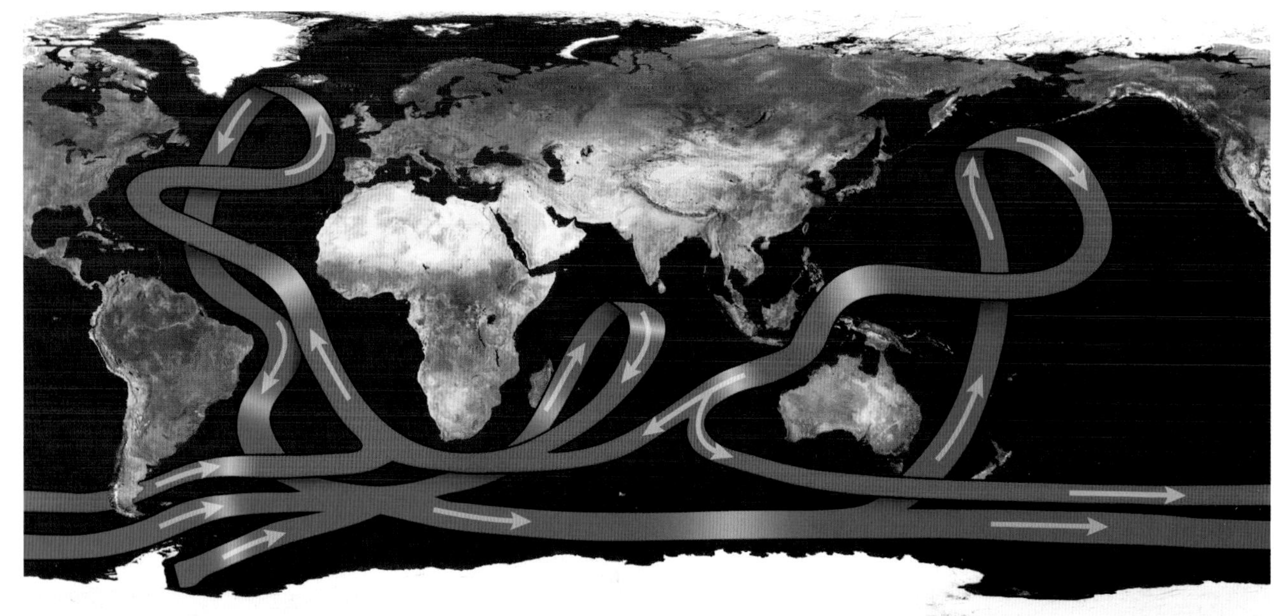

동한다. 이것이 유명한 멕시코 만류의 시작이다. 멕시코 만류의 규모는 가장 클 때 아마존 강의 500배였다. 이는 미국의 연안을 따라 흐르다가 북대서양을 가로질러 아이슬란드의 연안을 지나 노르웨이 해까지 북상한다. 멕시코 만류는 북쪽으로 흘러가면서 냉각된다. 고염분의 해수와 낮아진 수온으로 표층수가 무거워지고 밀도가 높아진다. 그러므로 멕시코 만류가 아이슬란드 북쪽의 비교적 염도가 낮은 해양에 도달할 때쯤이면 대양 표층수는 충분히 차가워져서 심해로 가라앉을 정도로 밀도가 높아져 북대서양 심층수를 형성한다. 이 심층수는 대서양에서 가라앉은 상태에서 흘러 남극 주변에서 형성된 다른 심층수와 만나고 다음으로 인도양과 태평양으로 흘러들이가, 결국 표면으로 나와서 표층수로써 카리브 해로 돌아가는 수괴를 형성한다. 하나의 수괴가 거대한 대양 컨베이어 벨트의 모든 곳을 흐르는 데 대략 1,000년이 걸리며, 이는 마치 세계 기후의 느린 심장 박동과 같다. 이런 밀도가 높은 북대서양 심층수의 침강에 의한 '잡아당김'이 따뜻한 멕시코 만류의 강도를 유지하는 데 도움을 주며 따뜻한 열대 해수의 흐름이 지속적으

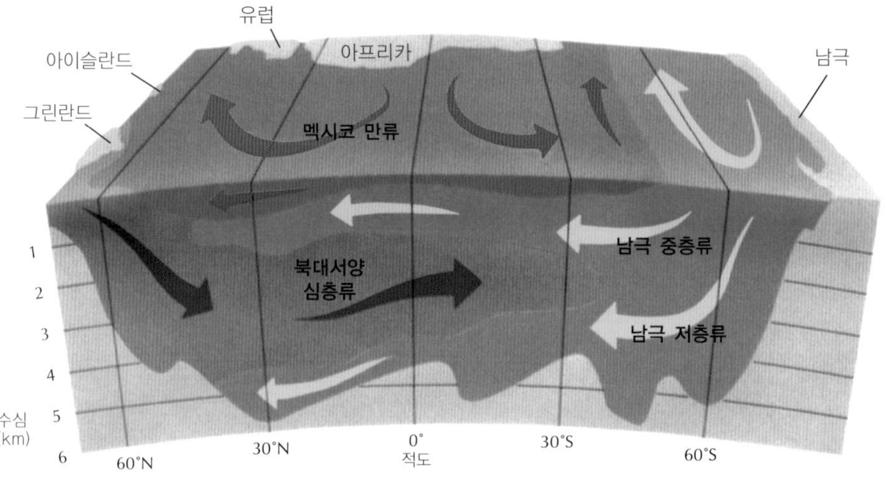

위 해양에서 심층수의 두 근원은 북쪽에서 형성되는 북대서양 심층수(NABW)와 남쪽에서 형성되는 남극 저층수(NADW)가 있다. 이 두 수괴 사이의 균형이 전지구 기후를 지배한다.

로 북동 대서양으로 흘러 들어가게 하면서 온화한 공기 덩어리를 유럽 대륙으로 이동하게 한다. 멕시코 만류는 영국의 모든 발전소의 에너지를 합한 양의 2만 7,000배의 에너지를 운반한다. 멕시코 만류가 유럽의 기후에 얼마나 이득이 되는가가 궁금하면, 런던과 래브라도, 리스본과 뉴욕처럼 같은 위도에 있는 대서양 양쪽의 겨울철 기온을 비교해 보면 된다. 해양과 대륙 사이에서 지리적으로 유사한 서유럽과 북아메리카 서안의 차이를 비교해 보면 더욱 명확해진다. 같은 위도에 있는 알래스카와 스코틀랜드를 생각해 보라.

멕시코 만류에 의해 방출된 열은 유럽을 지속적으로 따뜻하게 할 뿐만 아니라 지구가 냉각되는 것을 막아 준다. 다음 절에서 알 수 있듯이 500만 년 전 멕시코 만류와 심해 순환은 오늘날만큼 강하지 않았다. 이것은 북아메리카와 남아메리카 대륙의 독립된 대륙이 완벽하게 하나로 연결되지 않아서, 지금보다 염도가 낮았던 태평양 해수가 여전히 파나마 해양 통로를 통해 흘러 나갈 수 있었기 때문이다. 이런 멕시코 만류의 약화는 기후가 더 차가워졌음을 의미한다. 그러나 메시나 홍수로 인한 갑작스러운 염분의 증가로 북대서양의 염도가 증가하여 격렬한 멕시코 만류와 노르웨이 해의 침강을 강화하였다. 이러한 열대지방의 열이 효율적으로 북쪽으로 유입되면서 빙하시대로의 움직임이 중지되었다. 250만 년이 지나서야 지구 기후는 다시 움직일 준비를 하였다.

반대쪽 상단 세계 해양은 대양 컨베이어 벨트로 불리는 하나의 대규모 순환에 연결되어 있다. 따뜻한 염수는 북대서양에서 차가워져 침강하여 심층수(그림의 파랑 부분)를 형성하여 대서양, 남극 대륙 아래로 순환시킬 수 있고 결국 인도양 또는 북태평양의 표면으로 상승한다. 표면수(지도의 빨강 부분)는 그때 북대서양으로 돌아가 다시 침강할 준비를 한다.

왼쪽 멕시코 만류의 따뜻한 물이 영국 제도에 근접하게 통과하여 겨울이 비교적 따뜻하게 유지된다. 이러한 현상은 훨씬 더 남쪽에서 대개 발견되는 식물들이 성장하게 한다. 한 예가 캐나다 허드슨 만과 같은 위도대인 북위 57.8°에 위치한 북 스코틀랜드의 인버위 정원(Inverewe gardens)이다.

파나마의 역설

지질학자들은 태평양-카리브 해 통로의 폐쇄가 빙하시대의 촉발제가 되었다고 믿는다. 독일의 과학자인 하우그(Gerald Haug)과 티드만(Ralf Tiedemann) 교수는 해양 퇴적물에서 얻은 증거를 이용하여 파나마의 통로가 450만 년 전에 막히기 시작해서 약 200만 년 전에 완전히 닫혔다고 주장하였다. 그러나 파나마 통로의 폐쇄는 새로운 역설을 가져왔다. 이것은 빙하시대 시작을 도울 수도 있고 방해할 수도 있다. 우선 태평양의 해수는 북대서양의 해수보다 염도가 낮기 때문에 태평양 표층수의 유입 감소는 카리브 해의 염도를 증가시킬 것이다. 이것은 멕시코 만류와 북대서양 해류에 의해 북쪽으로 운반된 물의 염분을 증가시키고, 심층수의 형성을 강화시켜 고위도로 열을 운반하여 빙상의 형성을 방해할 것이다. 또한 멕시코 만류의 강화는 많은 양의 습기를 북쪽으로 펌프질하면서 빙하의 형성을 자극했을 것이므로 빙하시대는 더 따뜻한 온도에서 시작될 수도 있다. 모든 습기가 북쪽으로 펌프질되어 눈으로 떨어져 빙상을 형성할 수 있기 때문이다.

왜 250만 년 전인가?

지각변동의 영향만으로 빙하시대가 놀랄 만큼 일찍 시작되었다고 설명할 수는 없다. 마슬린(Mark Maslin)은 해양 침전물에 대한 연구에서 전환의 3가지 주요 단계가 있다고 제시했다. 이 증거는 빙하에 의해 대륙에서 쪼개져 나온 암석 파편이 빙산에 의해 인접한 대양 분지에 쌓인 것에 근거한 것이다. 첫째, 빙상은 북동아메리카 빙상의 성장에 대한 몇 가지 증거와 함께 유라시아, 북극, 북동아시아 지역에서 274만 년 전에 성장하기 시작했다. 두 번째, 빙상은 알래스카에서 270만 년 전에 성장하기 시작했고 세 번째, 빙산 중 가장 큰 북아메리카 대륙 빙상이 254만 년 전에 최대 규모가 되었다. 그래서 지구는 20만 년도 안 되어 초기 플라이오세의 온난하고 아늑한 기후의 황금기에서 빙하시대로 변해 갔다.

그러므로 빙하시대의 시작에는 지질구조 판 이동 외의 다른 이유가 있어야 한다. 예를 들면, 지구가 태양 주위를 도는 방식인 궤도 변화가 전 세계의 기온을 낮추는 데에 기여하는 중요한 메커니즘일 수 있다는 것이다. 지구의 수많은 변화에 대한 자세한 사항과 어떻게 그들이 각 빙하작용의 강약을 야기하는지는 다음의 4장에서 다룰 것이다. 그러나 비록 이 변화가 수만 년의 규모로 나타난다 할지라도 더 긴 변동도 있다. 그 중 가장 중요한 것은 지구 자전축의 상하 흔들림인 황도의 경사에 의한 것이며, 지구궤도면에 대한 지구 자전축의 기울기도 중요한 요인이다. 4만 1,000년에 걸쳐 지구의 자전축은 약간 더 태양 쪽으로 기울어졌다가 되돌아오게 된다. 자전축은 21.8°와

24.4° 사이에서 변화하며, 그 기울기가 계절을 만든다. 태양 쪽으로 기울어진 반구는 여름이 되며 12시간 이상 태양 빛을 받고 태양고도가 더 높아서 따뜻하나. 동시에 반대편 반구에서는 자전축이 태양에서 멀리 기울어져 있어서 더 춥다. 앞의 반구와 달리 일조 시간이 12시간 미만이 되고 태양고도도 낮은 겨울이 된다. 그러므로 황도 경사가 더 커질수록 겨울과 여름 사이의 차이가 더 커진다. 이 기울기의 진폭은 125만 년의 기간을 주기로 변화한다. 기울기의 변동이 가장 컸던 500만 년과 250만 년 전에 지구는 빙하시대로 진입하기 시작하였다. 이것은 계절 변화를 더욱 크게 하였다. 특히 중요한 것은 북반구에 여름을 서늘해졌고, 그 결과 여름에도 빙하가 남아 있을 수 있는 환경이 조성되어 빙상으로 성장할 수 있다는 것이다.

열대지방이 빙하시대에 반응하다

빙하시대의 시작이 단지 고위도에만 영향을 미친 것은 아니었다. 빙하시대가 시작되고 50만 년 후 열대지방에서 변화가 있었던 것으로 보인다. 200만 년 전의 열대 태평양에서는 동서 해수면의 온도 차이가 매우 작았던 것으로 보이지만 그 이후에는 해수면 온도 차이가 생겼다. 이것은 열대와 아열대에서 오늘날의 비교적 강한 대기순환과 차가운 아열대 온도 상태를 갖는 대기순환 방식으로의 전환이 있었다는 것을 보여 준다. 동태평양과 서태평양 사이에서 발생하는 대기순환은 워커순환으로 알려져 있으며, 그것은 지구 기후에서 가장 중요하고 신비로운 특징의 하나인 태평양의 해류와 풍향 및 풍속의 주기적인 변동을 일으킨다. ENSO(El Niño-Southern Oscillation, 엘니뇨- 남방진동)는 주로 크리스마스에 나타나기 때문에 본래 엘니뇨(El Niño, 스페인어로 '그리스도의 아이')라고 알려졌으며, 전형적으로 3~7년마다 발생하여 수개월 혹은 1년 이상 지속되기도 한다. ENSO는 세 가지 기후, 즉 정상의 조건과 라니냐, 엘니뇨 사이의 진동이다. 기록상으로 1997~1998년의 엘니뇨 조건이 가장 강력했던 것이며, 미국 남부와 아프리카 동부, 인도 북부, 브라질 북동부, 오스트레일리아 등에 가뭄이 있었다. 인도네시아에서는 매우 건조한 조건으로 걷잡을 수 없이 산불이 번졌다. 캘리포니아와 남아메리카의 일부, 스리랑카, 중앙아프리카의 동부에서는 엄청난 비가 쏟아져 대규모의 홍수가 발생하였다. 엘니뇨 조건은 몬순의 변화와 전 세계에 걸친 가뭄으로 연결되었을 뿐만 아니라 대서양의 허리케인 발생 빈도와 위치에도 영향을 미친다. 예를 들어, 1998년에는 ENSO의 조건을 고려하지 않아서 허리케인 미치(Mitch)의 상륙 지점을 잘못 예측하였다. 또한 당시 강한 무역풍이 불어서, 폭풍을 원래 예측했던 미국 서부 대신 중부를 거쳐 남쪽으로 가게 한 것도 오보에 영향을 미쳤다. 200만 년 전에는 워커순환이 비교적 약했기 때문에 엘니뇨가 없었던 것 같다. 그래서 빙하시대는 열대와 아열

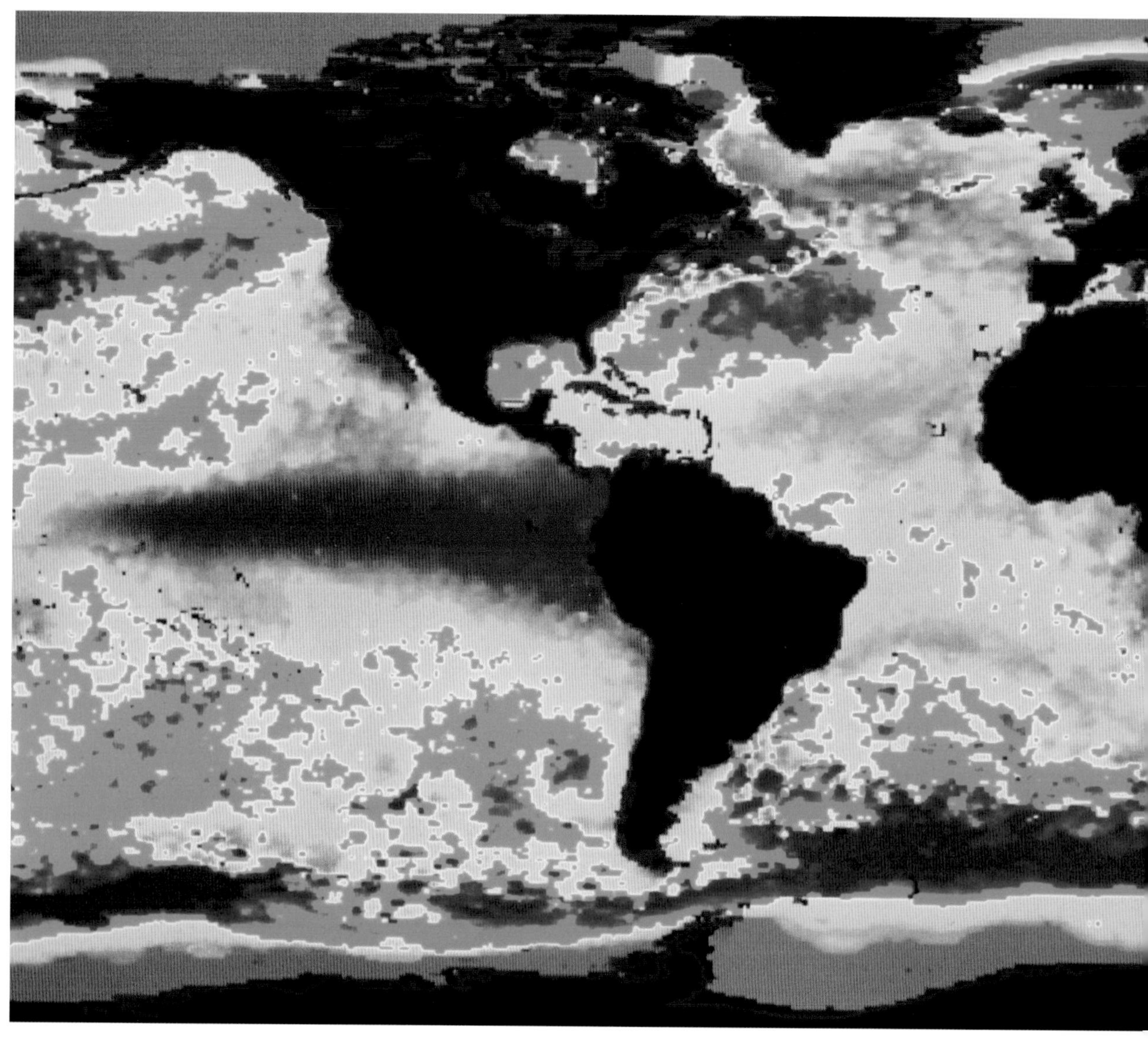

대 모두에 영향을 미쳤고, 파괴적인 엘니뇨를 탄생시켰을지도 모른다.

결론

여전히 무엇이 최근 5,000만 년에 걸쳐서 지구를 냉각시켰는지는 정확하게 알지 못한다. 그러나 수많은 지각구조의 아주 작은 변화가 지구를 점점 더 차가워지게 했을 것이다. 극 또는 극 주위에 대륙이 있어야 지구가 한랭해질 수 있다. 과학자들은 티베트의 융기가 대기순환을 바꾸고 대기 중의 이산화탄소 농도를 낮추면서 장기간의 냉각을 야기했다는 것을 그럴듯하게 생각한다. 그러나 이런 요인만으로 빙하시대를 초래하기에는 충분하지 않다. 빙하시대로의 진입에 대한 '실패'가 보여 주듯, 해류는 세계

엘니뇨는 매 3년에서 7년의 주기로 일어나는 세계 기후 현상이다. 해양 온도의 변화는 위성 사진에 기록되어 나타난다. 엘니뇨는 아마존의 가뭄, 캘리포니아의 홍수, 인도네시아의 산불 그리고 허리케인 경로의 변화 원인이 된다, 하지만 과학자들은 이 현상이 200만 년 전 이전에는 존재하지 않았을 것이라고 믿고 있다.

의 기후에 엄청나게 그리고 강력한 영향을 미친다. 해류에 영향을 미치는 지중해의 건조화와 연이은 홍수가 500만 년 전 빙하시대로의 첫 번째 시도를 막은 것으로 보인다. 다음으로 파나마의 폐쇄는 빙하시대의 시작을 늦출 수 있었을 지도 모르지만 궁극적으로 빙하시대가 닥쳤을 때 더욱 강화시킬 수 있는 습기를 공급했을지도 모른다. 세계의 기후 시스템은 대략 250만 년 전 임계값에 다다랐던 것으로 보인다. 복잡한 기후 퍼즐의 마지막 조각은 지구궤도의 장기적인 변화가 임계값을 넘었을 때 빙하시대를 만들었다는 것이다.

4
기후의 롤러코스터

지난 250만 년 동안 지구의 기후는 거대한 빙상의 변천에 의해서 결정되었다. 2만 1,000년 전만 하여도 북아메리카와 유럽의 북부에 3.2km 두께의 빙하가 쌓여 있었다. 우리가 오늘날의 세계 모습과 지난 빙기의 모습이 어떻게 극단적으로 다른가를 이해하기 위해서는 무거운 빙상에 눌려 있는 시카고와 에든버러 같은 곳을 상상해야 할 뿐이다. 그리고 그것이 단지 지구의 북극과 남극지방에만 영향을 미친 것이 아니었다. 빙기 동안 지구 평균기온은 오늘날보다 6℃ 낮았고, 지구의 해수면도 120m 낮았다. 지표면을 누르는 식물의 무게는 절반 이하로 줄었으며, 대기 중의 이산화탄소는 1/3로 줄었고, 메탄도 절반 정도였다. 또한 거대한 빙상에 의해서 침

앞면 오늘날 빙산이 사라진 그린란드 해안은 북아메리카와 유럽을 3.2km 두께의 빙상이 덮고 있고 거대한 빙산의 함대가 바다로 떠 가던 때인 1만 8,000년 전 북대서양의 모습이 어땠을까를 어렴풋하게 보여 준다.

식과 퇴적이 일어나면서 이 기간의 극단적인 추위가 지구의 경관을 상당히 변화시켰다. 주요 하천의 유로가 바뀌었고, 산지는 절반으로 침식되었으며 바다가 낮아지면서 육교가 나타났다. 우리는 이 장에서 이런 중대한 기후적 환경 변화를 겪은 지구와 거대한 빙상의 성쇠가 어떻게 나타났는가를 파악하게 될 것이다.

위 해양 퇴적물은 빙하 시대 연구의 기초가 된다. 해양 퇴적물은 수천 년 동안 서서히 누적되면서 과거 기후의 변화에 대한 기록물을 만든다.

빙하시대의 연구

앞의 두 장에서 논의한 내용을 확인해 보면, 과학자들은 여러 해를 거치면서 빙하시대에 관한 이론을 정립하기 위하여 다양한 연구 방법을 사용하였다. 기술이 진보하면서 빙하시대의 기후에 대한 지식이 더욱 상세하게 밝혀졌다. 일찍부터 전 세계 빙기 경관의 신비로운 특징을 설명하려는 시도가 있었지만, '노아의 대홍수'를 기술한 1658년 어셔의 설명에서부터 1787년 특이한 알프스의 표석이 빙하에 의해서 쥐라 산지의 사면으로 이동하였을 것이라는 소쉬르(Horace- Benedic de Saussure)의 추론에 이르기까지 어떤 것도 빙기 동안 세계의 기후와 각 사건이 발생한 시기에 대한 지표를 제시하지 못하였다. 소쉬르의 추론은 그 후인 1837년 아가시에 의해서 빙하시대 이론으로 확대되었다. 1909년 빙하 퇴적물을 찾고 있던 펭크(Penck)와 브뤼크너(Brückner)에 의하여 네 개의 주요 빙기인 귄츠(Günz), 민델(Mindel), 리스(Riss), 뷔름(Würm) 빙기가 있었다는 사실과 빙하시대의 역할을 상세하게 이해하는 단계까지 이르렀다.

빙하시대에 대한 초기 연구에서의 문제는 자료가 불연속적이어서 육상의 증거가 부족하다는 것이었다. 그러므로 다양한 모레인 퇴적물이 서로 어떤 관계인가를 항상 밝힐 수 있는 것이 아니었다. 육상 퇴적물은 시간이 흐르면서 굳어지므로 퇴적물이 언제 퇴적되었는지를 설명하는 것도 쉽지 않다. 그리고 빙상은 침식을 통하여 이전의 빙하작용의 흔적을 파괴한다. 그러면 전체 빙기의 증거가 사라져 버릴 수 있다. 그래서 해양에서 장기간의 연속적인 퇴적물 코어가 발견되기 전인 1960년대까지 얼마나 많은 빙기가 있었는지를 인식하지 못하고 있었다. 오늘날에는 해양에서 6km 이상 시추를 할 수 있게 되었고, 해저 이하에서 거의 1km 두께의 퇴적물을 채취할 수 있게 되었다. 과학자들은 이런 해양 퇴적물 연구를 통하여 지난 250만 년 동안 나타났던 50번의 빙

옆면 미국 워싱턴 주 레이니어(Rainier) 산의 남동쪽 산록에서 카우리츠(Cowlitz) 빙하에 의해 형성된 빙퇴석. 우리 주변에서 볼 수 있는 많은 지표의 특징이 빙하시대에 만들어진 것이다. 빙하에 의해서 운반된 암설은 빙하가 후퇴할 때 뒤에 남겨 놓은 커다란 언덕을 만들었다.

기를 기술할 수 있게 되었다. 250만 년에서 100만 년 전 사이에 매 4만 1,000년마다 빙기와 간빙기가 나타났고, 100만 년 전부터는 매 10만 년마다 나타났다는 것이 확인되었다.

해양 기록으로 얻어진 또 다른 변혁은 서로 다르게 불리던 수많은 기후기의 이름을 바꾸게 한 것이다. 1970년대까지 거의 모든 나라가 각기 다른 이름의 간빙기와 빙기를 갖고 있었다. 시스템이 너무 복잡해서 어떤 것이 어떤 것과 같은 이름인지 확인하는 데 많은 시간이 필요하였다. 앞의 2장에서 소개한 영국의 기후학자 섀클턴(Nick Shackleton)은 해양 퇴적물 기록을 연구한 선구자의 한 사람으로, 단순한 방법으로 각 시기의 명칭을 고안하였다. 각 빙기와 간빙기에 오늘날의 간빙기 시기를 '1'로 하고 뒤로 거슬러 가면서 숫자를 부여하였다. 그래서 홀수의 기후기는 모두 간빙기이고, 짝수의 시기는 빙기이다. 그러므로 홀로세는 '1'이고, 2만 1,000년 전에 극에 달했던 마지막 빙기는 '2'이다. 이런 단순한 방법은 과학자들에게 전 세계적으로 다른 시기를 논의하기 위한 공통된 언어를 갖게 하였다는 것을 의미한다.

마지막 빙하시대의 분석

지구공전궤도의 변화는 빙기와 간빙기의 주기와 관련이 있다. 지구궤도의 변화가 기후변화를 일으키기에 이르는 복잡한 과정은 빙하시대의 빙기와 간빙기의 시기가 완벽하게 규칙적이지는 않았음을 의미한다. 그런 각 시기는 지속 기간과 추위의 강도에 의해서 구분되어 왔고, 지난 250만 년에 걸친 기간 동안 주기의 패턴이 뚜렷하게 변화해 왔다.

이미 확인한 바로는 250만~100만 년 전 빙기와 간빙기의 주기는 거의 매 4만 1,000년마다 나타났지만, 극단적으로 온난하거나 한랭한 것은 아니었다. 약 100만 년 전 빙기와 간빙기는 주기가 훨씬 길어져 약 10만 년 이상의 주기로 일어났다. 이와 같은 주기의 연장은 지구가 빙기 상태에 놓여 있는 기간이 길어지면서 일어났다. 이런 빙기 동안에 더 많은 양의 빙하가 축적되었다. 극단적으로 길어진 빙기와 종종 극단적으로 온난한 간빙기의 증가에 따라서 간빙기와 빙기의 기간이 길어졌다. 지난 다섯 번의 경우와 같이 온난한 간빙기는 110만 년 전, 130만 년 전 그리고 220만 년 전 이상 오래된 시대에서만 찾아볼 수 있다. 게다가 50만 년 전 이후에 비정상적으로 온난했던 다섯 번의 간빙기(각각 42만 년, 34만 년, 24만 년, 13만 년, 12만 년 전에 발생)의 이산화탄소 농도는 290~300ppm이었으며, 그 전의 간빙기에 이산화탄소 농도가 260ppm이던 것에 비하여 꽤 높은 수준이었다. 간빙기의 온난한 정도는 이산화탄소의 농도와 관련이 있다. 가장 길었던 간빙기는 43만 년 전에 시작되었고 2만 8,000년 이상 지속되었다. 이

기간에는 지금보다 더 온난하였고 해수면은 전 세계적으로 현재보다 15m 이상 높았다. 이것은 당시 그린란드와 남극 대륙 서부의 빙상이 녹았음을 암시한다. 흥미로운 사실은 100만 년 전 빙기와 간빙기 사이의 변화는 정상적이었고, 균형이 유지되고 있었다는 것이다. 100만 년 전 이후의 기후 기록을 보면, 8만 년 동안 지속된 한랭한 빙기의 극대기와 4,000년 이하의 간빙기 상태가 이어지면서 들쑥날쑥해졌다. 이 들쑥날쑥한 기후주기는 전체적으로 8만 4,000년에서 11만 9,000년으로 주기의 지속 시간이 변화하면서 불규칙해졌다.

2만 1,000년 전에 일어난 마지막 빙기에만 초점을 맞추어 본다면, 오늘날과 상당히 다른 기후를 만든 빙하작용을 볼 수 있다. 당시 북아메리카에는 거의 연속적인 빙하가 태평양에서부터 대서양까지의 대륙을 덮고 있었다. 이것은 두 개의 분리된 빙상으로 구성되어 있었으며, 동쪽은 허드슨 만에 중심을 두고 있는 로렌시아(Laurentide) 빙상이고, 서쪽은 해안 산맥과 로키 산지와 관련된 코르디예라(Cordillera) 빙상이다. 로렌시아 빙상은 1,300만km^2의 대륙을 덮었으며 허드슨 만의 가장 깊은 곳에서는 두께가 3,300m에 이르렀다. 가장 확대되었을 때는 뉴욕, 신시내티, 세인트루이스, 캘거리에

지도는 빙기 동안 성장한 거대한 빙상의 최대 범위를 보여 준다. 빙하는 북아메리카와 유럽, 남아메리카에서 만들어졌고, 남극에서 확대되었다. 대륙에 빙하가 누적되면서 해수면이 극적으로 낮아졌고, 인류와 동물이 새로운 땅으로 이주하게 되었다. 빙하시대에 형성된 가장 중요한 연결은 베링 육교이다. 이것은 인류가 북동아시아에서 알래스카로 넘어갈 수 있게 하였고, 점차 남아메리카와 북아메리카로 이동하게 하였다.

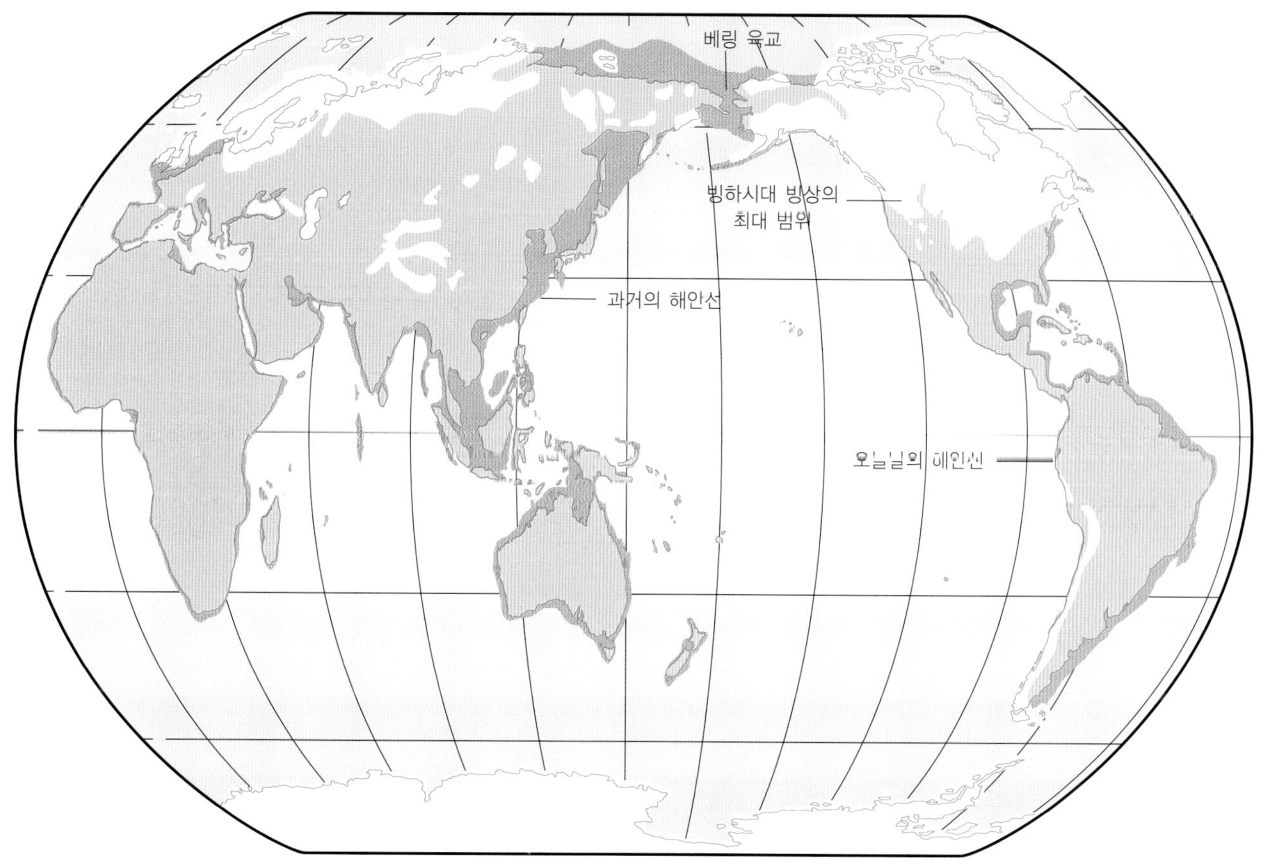

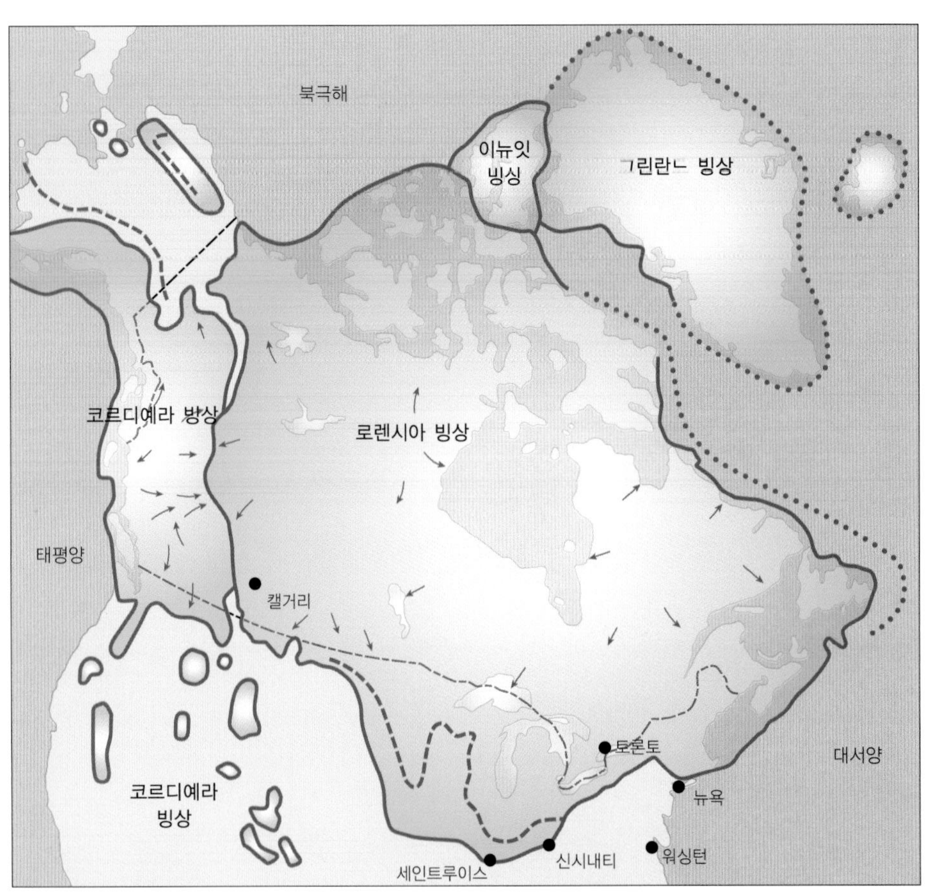

세 지도는 북아메리카와 남아메리카, 영국에서 빙하작용에 의해서 빙상이 어디까지 만들어졌나를 자세히 보여 준다.

영국의 지도는 브리티시 빙상의 두 개 한계가 있었음을 보여 준다. 첫 번째 실선은 약 1만 8,000년 전에 최대 범위에 달했던 마지막 빙기 동안 빙상의 위치를 보여 준다. 그러나 약 14만 년 전인 그 이전 빙기 동안에는 훨씬 남쪽으로(파선) 확대되어 브리스톨과 런던 북부에 이르렀다.

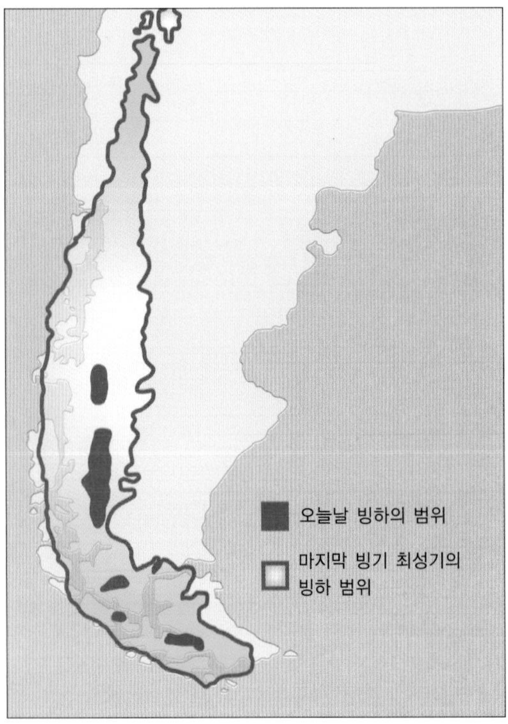

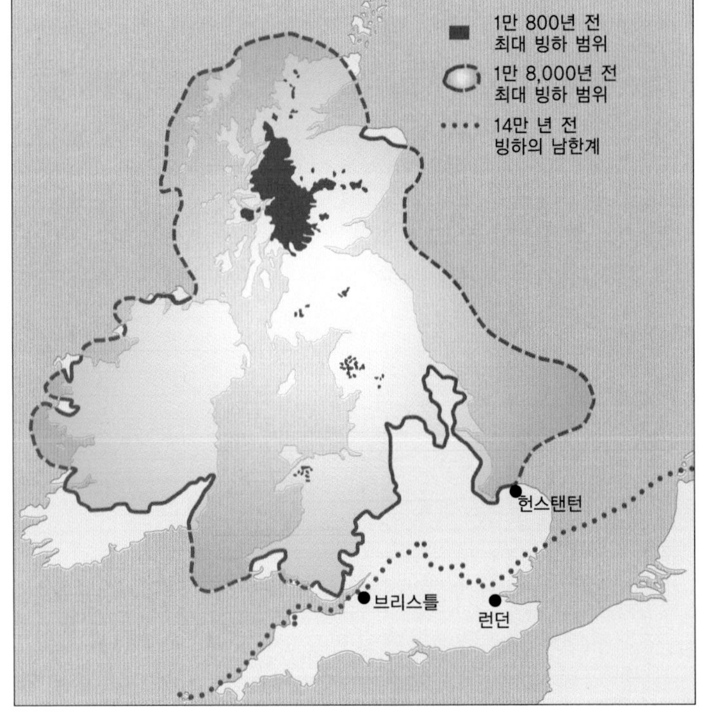

까지 이르렀다. 상대적으로 작은 규모의 코르디예라 빙상은 250만km²에 이르는 지역을 덮었으며, 최대 두께가 2,400m에 이르렀다. 마지막 빙기에 그린란드는 오늘날보다 면적이 30% 더 넓었고, 규모가 작은 이뉴잇(Innuitian) 빙상으로 로렌시아 빙상의 북부와 연결되어 있었다.

유럽에는 두 개의 주요 빙상인 스칸디나비아와 브리티시 빙상이 형성되었고 작은 빙상이 알프스를 덮고 있었다. 브리티시 빙상은 각 빙기 동안 약 34만km²의 면적을 덮었고, 여러 빙기 동안 스칸디나비아 빙상과 연결되어 있었다. 브리티시 빙상은 스코틀랜드의 하일랜드와 호수 지구, 남부 산지, 페나인 산지, 웨일즈, 아일랜드 산지 등을 덮었던 빙하의 중심이었으며, 마지막 빙기 동안에는 영국 노퍽(Norfolk)의 헌스탠턴(Hunstanton)을 바로 건너서 브리튼 섬의 절반을 빙하가 덮고 있었다. 빙기 초기에는 모든 방향에서 브리스틀과 북부 런던까지 빙상이 다가왔다. 스칸디나비아 빙상은 브리티시 빙상보다 훨씬 규모가 커서 면적이 660만km²에 이르렀으며 노르웨이부터 러시아의 우랄 산맥까지 모든 방향으로 확대되었다. 이 빙상이 북극권 북부의 스피츠베르겐을 덮었던 빙하와 관련이 있을 것이라는 증거가 있다. 그럼에도 불구하고 여전히 브리티시 빙상보다 10배 이상인 최소 390만km²로 추정되는 시베리아와 아시아 북동부에서 빙하의 확장에 대하여 논란의 여지가 남아 있다. 마지막 빙기 동안 알프스의 빙하는 북쪽에서는 해발고도 500m까지, 남쪽에서는 100m까지 확장되었고 최대 두께는 1,500m에 이르렀다.

파타고니아와 남아프리카, 남부 오스트레일리아, 뉴질랜드 등 남반구의 빙상도 역시 중요하다. 남극 빙상은 오늘날보다 10% 더 확대되었고, 계설에 따라 해빙(海氷)은 대륙으로부터 800km 떨어진 곳까지 확대되었다. 이런 빙상의 분포를 비교하면, 현재와 같은 간빙기와 마지막 빙기 사이의 차이를 명확하게 파악할 수 있다. 오늘날 지구를 덮고 있는 대륙 빙하의 86%는 남극 대륙에 있고 11.5%는 그린란드에 있다. 2만 1,000년 전에는 현재와 전혀 다른 상태여서 빙하가 2.5배 내지 0.5배 이상 많았다. 당시 빙하의 32%는 남극 대륙에, 35%는 북아메리카에, 15%는 스칸디나비아에, 5%는 그린란드에, 9%는 북동아시아에, 2%는 안데스에 분포하였다. 브리티시 빙상은 지구 빙하의 0.7%에 지나지 않았다.

빙하가 지형을 만들었다

빙기 동안의 대규모 빙상은 그 지역의 기후와 환경에 중요한 영향을 미쳤다. 우선, 고위도지방의 대규모 침엽수림은 얼음으로 덮여 황폐해졌다. 둘째로, 빙상의 가장자리 주위로 대규모의 영구 동토층이 발달하였다. 이 지역은 매년 여름에 상부에서 몇 미터

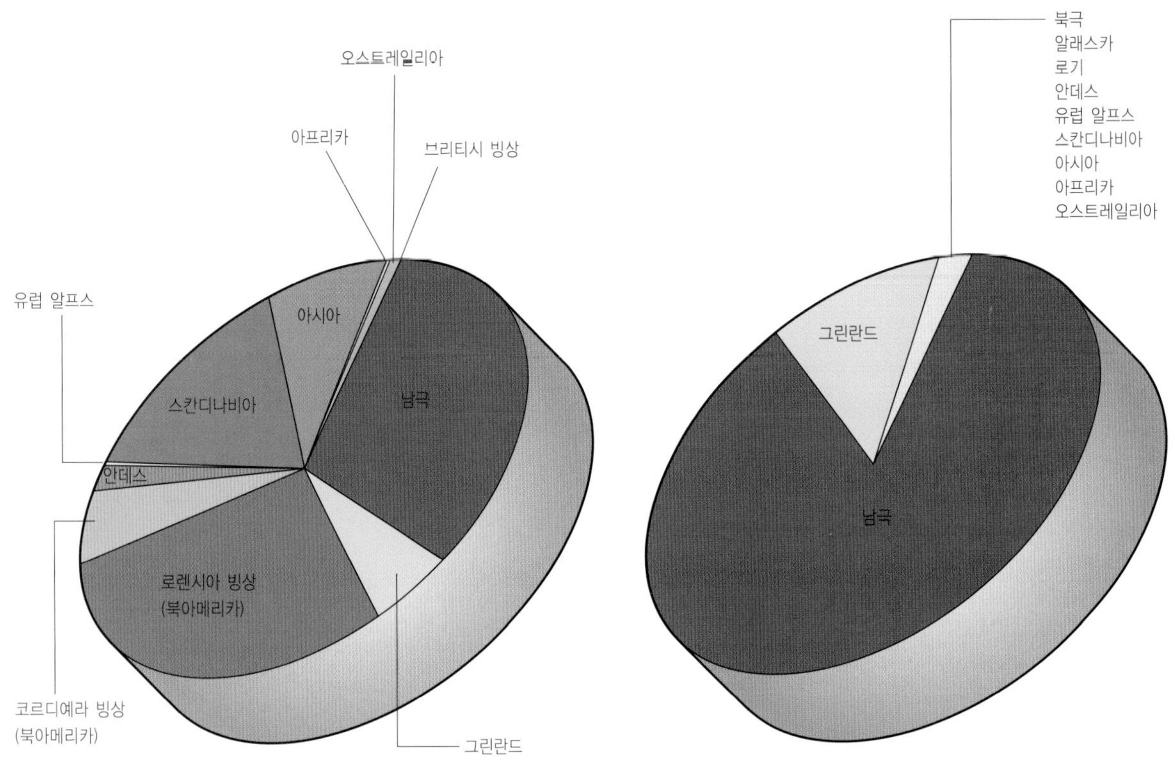

원그래프는 2만 1,000년 전인 마지막 빙기 최전성기(LGM) 동안(좌)과 오늘날(우)의 지구 상 빙하 분포를 보여 준다. 마지막 빙기 동안 빙하는 4,500만km²를 덮었고, 오늘날에는 그 면적이 단지 1,750만km²에 불과하다.

만 녹는 얼어붙어 있는 땅이다. 영국, 북유럽, 북부 아시아 그리고 북아메리카 지역에 걸쳐서 쐐기 얼음과 구조토를 포함하는 영구 동토층의 증거가 남아 있다. 또한 이러한 영구 동토층 지역은 계절에 따라 툰드라 종류의 초목으로 뒤덮였고, 남쪽 가장자리는 거의 변하지 않는 스텝 툰드라 초목으로 덮였다. 그러나 빙하의 영향을 받은 지역은 오늘날의 비슷한 특성을 지니는 지역보다 훨씬 더 남쪽에 있었다. 이것은 여름철에 태양 에너지가 더 북쪽에 비해 이 위도에서 훨씬 더 강렬하였기 때문이다. 그러므로 이런 지역에서 자라는 식생 종류는 현대와 비슷한 것이 없거나 독특한 '타이가' 라는 것과 비슷했다. 그런 것에는 스텝과 침엽수, 때로는 활엽수를 포함한 툰드라 종이 섞여 있었다.

대규모의 대륙 빙상은 주변 경관에 놀랄 만한 영향을 미쳤다. 온대지역에서는 빙하 작용의 영향을 받지 않은 곳이 거의 없을 정도이다. 거의 모든 사람들은 빙상이 경관에 미친 극적인 영향을 보아 왔다. 많은 사람들이 유럽이나 북아메리카 경관을 여행하였거나, 아니면 '반지의 제왕' 3부작이 뉴질랜드에서 촬영되었듯이 종종 영화 속의 극

위 구조토로 알려진 이 특이한 경관은 영구 동토층에서 발견된다. 가장자리 외의 토양은 항상 얼어 있다. 표면은 여름에 녹고 겨울에 얼면서 균열이 생긴다.

적인 배경을 통하여 빙하 경관을 보아 왔다. 수천 년 동안 빙상이 그 섬을 긁고 다니면서 많은 산과 야생적인 경관을 만들었다.

영국에는 빙하가 빙상에서 바다로 흘러가면서 깎아 놓은 수많은 U자곡이 발달해 있다. 스코틀랜드, 노르웨이, 그린란드, 캐나다, 뉴질랜드, 파타고니아에서는 빙기가 끝날 무렵의 해수면 상승이 수많은 U자곡을 물에 잠기게 하면서 장관을 이루는 피요르(fiordε)를 형성하였다. 빙하 경관의 또 다른 주요 특징은 이기시기 연구한 '말단 모레인(end moraines)' 이라고 알려진 긴 선형의 언덕처럼 빙하 퇴적물로 형성된 것이다. 요크셔와 잉글랜드 중부에는 드럼린(drumlin)이라 불리는 독특한 형태의 언덕이 있다. 이것은 빙상이 이동하면서 흙과 자갈들을 들어 올리고 밀어서 계란 모양으로 짓눌러 형성시킨 것이다. 심지어 템스 강의 현재 위치도 빙하에 의하여 형성된 것이다. 전에 이 강은 세인트올번스(St Albans)를 지나 런던의 북쪽으로 흘렀고 에식스(Essex)에서 북해로 유입하였다. 마지막에서 두 번째 빙하작용은 유럽에서 아주 격렬하여 빙상이 런던의 북쪽 핀츨리(Finchley)까지 확대되었다. 그곳은 빙상이 서서히 멈추었던 지역으로 핀츨

뒷면 뉴질랜드의 이 드라마틱한 경관은 빙하 침식 지형의 고전적 특징을 잘 보여 준다. 가파른 산봉우리는 빙하에 의해서 깎인 넓은 U자곡과 대조를 이룬다.

콜로라도 산후안(San Juan) 산지(좌)의 하나인 U자곡은 산에서 흘러 내리는 빙하에 의해서 깎였다. 빙기 말에 해수면의 상승으로 U자곡에 물이 차면서 노르웨이에서 같이 피오르를 만든다(우).

리 골짜기라고 불리며, 오늘날에도 주목받는 지역이다. 즉 빙하작용이 템스 강을 지금의 유로로 바꾸어 놓은 것이다. 따라서 런던의 지리는 빙하시대에 최초로 조정되었다고 할 수 있다.

미국의 주요 하천 유로는 빙상의 위치뿐만 아니라, 1만 2,000년 전부터 녹기 시작한 엄청난 양의 융빙수로 인해 변하기 시작했다. 세인트로렌스 강과 미시시피 강의 현재 유로는 마지막 빙기 말에 있었던 거대한 홍수로 만들어졌다. 다음에 영국이나 미국을 방문하면, 빙하시대의 영향으로 형성된 경관과 좀 더 최근에 형성된 경관의 특징을 비교하면서 살펴볼 필요가 있다. 이런 비교의 좋은 예는 빙하가 깎은 U자곡과 함께 더 오래된 원래의 강이 흐르면서 깎아 만든 계곡 바닥에 있는 V자곡이다.

또한 빙기의 기후는 빙상에서 멀리 떨어져 있었던 지역에도 영향을 미쳤다. 전구의 평균기온은 오늘날보다 6℃가 낮았지만, 이러한 기온 하강은 균등하지 않았다. 당시 고위도지방은 오늘날보다 12℃ 이상 한랭하였던 반면에 열대지방은 2~5℃ 낮았다. 빙기 동안에는 대기에 상당한 양의 먼지가 있었고 아주 건조했다(1장 참조). 중국의 북부, 미국의 동부, 유럽의 동부와 중부, 중앙아시아 그리고 남아메리카의 파타고니아 등지에는 수백m의 먼지 퇴적물이 덮여 있다. 이것들은 빙기 동안에 쌓인 것으로 뢰스 퇴적층이라 불린다.

전 세계의 해수면이 120m까지 낮아지면서 지표면이 변형되었으며, 이것은 대륙의 형태가 변화되었음을 의미한다. 브리튼과 같은 섬들이 유럽 대륙의 일부로 연결되었다. 영국 해협을 가로질러 프랑스까지 걸어서 건널 수 있다고 상상해 보자. 현재의 템스, 라인, 센 강의 물을 모아서 대서양으로 흐르게 하는 새롭게 만들어진 영국 해협 중앙의 거대한 강만이 걸음을 멈추게 할 것이다. 전 세계적인 해수면 하강으로 육교가 형성되었고, 이로 인하여 모든 종류의 동물종이 새로운 지역으로 이동할 수 있게 되었다. 스리랑카, 일본, 시칠리아, 파푸아뉴기니, 포클랜드와 같은 전 세계의 섬들도 인접한 대륙의 일부로 연결되었다. 베링 해를 따라 북동아시아와 알래스카를 갈라놓는 열도의 띠도 해수면 하강으로 연결되었다. 이에 따라 마지막 빙기 말 동안에 기후가 따뜻해지면서 인류가 최초로 놀라운 신세계를 찾아서 아시아에서 북아메리카로 건너갈 수 있었다(5장 참조).

빙하시대는 대기에도 영향을 끼쳤다. 이미 확인한 바와 같이 이산화탄소는 1/3로 줄고 메탄은 반으로 줄었다. 이것은 엄청난 탄소 체계의 변화가 있었기 때문이다. 예를 들어, 메탄은 빙하시대의 건조한 환경 때문에 엄청나게 줄었다. 그 때 상당한 천연 메탄이 물속에서 식물이 썩는 열대지방의 습지에서 만들어졌다. 아마존에는 매년 영

빙기에는 물이 빙상에 갇혀 있기 때문에 매우 건조하다. 각 빙기마다 엄청난 양의 먼지가 만들어지며, 이것은 전 세계적으로 상당한 퇴적물을 만들었다. 지도는 뢰스 퇴적물이 발견될 수 있는 곳을 나타내었다.

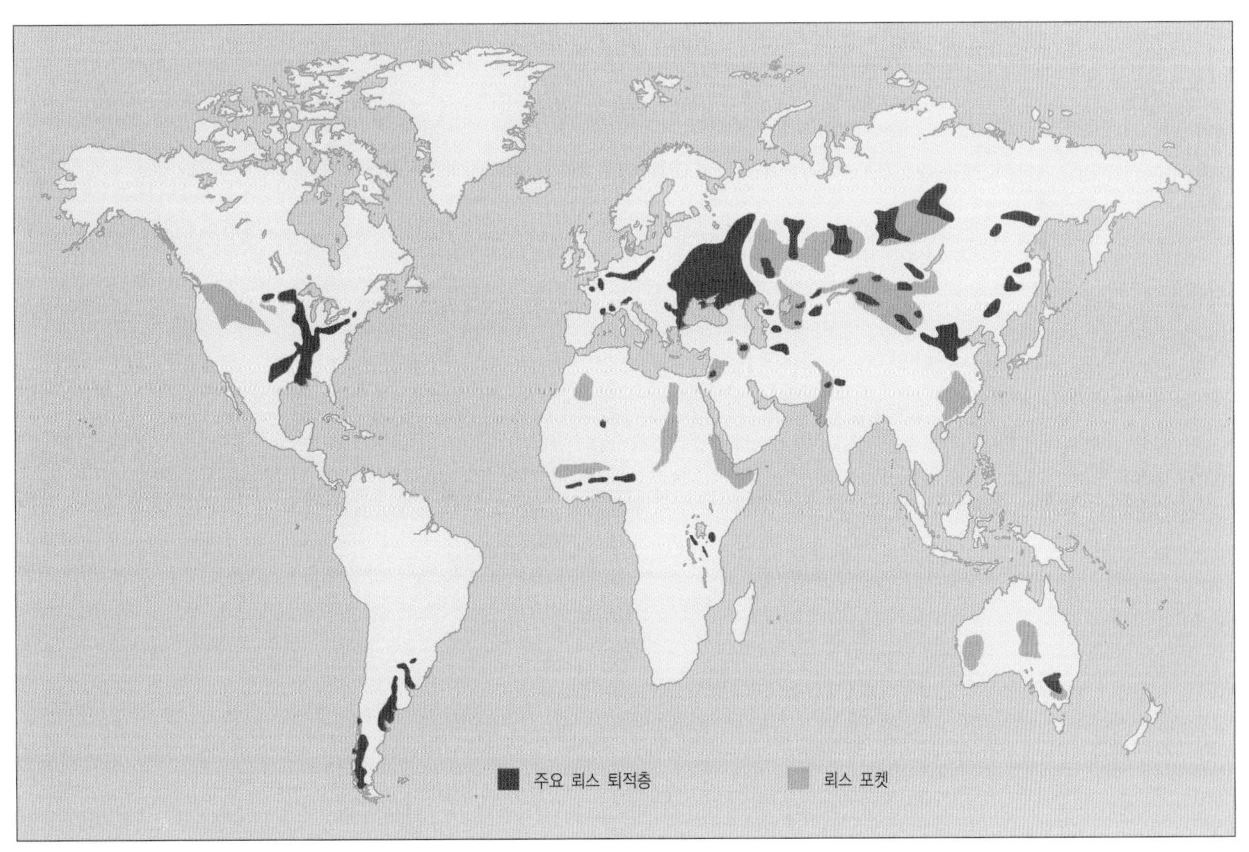

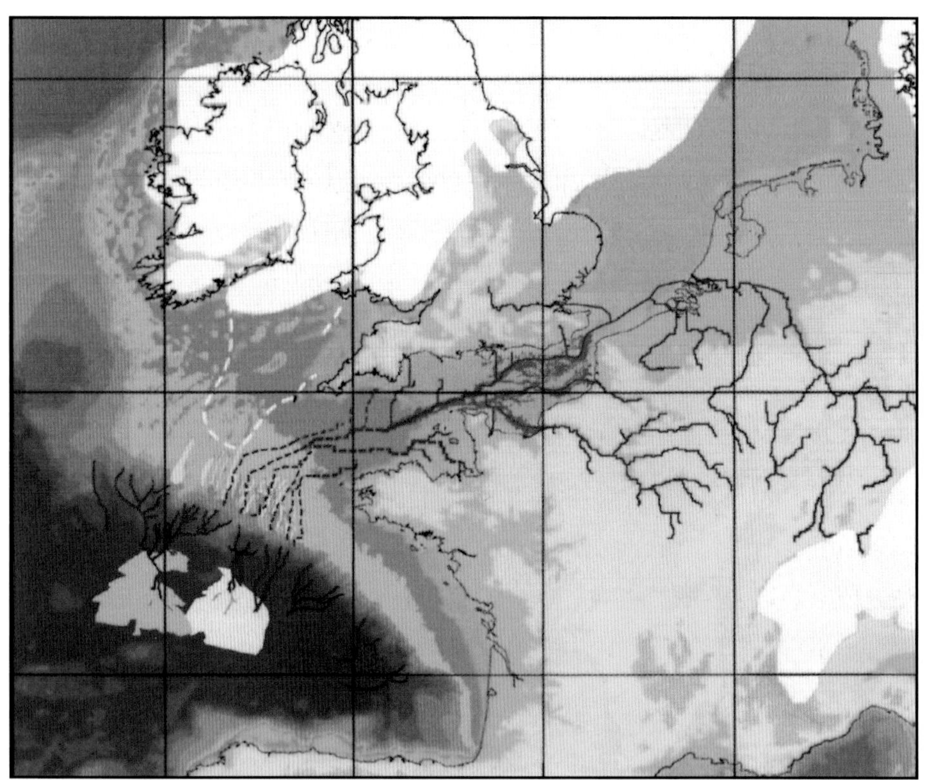

왼쪽 1만 8,000년 전 마지막 빙기 동안 해수면은 오늘날보다 120m 낮았다. 이런 수준은 영국 해협과 북해를 완전히 마르게 하였다. 대신에 템스와 라인 강, 센 강이 만나서 대서양으로 흐르는 임칭난 강이 만들어졌다.

기온
°C (°F)
–53°C
(–65°F)
–56°C
(–70°F)
–59°C
(–75°F)
–62°C
(–80°F)
–65°C
(–85°F)
이산화탄소
기온
400,000년 전
300,000
200,00

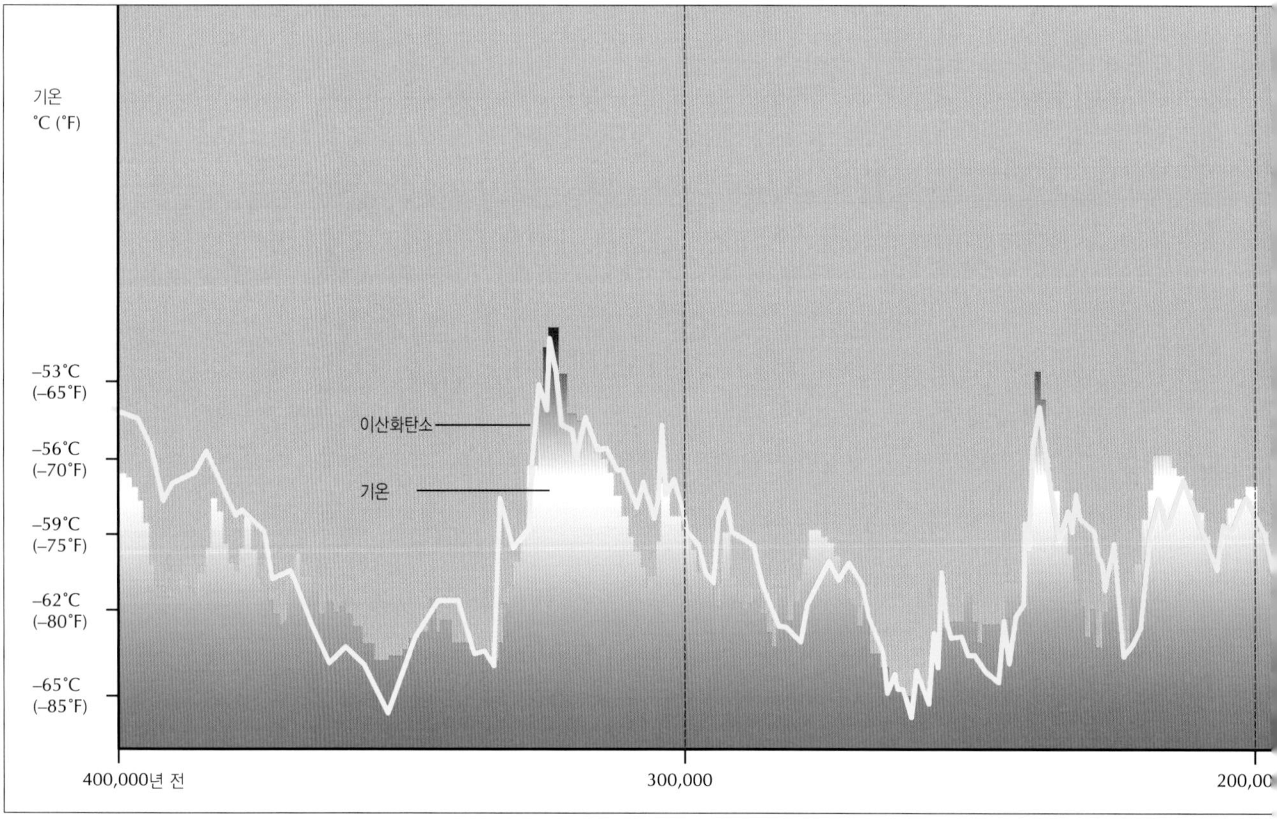

국 규모의 땅이 물에 잠기는 홍수지대가 있다. 건조한 환경에서는 메탄이 잘 생성되지 않는다. 이산화탄소와 메탄은 중요한 온실기체이다. 그래서 이 두 기체의 감소는 태양 복사에너지로 인해 발생한 열을 대기 밖으로 더 많이 내보내게 하여 지구의 기온을 낮추는 데 일조한다. 이 장의 뒤에서 보게 되겠지만, 이 요인은 실제로 빙상의 성쇠에 중요했을 것이다. 마지막으로, 육지 식물들의 총 무게도 절반으로 줄었을 것이다.

아마존에서 사라진 초본의 사례

빙하시대는 의심할 여지없이 지구 기후 체계의 모든 면에 영향을 끼쳤다. 그러나 빙하시대의 상황이 열대지방의 환경에 끼친 영향에 대해서는 논란의 여지도 남아 있다. 지표면의 반이 북회귀선과 남회귀선 사이에 놓여 있고 이 지역 안에 세계의 모든 열대우림이 분포한다. 규모나 종의 다양성 면에서 보면, 이 중 아마존이 가장 중요한 지역이다. 아마존은 세계에서 가장 큰 분지로 700만km²의 하천 유역이며, 대양으로 흐르는 담수의 약 20%가 이곳에서 유출된다. 아마존 분지의 대부분은 아주 다양한 종의 열대우림으로 덮여 있다. 1969년에 독일 지질학자 하퍼(Jürgen Haffer)는 아마존의 종 다양성에 관한 논의를 빙하시대와 연결 짓는 훌륭한 학설을 하나 내놓았다. 그는 각 빙기 동

이산화탄소는 중요한 온실기체이다. 빙하 코어에서 얻은 것을 보면 각 빙기 동안 1/3이 감소하였고, 이는 그 기간을 더 춥게 하였다. 아래 그래프에서 이산화탄소 자료 기록은 노란색으로, 남극의 기온은 파란색으로, 가장 온난했던 시기는 붉은 색으로 나타냈다. 그림은 이산화탄소와 기온의 관계를 명확하게 보여 준다. 현재의 염려스러운 이산화탄소의 증가는 중요한 온난화의 전조일 수 있다.

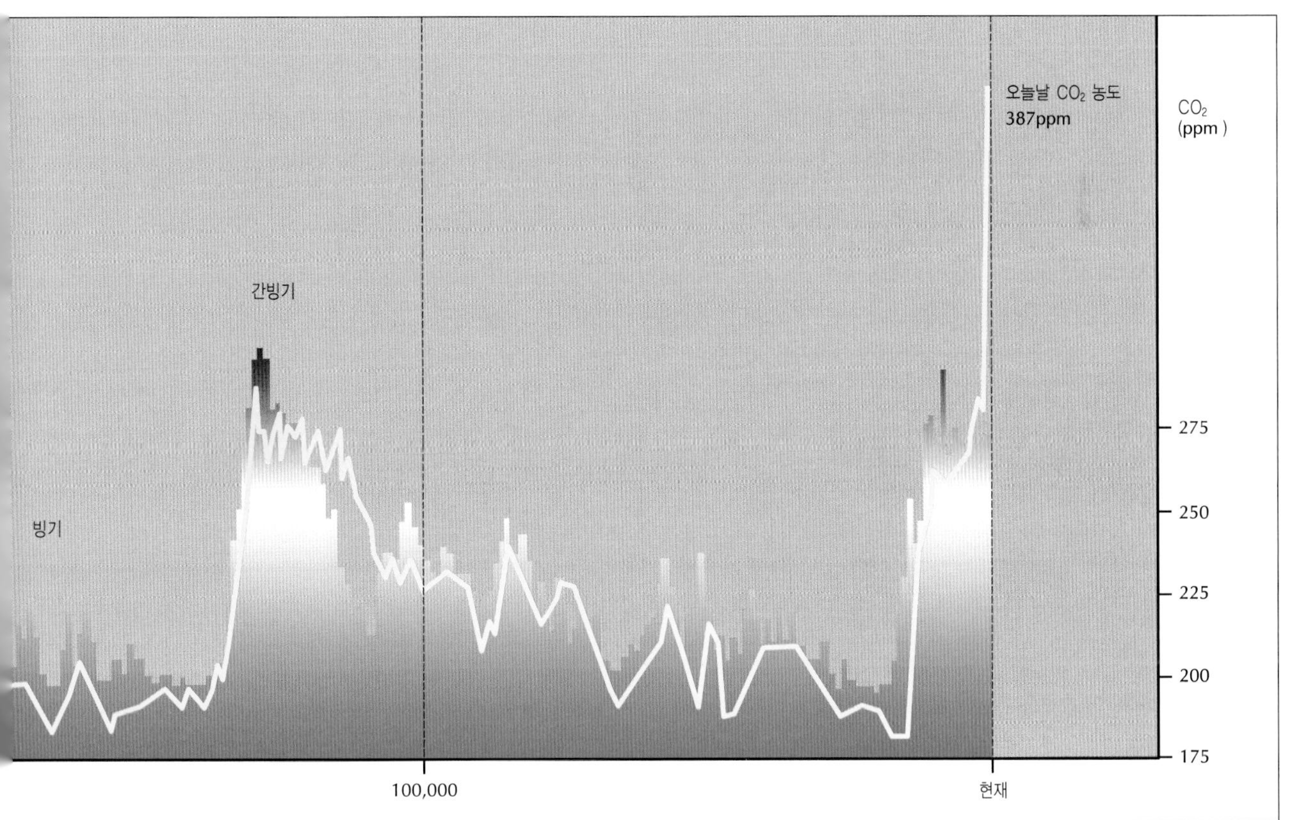

안에 낮아진 기온과 열대지방의 많은 강수량이 사바나 지역을 열대우림의 주요부로 바뀌게 했다고 주장했다. 그러나 일부 열대우림 지역은 초원으로 둘러싸인 고립된 섬인 작은 레퓨지아(역자 주-대규모의 기후변화를 겪는 시기에 비교적 기후변화가 적어 다른 곳에서는 멸종된 것이 살아 있는 지역을 의미함)로 남아 있었다. 이런 고립된 열대우림의 작은 구역이 수많은 새로운 종을 생성하면서 진화의 온상이 되어 왔다. 각 빙기 말에 고도의 종 다양성을 가진 각 열대우림의 일부가 다시 하나로 합쳐졌다. 이 이론은 1990년대 말이 지나면서 과학자들이 사바나의 엄청난 증가에 대한 증거를 찾지 못함에 따라 점점 더 공격받기 시작했다.

현재 화분 기록과 컴퓨터 모델을 통해서, 아마존에서는 한랭 건조한 조건이 사바나 환경의 가장자리 극히 일부에만 침입하여 아마존의 열대우림은 오늘날의 80%로 줄었다는 것이 확인되었다. 빙기 동안 살아남아서 번창하였던 아마존은 지구의 생태계에서 열대우림의 중요성과 회복력을 보여 주는 증거가 된다. 이런 것에 대한 이유 중 하나는 한랭한 환경이 나무에서의 증발량과 생명 유지에 필수적인 수분을 감소시키면서 강수량 감소로 발생하는 문제를 줄이는 데 실제적으로 도움이 되었다는 것이다. 빙기

아마존의 열대우림(*옆면*)은 세계에서 종이 가장 풍부한 지역 중 하나이며, 과학자들은 종 다양성의 이유에 대해 많은 이론을 제시하였다. 각 빙기 동안 아마존의 대부분은 진화의 스트레스를 야기하여 다양성의 증가를 가져올 수 있는 사바나(*왼쪽*)로 줄었다. 열대우림은 회복력이 뛰어나, 마지막 빙기 동안 20%만이 줄었다. 그래서 새로운 이론은 현재 뚜렷한 생태계의 다양성을 제시하였다.

에 아마존 열대우림의 종 구성에는 중요한 변화가 있었다. 예를 들어서 우리는 화분 기록을 통하여 예전에는 아마존 열대우림의 중심부에 있었던 다양한 종의 나무들이 오늘날에는 안데스 산지에서만 발견된다는 사실을 알 수 있다. 이것은 더 한랭한 지역에 살기 적당한 종들이 따뜻한 간빙기 기간 동안에 해발고도가 더 높고 추운 곳으로 밀려 올라갔기 때문이라 추측할 수 있다. 그러므로 우리는 현재의 아마존 열대우림을 '정상' 상태의 지역으로 볼 수 없다. 왜냐하면, 지난 100만 년 동안에 지구 기후의 80% 정도가 빙기 상태에 있었기 때문이다. 지질학 증거는 우리에게 아마존의 우림이 지난 빙기 동안에 안데스 지역과 저지대의 열대 종 사이에서 다양한 형태로 혼합되었다는 것을 보여 준다. 또한 빙기 동안에 아마존에 초원이 적었던 것은 아마존 열대우림의 거대한 다양성에 대해 또 다른 진화론적인 메커니즘을 조사해 보아야 한다는 것을 의미하며, 아마도 빙하작용이 그 원인은 아닐 것이다.

빙하시대의 성쇠

우리는 앞에서 이미 빙기와 간빙기의 순환이 지난 250만 년 동안의 기본적인 특징이라는 것을 배웠다. 이 대륙 빙상의 성쇠는 앞에서 설명한 대로 태양 주위를 공전하는 지구의 궤도 변화에 의해서 시작되었다. 오랜 시간에 걸쳐 지구의 중심축이 움직이고, 그에 따른 태양 빛 또는 태양 에너지 양의 변화가 지구의 여러 부분에서 나타났다. 이런 작은 변화가 기후를 변화시키거나 영향을 끼치는 데에는 충분했지만, 빙하의 성쇠는 지구궤도의 움직임에 의해서 직접적으로 야기된 것이 아니라 지구의 기후에 대한 반작용에 의해서 나타난 것이었다. 기후 반작용은 국지적으로 발생한 태양 에너지의 작은 변화를 지구 상의 주요 기후변화로 옮겨가게 하였다. 이런 개념을 설명하기 위해서는 오늘날 지구의 상황이 2만 1,000년 전 2km 두께의 빙하가 북아메리카를 두껍게 덮고 있었던 마지막 빙기의 상황과 아주 비슷하다는 사실을 먼저 고려해 보아야 한다. 즉 기후를 조절하는 것은 정밀한 궤도의 위치가 아니라 오히려 궤도 위치의 변화이다. 기후변화와 관련된 지구궤도의 주요 변수는 이심률, 자전축의 기울기, 세차운동 등 3개가 있다(글 상자 참조). 그리고 각각의 변수는 독특한 주기를 가지면서 기후에 영향을 미친다. 흥미로운 것은 세 가지를 조합했을 때 이것들이 함께 어떻게 빙하시대 혹은 빙하시대 이외의 기후를 만들었는가를 알아보는 것이다.

시계처럼 정확한 기후

글 상자의 내용은 지구의 궤도와 관련된 변수를 각각 설명하고 있다. 이심률, 기울기, 세차운동 등 세 개의 모든 효과를 합치면 과거 시간 동안 각 위도가 받은 태양 에너지

이심률

이심률은 지구의 공전궤도가 9만 6,000년 주기로 원에 가까운 형태에서 타원 형태로 변해 간다. 새 고무 밴드를 상상해 보자. 그것을 테이블 위에 떨어트리면 원을 만든다. 그 안에 두 손가락을 넣고 부드럽게 잡아당기면 밴드는 타원이 된다. 지구궤도는 원에서 타원으로 움직이며 매 9만 6,000년마다 다시 되돌아온다. 다른 방법으로 설명하면, 시간이 지남에 따라서 타원의 장축 길이가 변화하는 것이다. 오늘날 지구와 태양이 가장 가까운 위치(1억 4,600만 km)에 있을 때를 근일점이라고 하며, 1월 3일이다. 7월 4일에는 지구와 태양이 가장 먼 거리에 위치하며 원일점이라 불린다. 이심률의 변화는 전체 연간 태양 복사열이나 태양 에너지의 약 0.3%라는 아주 작은 변화에 영향을 미치지만 중요한 계절변화를 만들 수 있다. 만약 지구의 공전궤도가 완벽한 원이었다면 태양 에너지의 계절변화는 없었을 것이다. 1949년 밀란코비치(Milankovitch)는 북반구 빙상의 경우 태양이 더 멀리 있는 여름에 형성되는 경향이 있어서 원일점에 있을 때 매년 이전 겨울의 눈의 일부가 남아 있을 수 있다고 주장하였다. 지구에 도달하는 태양 복사열의 강도는 행성과의 거리 제곱에 비례하여 감소한다. 그래서 오늘날 지구적인 일사율은 1월과 7월 사이에 거의 7%의 차이가 있다. 밀란코비치가 제안했듯이 이것은 눈의 축적에 유리한 환경을 만든다. 그러나 남반구보다 북반구가 눈이 남아 있기에 더 유리하다. 궤도의 모양이 타원형에 더 가까워질수록 계절은 하나의 반구에서 더욱 두드러지고 다른 쪽은 누그러질 것이다. 이심률의 다른 효과는 더 강한 영향을 미치는 세차의 효과를 조절하는 것이다. 이심률은 궤도의 3개 변수 중 가장 약한 것이라는 점이 중요하다.

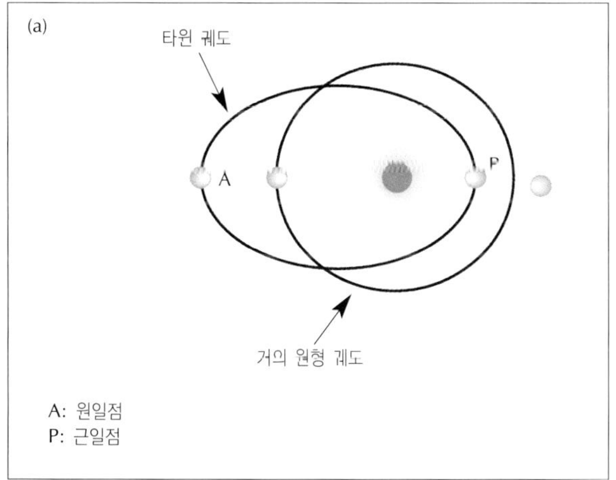

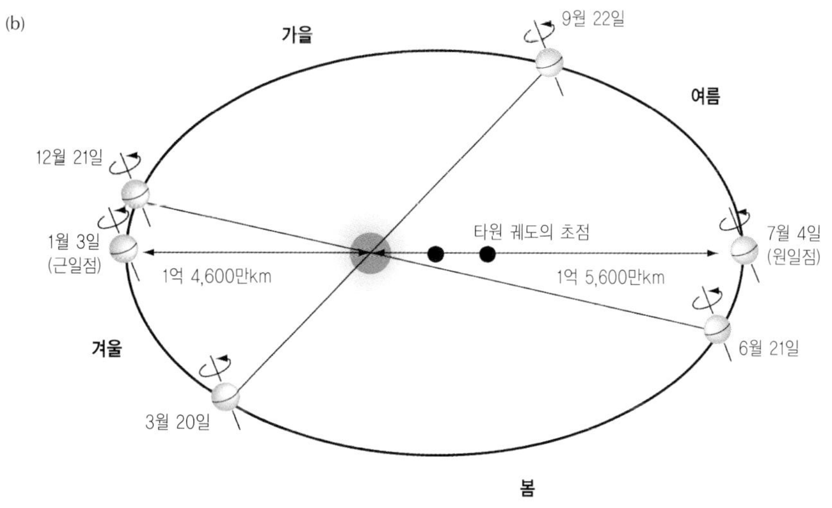

태양 주위를 돌고 있는 지구궤도 모양의 변화. 그림 (a)는 궤도의 모양이 거의 원에서 타원으로 바뀌어 가는 것을 보여 준다. 지구가 태양에서 가장 가까운 거리에 있을 때를 근일점, 가장 멀리 있을 때를 원일점이라 한다. 그림 (b)는 오늘날 궤도 및 그것과 계절의 관계, 북반구의 겨울보다 여름에 태양과 지구가 더 가깝다는 것을 보여 준다.

자전축의 기울기

지구 자전축의 기울기는 4만 1,000년을 주기로 21.8°에서 24.4° 사이를 움직인다. 태양 쪽으로 기울어진 반구는 12시간 이상 더 밝은 햇볕을 받고 태양은 하늘에 더 높이 떠 있어서 여름철에 더 따뜻하므로 자전축의 기울기가 계절을 만든다. 동시에 반대쪽 반구에서는 자전축이 태양과 멀리 기울어져 있기 때문에 겨울에 들어선다. 이때가 되면 햇볕을 받는 시간이 12시간 이하로 줄고 태양고도가 낮아서 추워진다. 그러므로 경사도가 클수록 여름과 겨울 사이에 큰 변화가 나타난다. 밀란코비치가 주장했듯이 북반구 여름이 더 추워질수록 더 많은 빙상이 발달한다. 이것은 100만 년 전에 매 4만 1,000년마다 일어났던 빙기와 간빙기의 주기를 정확하게 설명한다. 보스턴대학의 레이모(Maureen Raymo) 교수는 세차운동에 의해 지배되는 위도 상의 태양 에너지 변화에도 불구하고 자전축의 기울기가 고위도와 저위도 사이의 열 교환을 조절한다는 것을 보여 주었다. 그러므로 전구(全球)적인 기후의 중요한 요인으로 작용하는, 대기의 남북 간 열과 습기 플럭스는 매 4만 1,000년마다 변화한다. 이것은 북위 30°와 북위 70° 사이 대부분의 열 수송이 대기를 거쳐서 일어나기 때문이다. 이로써 기울기와 북쪽으로의 열 수송, 빙기와 간빙기 순환 사이의 선형 관계를 유추할 수 있다.

를 계산할 수 있다. 1949년 밀란코비치는 여름에 북위 65°에서 받은 태양 복사열이 빙기-간빙기 주기를 조절하는 데 아주 중요한 역할을 했다고 주장하였다. 그는 여름철에 일사량이 감소하였다면 여름 내내 빙하가 남아 있었을 것이고, 결국 빙상을 만들기 시작하였을 것이라고 주장하였다. 지구의 공전궤도는 여름철의 일사량에 큰 영향을 미친다. 즉, 60만 년 전에 있었던 태양 복사열 극대값의 변화는 오늘날 북위 65°에서 받는 여름 태양 복사열이 그보다 북쪽으로 550km 이상 떨어져 있는 북위 77°에서 받는 복사열만큼 줄어드는 것과 거의 같은 효과가 있었다. 간단히 말해서 현재 노르웨이 중부가 한계인 빙하가 스코틀랜드 중부의 위도대까지 확대된다는 것을 의미한다. 이와 같이 북위 65°에서의 일사량 감소는 여름에 태양과 지구 사이의 거리가 멀어진 이심률과 작아진 자전축의 기울기, 이심률로 인해 태양과 지구 사이의 거리가 가장 길 때 여름철이 되는 세차에 의해서 발생한다. 남위 65°가 아니라 북위 65°가 기후를 조절하는 이유는 아주 간단하다. 북반구에는 만들어진 빙하가 더 성장할 수 있는 대륙이 많기 때문이다. 반면, 남극 대륙에서 빙하가 만들어지면 해양으로 분리되어서 따뜻한 바다에 의해서 녹아 사라지기 때문에 남반구에서 빙하 성장은 남극 대륙을 둘러싼 남극해로 인해 제한된다. 따라서 빙하작용에 대한 통상적 견해는 중위도의 북반구 여름에 감소한 태양 에너지 때문에 여름에도 빙하가 남아 있게 되면서 빙상이 대륙의 북쪽으로 성장하기 시작한다는 것이다. 사실 지구는 정교한 시계 태엽 장치처럼 매우 단순하다. 계절에 미치는 공전궤도 변화의 영향은 아주 작지만, 우리가 앞으로 보게 될 것

세차운동

세차운동에는 지구의 타원형 궤도와 관련된 것과 그것의 자전축과 연관된 것 2가지 구성요소가 있다. 지구의 자전축은 매 2만 7,000년마다 완전한 원이 되지만, 세차하면서 움직인다. 이것은 팽이 회전축의 회전운동과 비슷하다. 팽이가 회전축을 중심으로 돌 때 회전축도 같이 회전하지만 속도는 훨씬 더 느리다. 같은 방법으로 지구도 매일 한 번씩 자전하지만, 자전축인 지구의 회전축은 한 번 회전하는 데 훨씬 더 오래 걸린다(약 2만 7,000년). 세차운동은 태양 주위를 회전하며 어느 특정한 시기에 지구와 태양 간의 거리를 변화시키는 분점을 만든다. 10만 5,000년의 주기를 갖는 지구의 세차운동과 지구가 태양에 가까워지는 때(근일점)가 어떻게 변하는가를 보여 주는 결합 효과가 그림 (c)에 나타나 있다. 한발로 천천히 훌라우프를 돌리는 아이를 상상해 보자. 만일 훌라후프가 태양 주위의 지구궤도를 나타낸다면, 발 주위를 회전하는 것은 지구궤도의 세차운동을 나타낸다. 관행적으로 언급되는 2만 3,000년과 1만 9,000년 주기의 세차운동을 일으키는 것은 다른 궤도 변수가 조합된 것이다. 자전축의 세차운동과 궤도의 세차 차이의 결합이 2만 3,000년이라는 주기를 만든다. 궤도 모양의 결합 즉, 이심률과 회전축의 세차운동은 1만 9,000년의 주기를 만든다. 평균적으로 약 2만 1,700년 마다 이 두 주기가 결합되어 각 반구의 여름이 근일점이 되며, 이것이 분점의 세차를 가져온다. 세차운동은 (위도 0° 인 적도에 미치는 경사의 영향과는 다르게) 열대지방에 가장 중요한 영향을 미친다. 그래서 기울기가 고위도의 기후변화에 명확하게 영향을 미칠지 몰라도, 궁극적으로는 열대지방에도 영향을 미치며, 열대지방에 나타나는 일사량의 직접적인 효과는 세차운동에 의해 조절된 이심률 때문에 나타난다.

분점의 세차 성분: 그림 (a)는 한 번 도는 데 2만 7,000년 걸리는 지구 자전축의 세차를 보여 준다. 그림 (b)는 한 번 도는 데 10만 5,000년 걸리는 태양 주위의 지구궤도 세차를 보여 준다. 그림 (c)는 지구가 태양과 가장 가까울 때 분점의 세차들 보여 준다.

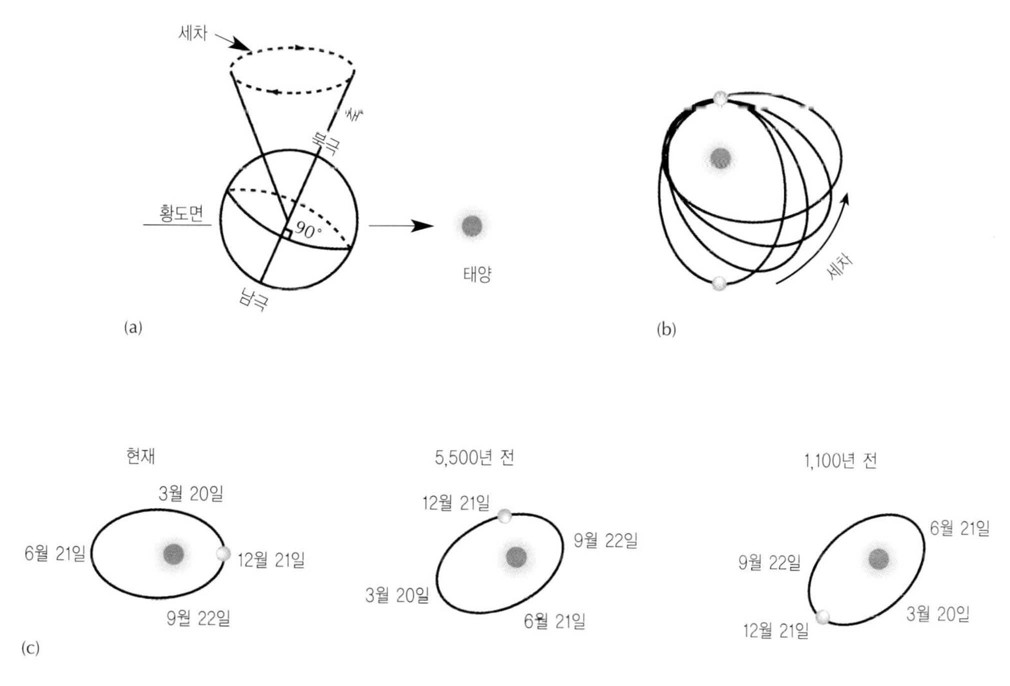

처럼 변화를 증폭시키는 기후 시스템에서 피드백 메커니즘이 된다.

무엇이 빙하시대를 만들었나?

궤도의 힘 그 자체는 빙기와 간빙기의 기후변화를 일으키기에 충분하지 않다. 대신 지구 시스템이 다양한 피드백 메커니즘을 통해서 표면에서 받는 태양 에너지의 변화를 증폭시키고 변형시킨다. 하나의 예로 빙기를 만들어 낸 지구 시스템에 대하여 자세히 살펴보자. 태양 복사열이 감소하면, 가장 먼저 여름철 기온이 약간 하강한다. 이러한 초기의 여름 기온 변화 때문에 눈과 빙하가 축적되면 기본적으로 주위 환경의 알베도(Albedo)가 높아진다. 상승한 알베도는 태양 광선을 더 많이 우주로 반사시킨다(눈이 거의 대부분의 햇빛을 반사시켜 얼굴로 직접 비추기 때문에 스키를 탈 때 선글라스를 착용하는 것을 생각해 보자). 태양 광선을 더 많이 우주로 반사시키면 국지적으로 기온 상승이 억제되고, 이것은 더 많은 눈과 빙하의 축적을 촉진하여 주변 환경의 변화를 가속화한다. 이것이 이른바 '빙하 알베도' 피드백이다. 그러므로 일단 작은 빙상이 만들어지면 주변 환경을 더 많은 눈과 빙하로 변화시키면서 점점 더 성장한다.

특히 북아메리카의 로렌시아와 같은 빙상이 북대서양을 가로질러 유럽으로 이동하는 중위도 기압계의 위치를 조절하는 제트기류의 흐름을 방해할 만큼 충분히 높아졌을 때, 또 다른 피드백이 나타난다. 이것은 북대서양을 가로지르는 폭풍 경로를 변화시키고, 멕시코 만류와 대서양 해류가 오늘날과 같이 북쪽으로 흐르는 것을 막는다. 이 해양 표면의 변화는 대규모 대륙 빙상의 출현 때문에 노르웨이 해와 대서양의 융빙수가 증가한 것과 관련이 있으며, 궁극적으로 심층수의 생성을 감소시켰다. 3장에서 본 바와 같이, 그린란드와 래브라도 해에서의 심층수 생성은 근대 기후의 핵심 부분이다. 심층수 생성의 감소는 북쪽으로 이동하는 난류의 양을 감소시키고 이런 것들은 북반구를 한랭하게 하면서 빙상을 확대시켰다.

그러나 최근 고기후학자들 사이에서 대기 중의 온실기체 역할을 설명하는 '물리기후' 피드백의 중요성에 관한 논쟁이 시작되었다. 대기 중 이산화탄소, 메탄, 수증기 등과 같은 온실기체의 농도 감소는 지구의 냉각을 야기할 것이다. 각 빙기 동안에 만들어진 이산화탄소와 메탄의 감소는 이미 북극 빙상에 갇혀 있는 공기 방울에서 확인되었으며, 이런 한랭 시기는 대기 중 수증기를 감소시키는 자연 건조기에 의한 것임이 밝혀졌다. 그러므로 논쟁은 계속된다. 지구궤도의 변화가 온실기체의 생성에 어떤 영향을 미치는가? 그리고 그것이 지구를 냉각시키고 북반구에서 빙상이 쉽게 만들어지게 할 수 있는가? 또는 지구궤도의 변화가 전구(全球)의 기후를 변화시키고 온실기체의 생성을 감소시켜 북반구에서 커다란 빙상을 만들기 시작하게 할 수 있는가? 그래서 빙기가 길어지고 심해질 것인가? 이것에 대해 평가하기에는 아직 이르다. 그러나 어느 쪽에서든 온실기체는 틀림없이 규칙적인 빙기-간빙기의 주기를 형성하는 데에 중요한 역할을 했다.

또 다른 중요한 질문이 있다. 왜 이런 피드백은 끝없이 이어지며, 왜 지구 전체가 얼지 않는가? 그런 것은 '수분 한계(moisture limitation)' 때문이다. 빙상을 만들기 위해서는 기후가 춥고 습한 상태여야 한다. 그러나 지금까지 보아 온 바와 같이, 빙상이 형성되면 그 빙상은 지구 상의 한랭하고 온난한 공기와 물이 순환하는 것을 바꾼다. 따뜻한 표면수가 더 남쪽으로 이동함에 따라서 빙상을 만들기 위해 필요한 수분 공급이 감소하기 시작한다. 결국 빙상은 대기-해양의 순환 변화 때문에 필요한 수분이 결핍되므로 성장 한계를 맞게 된다.

지난 100만 년 동안에 빙상이 최대로 성장하는 데는 8만 년까지 걸렸다. 이런 현상이 일어난 마지막 시기는 약 2만 1,000년 전이다. 빙하가 사라지는 것은 생성되는 것보다 훨씬 빠르다. 소위 '빙하 후퇴(deglaciation)'는 대개 최대 4,000년밖에 걸리지 않았다. 빙하 후퇴는 여름철에 북위 약 65° 지역에서 받아들이는 태양 에너지의 양이 증가하면서 시작되었다. 입사되는 태양 에너지의 양이 증가하면서 북반구 빙상을 조금씩 녹이기 시작하였다. 전 세계적으로 점차 습윤해지고 해양의 순환이 변화함에 따라, 전 지구적으로 온난화가 촉진되고 거대한 대륙 빙상이 녹으면서 대기 중의 이산화탄소와 메탄이 증가하기 시작하였다. 그렇지만 그런 것들은 균형을 유지하려는 미기후를 만

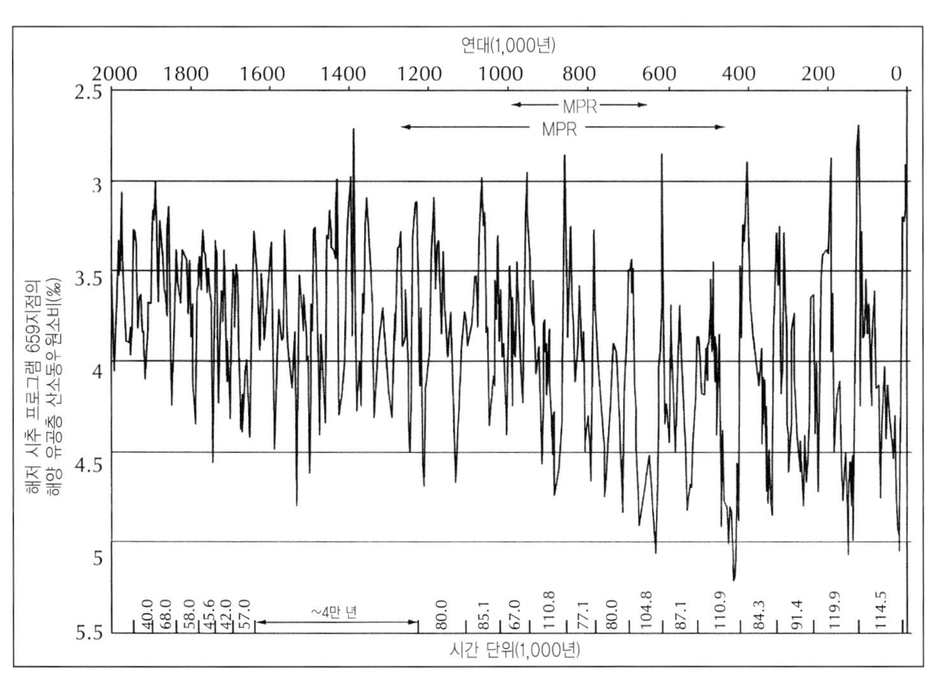

심해의 산소동위원소 기록은 지구 상 빙하의 양이 변화하는 것을 보여주며, 빙하시대 빙하작용의 시기를 나타낸다. 100만 년 전까지 이런 빙하작용은 매 4만 1,000년마다 일어났고, 그 이후부터 점차 길어지기 시작하였다. 이런 기후의 전이를 중기 플라이스토세 변혁(MPR, Mid-Pleistocene Revolution)이라고 하지만 과학자들은 이런 변이가 얼마나 지속되었는지 잘 모른다.

드는 빙상의 알베도 효과에 대한 반작용이기 때문에 제한적으로 일어났다. 빙하가 빠르게 녹는 것은 해양에 접한 대규모 빙상이 바다에 의해서 약해져서 녹으면, 이렇게 녹는 빙하가 해수면을 상승시켰기 때문이다. 빙상 바닥의 온도가 보통 −30℃ 이하인데 반해, 가장 차가운 바닷물은 약 −1.8℃에 불과하다. 따라서 이것은 아이스크림 통에 뜨거운 물을 붓는 것과 같다. 그러므로 이렇게 약화된 빙상은 빙하의 해빙을 촉진시키며, 분리된 빙괴가 해양으로 들어가 해수면을 상승시키면서 빙하를 더욱 약화시

빙기 동안의 기후는 매우 동적이어서 항상 변화하였다. 이것은 빙하가 원래 불안정하여 빙상이 지속적으로 해양으로 갈라지고 그래서 완전히 붕괴될 수 있었기 때문이다.

킨다. 이런 해수면 피드백 메커니즘은 상당히 빠를 수 있다. 일단 빙상이 완전히 후퇴하면 앞에서 논의한 다른 빙하 형성 피드백 메커니즘이 역으로 시작된다.

빙하시대 기후의 롤러코스터

이 장을 '기후의 롤러코스터(The Climatic Rollercoaster)' 라고 부르는 것은 빙상이 원래 불안정하여 빙상이 극단적으로 붕괴되고 다시 형성되는 것처럼 빙기 동안에 기후가 어떤 상태에서 다른 상태로 격렬하게 변해 왔기 때문이다. 이런 변동의 대부분은 1,000년의 시간 규모로 일어났지만, 그런 것은 우리가 알다시피 3년처럼 짧은 시일 안에도 일어날 수 있다.

이러한 기후변화 중 가장 인상적인 것이 흔히 하인리히(Heinrich) 사건이라고 불리는 것이다. 하인리히 시건은 1988년에 콜롬비아대학의 브뢰커(Wallace Broecker)가 신문에서 해양지질학자 하인리히(Hartmut Heinrich)의 묘사를 보고 명명한 것이다. 하인리히 사건은 북아메리카 로렌시아 빙상의 대규모 붕괴로 북대서양으로 수백만 톤의 빙하가 쏟아진 것이다. 브뢰커는 그것을 대서양을 가로질러 북아메리카에서 유럽으로 떠다니는 '빙산의 함대(armadas of icebergs)' 라고 표현했으며, 거대한 점토가 이 거대한 빙산이 좌초되었던 프랑스 북부 해안에서 발견되고 있다. 하인리히 사건은 불안정한 빙기 기후의 일반적인 배경에 맞지 않게 나타났으며, 이는 북대서양 주변의 가장 극단적인 빙기 조건을 간단하게 나타낸 것이다. 이때는 이미 한랭한 빙기 기후보다도 3~6℃ 더 낮

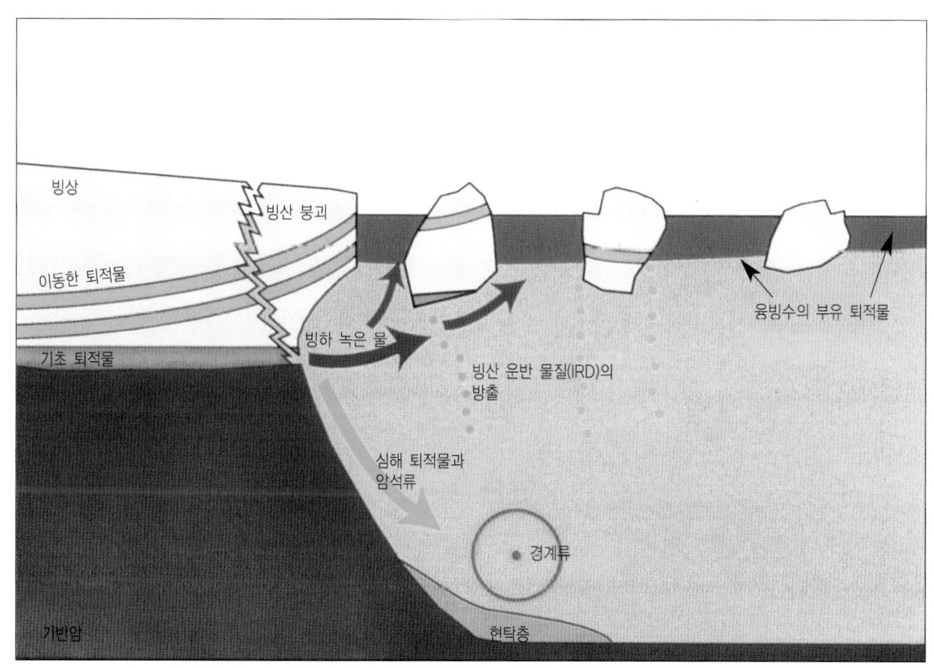

빙산은 빙상으로부터 틈이 생길 때 대량의 퇴적물을 이동시킨다. 빙상이 녹을 때 이런 퇴적물의 잔해가 해저로 떨어진다. 해저의 그런 층을 현탁층이라고 하며, 과학자들이 빙산의 흔적을 찾기 위하여 추적하는 층이다.

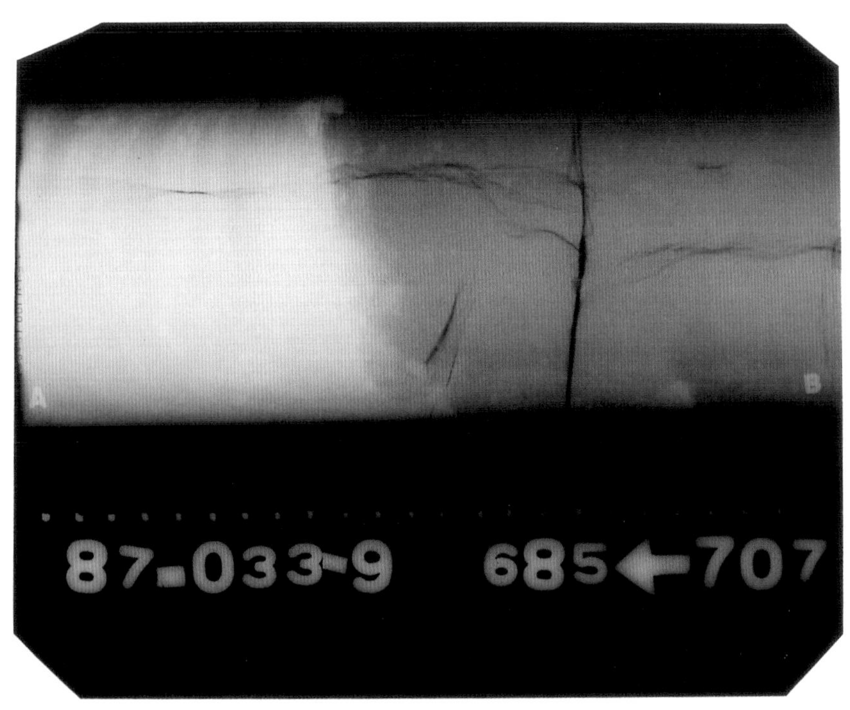

왼쪽 해양 퇴적물 코어의 X선 사진은 어두운 물질로 보이는 화석이 풍부한 빙하시대의 퇴적물과, 하인리히 층의 빙산 잔해가 풍부한 퇴적물 사이 경계를 보여 준다.

아래 북대서양의 해양 코어는 하인리히 사건 상부를 이해시켜 준다. 화석이 풍부한 퇴적물은 상부에서 보다 밝은 색을 띠고 있고, 빙산 잔해가 풍부한 하인리히 층의 퇴적물은 아래에 있다.

았으며 그린란드의 빙하 코어에서도 확인된다. 또한 남아메리카와 북태평양, 산타바바라 분지, 아라비아 해, 중국, 남중국해, 동해 등과 같이 멀리 떨어진 곳에서도 하인리히 사건으로 전구적인 충격이 있었음이 다른 기후변화의 여러 증거와 함께 발견되었다. 이런 사건들이 북대서양 주변에서 발생하는 동안 북아메리카와 유럽에서는 훨씬 더 한랭한 상태가 이어졌다. 이것은 북대서양 해양에서 녹고 있는 수많은 거대한 빙산이 표층수가 침강할 수 없는 지점까지 해수면 온도와 염도를 낮출 정도로 많은 양의 한랭한 담수를 만들었으며, 그것으로 인하여 북대서양에서 모든 심층수의 형성이 멈추었고, 열대로부터 온난한 물을 순환시키는 전구적인 해양 컨베이어 벨트가 멈추었다.

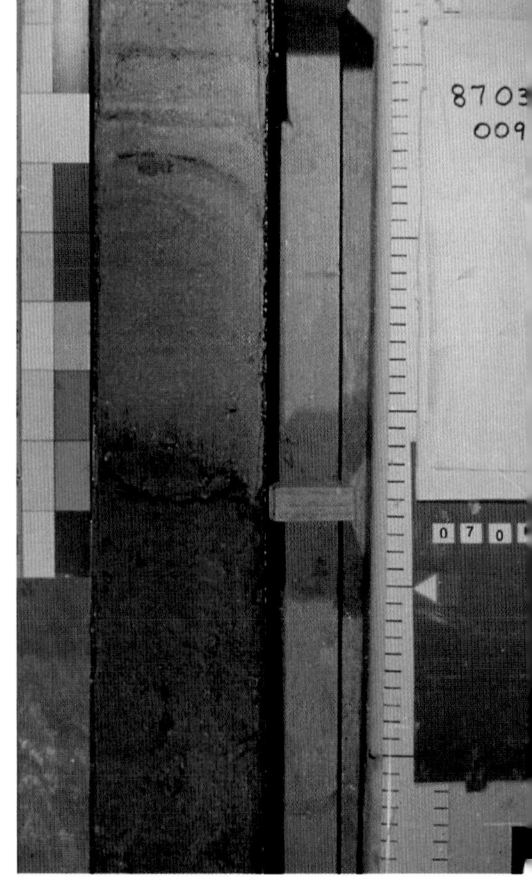

하인리히 사건에 대한 증거는 대서양 가운데서 얻은 해양 퇴적물 코어에서 쉽게 찾을 수 있다. 이는 빙산이 엄청난 양의 암석을 해양으로 끌어오고, 그것이 녹을 때 암석 파편을 해저로 떨어뜨렸기 때문이다. 해양 퇴적물에서의 화석 연대 측정에 의하여 하인리히 사건은 마지막 빙기 동안 평균적으로 매 7,000년마다 일어났음을 확인할 수 있다. 화석의 증거와 더불어 암석 파편 단면 아래에서 해양 벌레가 만든 작은 서관구조(역자 주-조개나 해양의 벌레 등이

무엇이 하인리히 사건을 만들었나?

하인리히 사건은 우리가 인식할 수 있을 뿐만 아니라, 기후에 거대하고 엄청난 영향을 주는 시간 규모로 발생하였기 때문에 흥미를 끈다. 그러므로 그것의 원인이 무엇인지에 대한 경쟁적인 이론이 많다. 빙하학자인 매카일(Doug MacAyeal)은 하인리히 사건에서 빙산의 이동은 로렌시아 빙상 내부의 불안정성에 의해 야기된 것이라고 주장했다. 이 빙상은 얼면 콘크리트처럼 되는 부드러운 퇴적물 위에 있어서 성장하는 빙상의 무게를 지탱할 수 있었다. 빙상이 확장될수록 빙하가 빙하 위를 이동하면서 발생하는 마찰로 방출되는 열과 지각 내부로부터의 지열이 겹쳐 있는 빙하의 단역 효과에 의해 갇혔다 이 '이불 효과'는 그것이 녹는 중요한 시점까지 퇴적물의 온도를 상승시켰다. 퇴적물이 부드러워지게 되고 빙상의 바닥이 매끄럽게 될 때, 허드슨 해협을 통하여 북대서양으로 거대한 빙하가 유출되었다. 결과적으로 이것은 빙하가 서서히 만들어지고 다시 다른 곳으로의 이동을 시작하는 시점에서 단열효과를 감소시키고 기저의 빙하와 퇴적물 바닥을 재 동결시켜 빙하 물질의 갑작스러운 손실을 일으켰을 것이다. 매카일은 이것을 '비정상적 제거(binge-purge) 모델'이라고 불렀고, 모든 빙상은 각기 불안정한 시기를 갖는다고 주장했다. 그러므로 스칸디나비아, 그린란드, 아이슬란드 빙상은 다른 주기성을 가지고 급증할 것이다. 다른 흥미로운 이론은 브뢰커에 의해서 만들어진 '쌍극 기후 시소(bipolar Climate Seasaw)'이다. 이 이론은 하인리히 사건 동안 북반구와 남반구의 기후 위상이 다르기 때문에 북반구에서 기후가 한랭해질 때 남극은 온난해진다는 것을 나타내는 것으로 그린란드와 남극의 빙하 코어에서 얻은 새로운 증거에 기초하였다. 이 쌍극 기후 시소는 선택적인 빙상 붕괴와 북대서양과 남빙양에서 밀려든 녹은 물에 의하여 설명될 수 있다고 주장하는 것이다. 이렇게 녹은 물은 각각 두 반구에서 상당한 양의 심층수를 변화시킬 수 있고, 두 반구 사이의 열 이동 방향을 바꿀 수 있다. 동시에 북반구는 멕시코 만류를 유지하고 노르웨이 해의 상대적으로 온난한 심층수를 만들기 위하여 남반구에서 열을 가져온다. 그 열은 북대서양에서 남대서양으로의 심층수 흐름에 의해서 서서히 되돌아온다. 그러므로 쌍극 기후 시소 모델은 빙상이 북대서양 주위에서 붕괴되어 엄청난 양의 빙산이 해양으로 밀려가면 이 빙산이 녹아 담수를 만들어서 물이 가라앉을 수 없는 해양을 만들 것이라 제시하고 있다. 이것은 북대서양 심층수의 형성을 멈출 것이고, 북반구는 남반구에서 열 가져오기를 멈출 것이다. 아마 1,000년 후에는 남극 빙상의 가장자리를 붕괴시키기에 충분할 만큼 열이 만들어질 것이다. 이는 남극 주변에서 심층수 형성을 중단시키고 전체 시스템을 뒤바꿀 수 있다. 이 이론의 훌륭한 점은 그것이 간빙기에도 가능하다는 것이고, 다음에서 보게 될 것과 같이 약 1,500년의 주기를 가지는 '단스고르-외슈거' 주기가 빙기와 간빙기 동안 발생한다는 것이다(7장 참조).

서식하는 은신처가 화석으로 남은 것)가 발견되었다. 일반적으로 이런 서관구조는 먹이를 먹으려는 다른 동물에 의해 교란된 퇴적물에서는 발견할 수 없다. 서관구조가 남아 있으려면 빙산이 녹으면서 발생하는 암석 파편이 3년 이내에 쏟아졌어야 한다. 즉, 다른 동물들이 퇴적물에 다가오는 것을 막을 수 있을 만큼 상당히 빨라야 서관구조가 빌달할 수 있다. 이런 증거는 북아메리카 빙상의 붕괴가 아주 급격하게 일어났다는 것과 3년

정상적인 빙하시대의 해양 퇴적물(오른쪽 하단)과 하인리히 사건 동안 퇴적된 퇴적물(왼쪽 상단)의 구성 차이를 명확하게 볼 수 있다. 이런 명확한 차이는 하인리히 사건 동안 엄청난 양의 암석 물질이 빙산에 의해서 대륙에서 해양으로 이동하여 해저에 가라앉았기 때문에 나타난다.

이내의 기간에 빙산이 대서양에 넘쳐났었음을 보여 주는 것이다. 그래서 빙기 상태는 거대한 빙상을 동반하는 한랭한 상태에서부터 북아메리카 대륙 빙상의 부분적인 붕괴에 의해서 야기된 극도로 한랭한 상태까지 다양하였다.

대규모의 하인리히 사건 사이에 약 1,500년마다 일어나는 '단스고르-외슈거(Dansgaard-Oeschger) 주기'로 알려진 작은 사건이 있었다는 것을 확인할 수 있다. 단스고르-외슈거 주기도 북대서양으로 쏟아지는 융빙수 때문에 일어났다. 하인리히 사건은 바로 슈퍼 '단스고르-외슈거 주기'라는 것이 하나의 견해이다. 두 유형의 큰 차이는 하인리히 사건이 빙기 동안에만 발견되는 반면 단스고르-외슈거 주기는 빙기는 물론 간빙기에도 발견된다는 것이다. 7장에서 보게 되겠지만, 지난 1만 년 동안에 6개의 주요 '단스고르-외슈거 주기'가 있었다. 그 중 하나는 4,200년 전의 것으로 중동에서 일련의 대규모 한발을 초래하였고, 당시의 고대 문명에 급격한 영향을 미친 것으로 보인다.

결론

과거 250만 년 이상 지구의 기후는 빙기와 간빙기 사이의 주기 속에서 안정된 상태를 유지하였다. 250만 년 전에서 100만 년 전 사이에 빙기는 매 4만 1,000년마다 변천하였다. 이는 기후 피드백 시스템을 극단적으로 증폭시키는 궤도 기울기의 변화에 의해서 일어났다. 100만 년 전 이후 빙기 강도가 강화되었고 이는 약 10만 년 동안 지속되었다. 장기간의 기후변화를 보여 주는 그림을 살펴보면, 최소한 8만 년 동안 지속적으로 만들어진 긴 빙하 생성기에서 4,000년 미만의 극적인 속도로 온난한 간빙기 기후로 되돌아가는 현상을 포함하는 들쭉날쭉한 모양을 볼 수 있을 것이다.

아무튼 빙기와 간빙기의 전환만이 마지막 빙하시대 동안에 일어난 유일한 기후변화 사건은 아니다. 강한 빙기 동안 북아메리카의 거대한 빙상이 규칙적으로 해양으로 붕괴되면서 기후의 롤러코스터가 계속되었다. 이들의 붕괴로 거대한 빙산의 함대가 북대서양을 채웠고, 지구 기후에 뚜렷한 영향을 미쳤으며 세계를 한랭한 상황으로 몰아갔다. 가장 인상적인 것은 3년도 안 되는 기간에 빙산이 북대서양을 채웠다는 증거와, 이런 붕괴가 어떻게 급격하게 일어났는가 하는 것이다. 소위 하인리히 사건은 미래의 기후변화가 극단적으로 급격하게 나타날 가능성을 냉혹하게 경고하고 있다.

우리가 산과 계곡의 모양에서부터 오늘날 흐르고 있는 템스 강의 위치까지 우리 주변에서 볼 수 있는 온대 위도대의 거의 모든 경관이 빙하시대에 만들어졌다는 것을 항상 인식하고 있는 것은 아니다. 기후의 롤러코스터는 다양한 방법으로 지구의 경관을 만들었고 앞으로도 계속될 것이다.

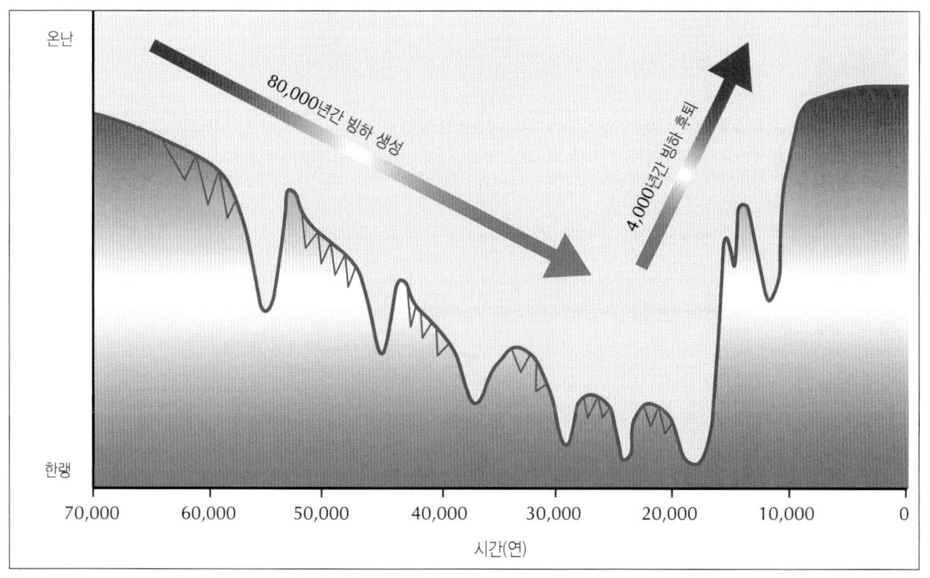

기후가 빙기로 가는 데는 약 8만 년이라는 긴 시간이 소요된다. 그러나 약 4,000년 만에 다시 되돌아갈 수 있다. 이는 기후가 지속적으로 춥지 않기 때문에 빙상이 계속 붕괴되는 불안정한 특성 때문이다. 그래프 상에서 각 기온의 하강은 마지막 빙기 동안의 하인리히 사건을 보여 준다. 반면 빙기와 간빙기 동안 들쭉날쭉한 것은 단스고르-외슈거 기후 주기를 보여 준다.

5
인류 이야기

인류는 500만 년 훨씬 이전부터 존재하였던 아프리카계 유인원에서 진화했다. 이들은 빙하시대가 시작되던 200만 년 전후의 시기에 최초로 아프리카에서 다른 지역으로 뻗어나갔다. 이들은 현재의 유인원보다 뇌용량이 약간 더 크고 간단한 도구를 만들 수 있었으며, 중위도의 여러 지역으로 이동하였다. 그들은 최초의 거주지였던 열대보다 서늘하고 계절변화가 있었으며, 식물성 및 동물성 식량자원이 넉넉하지 않은 곳에 정착하였다. 대략 1만 2,000년 전에 마지막 빙하시대가 끝나면서 인류는 지구에서 지배적인 동물로 자리 잡았다. 오늘날 인류는 지구 상의 모든 지역에 거주하며, 심지어 바다에까지 발을 들여놓기 시작하였다.

빙하시대에 나타난 인류의 형질 변화는 무엇보다도 인간의 지적 능력 즉, 지성의 출현에 있다. 높은 수준의 삶을 영유하는 모든 동물은 주변 환경에 대한 정보를 전달하는 뇌를 가지고 있으며, 인간에게만 독특한 지성이 발달되어 있다. 이러한 지성은 정보를 단순히 전달하는 것이 아니라 정보를 생성하기도 한다. 지성이라는 창조 능력과 두 손으로 도구를 다룰 수 있는 능력을 가진 인류는 선조가 죽어 간 곳에 적응하면서 계속 번성하여 스스로 다양한 방법을 습득하고 주변 환경을 개척하였다.

지성은 인류의 역사에서 주요한 개념으로, 빙하시대 환경에서 출현하였다. 새로운 형태의 인류는 아프리카에서 계속 진화해왔으며, 약 200만 년 전에 유라시아로 이동했다는 사실은 명백하다. 새로운 유형의 인류가 다양한 경로를 따라서 아프리카 밖으로 이동할 무렵, 빙하시대의 기후변화 효과에 직면하였다. 어떤 때는 기후변화가 점점 극심해져 현재보다 더 온난한 시기가 극도로 한랭한 시기로 바뀌기도 하였다. 빙기에는 거대한 빙하가 성장하였을 뿐만 아니라 오늘날과 경관도 달랐다. 간빙기인 현재에는 극지방 툰드라에 사는 동물들을 당시에는 오늘날 스텝이나 삼림지대가 분포하는 곳에서 볼 수 있었다. 더욱이 빙하시대의 기후변화는 급격하게 나타났으며, 이는 인류가 이러한 변화에 대해 생각하고 적응할 여유 없이 빠르게 변화하게 했다.

빙하시대 이전 시기

약 350만 년 이전의 인류에 대한 화석 기록은 매우 드물다. 또한 우리가 알고 있는 인류의 기원에 관한 대부분의 정보는 인간과 가장 가까운 생물과의 유전적 차이에 근거하고 있다. 시간에 따른 유전자의 변화는 특정한 속도로 일어나므로 두 종족 간에 있는 유전자의 차이가 원래 하나였던 때로부터 얼마나 시간이 경과했는지를 보여 준다. 현재의 인류와 아프리카 유인원 사이의 유전적 차이는 상대적으로 매우 작아서 이들이 진화하여 분화된 시기는 고작 몇백만 년 전에 불과하다.

1960년대에 이런 내용이 처음 소개되었을 당시, 1,500만 년 전에 초기 인류가 출현

앞면 인류는 열대지방에서 진화했으나, 빙하시대에 고위도지방인 북쪽으로 진출했으며, 혹독한 추위에 적응하게 되었다. 네안데르탈인은 추운 환경에 대하여 물리적으로 적응하였는데, 가슴이 두껍고 사지가 짧은 특성을 보인다. 또한 동물성 단백질과 지방의 섭취와 불의 사용으로 빙하시대 환경에 순응하였다.

했다고 믿었던 인류학자들은 큰 충격을 받았다. 현재는 화석 기록이 이런 결과를 뒷받침해 주고 있다. 인류의 초기 형태가 확실한 화석 연대는 400만 년 전 정도로 측정되었다. 이 화석은 오스트랄로피테쿠스(남방 원숭이)라고 불린다. 반면에 논란의 여지가 있는 화석의 표본은 500만~600만 년 전의 연대로 측정되었다. 최근 중앙아프리카와 동부아프리카에서 발견된 화석 중 600만~700만 년 전으로 측정된, 보다 이른 시기의 화석도 있지만, 그것이 인류의 화석인지는 분명하지 않다.

초기 인류의 화석을 확인하는 데 이용되는 주요한 해부학적 특징은 똑바로 서서 뒷

탄자니아 북부 올두바이 협곡의 탄자니아 유적은 루이스 리키(Louis Leakey)와 메리 리키(Mari Leakey)가 1950년대 처음으로 호모(Homo)속의 인류 유골을 발견한 곳이다. 대협곡의 양쪽 사면은 경사가 매우 급하며, 초기 인류의 진화를 이해할 수 있는 엄청난 양의 유물이 발견되었다.

탄자니아의 레톨리 지역의 화산재에 보존된 오스트랄로피테쿠스의 발자국은 약 350만 년 전의 것으로 직립보행에 대한 단서를 제공한다.

다리로 걷는 직립보행이다. 직립보행은 복잡한 특성으로서 뼈대의 여러 부분에서 확인할 수 있다. 인류학자들은 직립보행의 단서가 되는 화석 조각을 찾아냈다. 이러한 조각은 유인원에서 벗어나 확실한 인류의 조건인 곧추서서 걷는 형태로 바뀌었음을 보여 준다. 더욱이 직립보행은 이어서 나타나는 대부분의 중요한 진화에 바탕이 되었다. 직립보행은 도구나 무기를 만드는 데 손을 자유롭게 사용할 수 있게 해 주었고, 사냥 활동에서 역할 증대 및 육류 소비의 증가를 가져왔다. 직립보행은 간접적으로 뇌 용량의 증가 및 성대의 발달과도 관련되어 있을 것으로 추측된다.

왜 아프리카 유인원의 일부가 뒷다리로 걷기 시작했을까? 우리는 그에 대한 확실한 해답을 알 수 없다. 현재 인류학자 사이의 공통적인 견해는 직립보행을 함으로써 개활지에서 높은 에너지 효율을 갖고 이동할 수 있었다는 것이다. 이것은 삼림지대에서 나무에 오르는 행위와 반대되는 개념이다. 또한 삼림이 축소됨에 따라 사바나와 소림지역이 확장되면서 인류의 걷는 능력이 진화한 것으로 알려져 있다. 극지방의 빙하가 확장되면서 세계의 다른 지역에서와 같이 800만 년 전 이래 아프리카 역시 기온이 내려가고 건조해지기 시작했다. 이에 따라 아프리카 삼림지대는 점차 축소되었으며, 나지에 잘 적응할 수 있는 동물이 새로운 기회를 잡을 수 있었다.

약 350만 년 전, 오스트랄로피테쿠스는 동부 아프리카에 자리를 잡았다. 발자국 화석을 포함하여 다양한 화석 기록은 당시 그들의 외형과 습성을 생생하게 보여 준다. 이들은 여러 측면에서 유인원과 상당히 비슷할 뿐만 아니라, 특히 유인원 수준의 작은 뇌 용량 때문에 직립보행을 하는 유인원으로 묘사되기도 한다. 또한 오스트랄로피테쿠스는 직립보행을 하였으나, 여전히 나무 위에서 많은 시간을 보냈다고 추정되므로 유인원 다리의 특성과 유사했을 것이다. 그들은 초식 생활을 했으며, 고기를 찾아 헤매거나 사냥을 했다는 증거는 없다. 도구에 대한 자각은 없었지만, 오스트랄로피테쿠스의 손은 더 진화된 흔적을 보이므로 인간과 유사한 특징을 가졌을 것으로 추측된다.

대략 250만 년 전, 인류의 진화가 갑자기 새로운 방향으로 전환되었다. 동부 아프리카에서 처음으로 석기가 등장하였다. 당시 인류는 긁어내거나 오려 내기 위해 자갈로 만든 찍개와 박편 등 단순한 도구를 사용했다. 실험 연구에 의하면, 오늘날 침팬지는 이런 도구를 만들 수 있는 능력이 없다. 적어도 이런 도구의 일부는 동물의 뼈에서 고기를 발라내는 데 사용되었다는 증거가 최근에 확인되었다. 인류의 해부학적 구조 중 중요한 몇 가지 사항을 제외하면 대부분 거의 비슷한 상태로 지속되었다. 예외적으로 두뇌가 유인원 이상의 수준으로 커졌고, 손의 외형이 지속적으로 발달하였다.

오스트랄로피테쿠스에서 좀 더 인간과 유사한 형태로 진화된 결정적 시기의 화석 기록은 모호하다. 이 무렵 커진 이빨과 좀 더 큰 뇌를 갖는 왕성한 체력의 오스트랄로피테쿠스를 포함하여 일부 새로운 인류 종이 등장하였다. 또한 많은 인류학자들이 호모로 지칭되는 현생 인류속(屬, genus) 두 가지 유형의 화석을 발견했다. 이 중 호모 하빌리스(*Homo habilis*)는 1960년에 루이스 리키(Louis Leakey)와 메리 리키(Mary Leakey)가 처음 발견하였으며, 뇌는 현재의 영장류보다 크지만 현재 인류보다는 훨씬 작다. 다른 유형의 호모(호모 루돌펜시스, *Homo rudolfensis*)는 더 큰 뇌와 턱뼈 및 치아를 가지고 있었다.

호모(Homo)속의 두 종족 중 하나 또는 두 종족 모두가 도구를 만들고 고기를 먹었다고 대부분 가정하고 있지만, 누가 이러한 행위를 했는지 밝혀내기란 쉽지 않다. 중요한 것은 수십만 년 전 빙하시대 이전에 살았던 인류에게 큰 뇌, 민첩한 손, 그리고 도구 제작 능력의 향상이라는 새로운 형질이 발달한 것이다. 이러한 형질은 인류에게 더욱 다양한 기후환경과 자연환경에서 살 수 있는 능력을 갖게 하였다. 180만 년 전, 인류는 열대지방을 벗어나서도 삶을 잘 영유하였으며, 마침내 극단적인 빙하시대 환경을 견디고 번성하는 능력을 발달시켰다.

올두바이 협곡의 제1층에서 출토된 잔자갈급의 돌로 만든 자르개와 기타 간단한 석기는 인류 기술의 가장 초기 형태임을 보여 준다. 석기에 대한 실험적 연구 결과는 현생 유인원의 능력을 능가하는 것으로 증명되었다.

그루지야 공화국 남쪽에 위치한 드마니시. 이곳에는 인류가 아프리카를 벗어난 흔적 중 가장 오래된 것으로 알려진 유적이 있으며, 그 연대는 약 180만 년 전이다.

아프리카 밖으로

그루지야의 트빌리시(Tbilisi)에서 남서쪽으로 80km 정도 떨어져 있고, 중세 시대에 만들어진 폐허가 된 성이 올려다보이는 두 하천의 합류점에, 세계적으로 중요한 드마니시(Dmanisi) 유적지가 있다. 이 유적은 아프리카 이외의 지역에서 발견된 인류 화석과 유물 중 가장 오래된 것이다.

드마니시는 대략 베이징 및 덴버와 비슷한 북위 40°에 위치한다. 인류가 이 지역에 처음으로 살았던 180만 년 전, 이곳은 현재보다 약간 온난하고 건조한 기후였다. 스텝 지대가 포함된 이 지역에는 소나무와 자작나무 숲이 우거졌고, 사슴, 말, 그리고 유라시아에 서식하는 전형적인 동물을 포함하여 다양한 대형 포유류가 번식했다.

드마니시에 자리 잡은 인류는 아프리카 초기 형태의 호모속과 상당히 비슷하였으며, 팔과 다리뼈의 특징으로 보아 먼 거리로 이동하는 데 매우 적합하였다. 아프리카의 호모속 인류와 드마니시의 인류는 두뇌의 크기와 그 외 일부 해부학적 특징도 거의 비슷하였다. 인류는 적도 부근보다 동물과 식물 자원이 덜 풍부한 환경에서 살게 되었다. 식량을 구하기 위해 더 넓은 지역에서 수렵과 재집 활동을 했다는 것은 이런 환경을 극복했다는 것을 의미한다.

육류 소비의 증가는 열대지방을 벗어나 생활하기 위한 또 다른 전략이었다. 육류는 채소보다 더 효과적으로 칼로리를 제공하며, 결과적으로 북반구에서 인류가 살아남는 데 중요한 수단이 되었다. 드마니시에서 출토된 포유류의 뼈에는 석기로 자른 흔적이 남아 있다. 사람들은 사슴이나 기타 사냥감을 성공적으로 사냥하고, 다른 청소동물(독수리나 하이에나 등)이 먹어치우기 전에 동물의 시체에서 고기를 발라냈을 것이다. 이런 작업을 하기 위해 만들어진 도구는 초기 호모속이 아프리카에서 이용하던 도구의 유형과 비슷하였다.

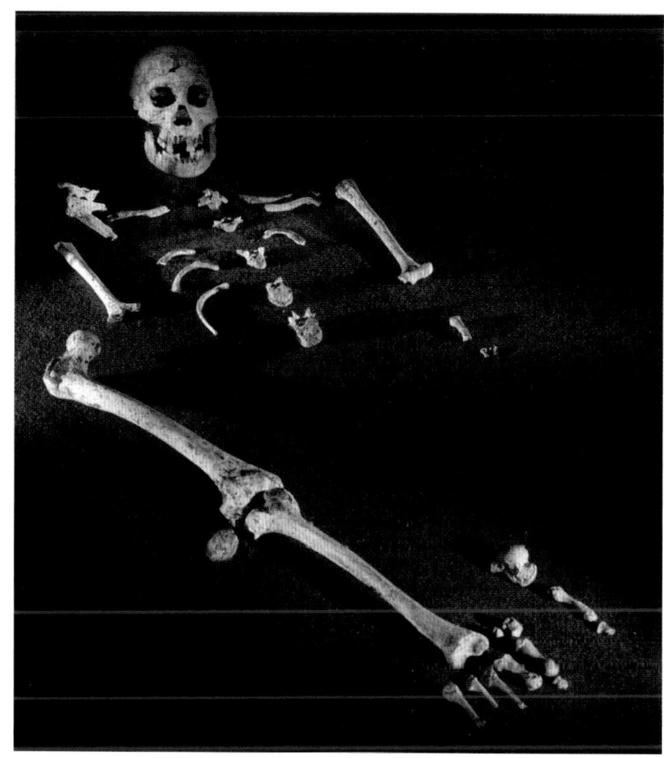

위 비록 유라시아의 초기 인류들이 걷는 데 유리한 팔과 다리뼈를 가지고 있었지만, 드마니시 유적에서 출토된 인류 유골은 유라시아에 살던 가장 초기 형태의 인류가 아프리카에 살던 조상들과 비슷하다는 것을 보여 준다.

드마니시와 위도가 같은 중국 북부의 유물 형성 연대는 170만~160만 년 전으로 측정되었다. 이는 인류가 유라시아의 북부로 뻗어 나간 것처럼, 동쪽 방향으로도 퍼져 나갔다는 사실을 보여 준다. 스페인 유적지도 인류 출현 초기에 아프리카를 벗어나 이동했다는 흔적을 보여 주며, 그 시기는 100만 년

왼쪽 드마니시 유적 중 인류가 만든 석기는 아프리카에 살던 선조들과 대단히 유사한 형태를 보인다. 또한 이들은 대형 포유류의 뼈에서 고기를 발라내는 행위를 포함하여, 아프리카 선조와 비슷하게 도구를 사용하였을 것이다.

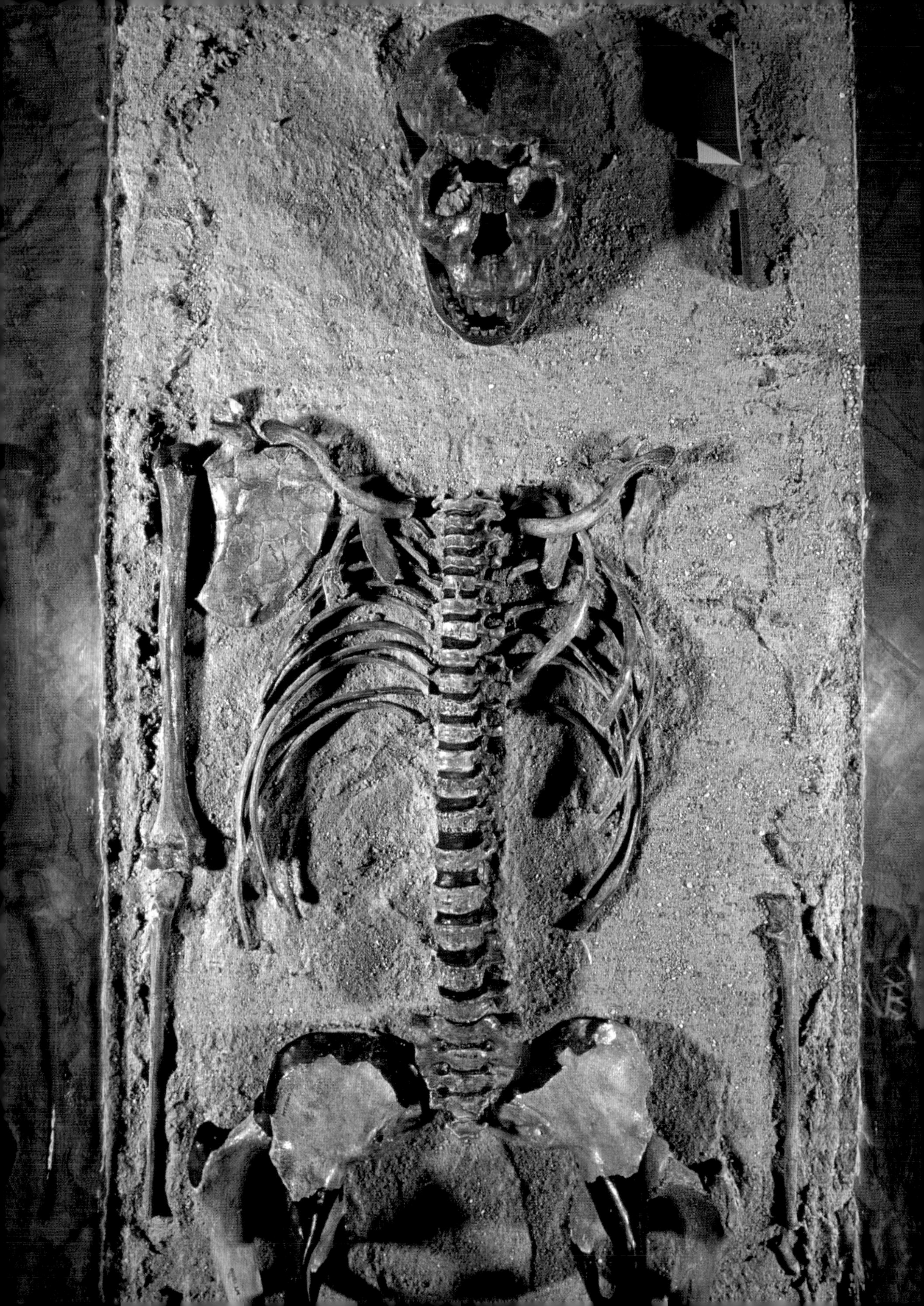

이전으로 측정되었다.

인류가 유리시아로 거주지를 확장하고 얼마 지나지 않아 아프리카에서도 일부 변화가 있었다. 1984년에 케냐에서 발견된 뼈는 일반적으로 호모 에르가스터(*Homo ergaster*)로 분류되며 연대가 150만 년 전으로 측정되었다. 이 뼈에는 사춘기 소년의 생생한 모습이 남아 있다. 현재 열대우림 지역에 사는 사람처럼 키가 크고 마른 체형의 소년은 손뿐만 아니라 목도 약간 아래로 내려간 형태로 현생 인류의 특징을 지녔다. 상대적으로 작은 뇌(현재 인류의 머리 크기의 2/3 정도)와 돌출이 심한 눈썹뼈 그리고 큰 치아와 턱만이 우리와 완전히 구별되는 특징이다.

옆면 거의 완벽한 사춘기 소년의 뼈가 케냐의 나리오코톰(Nariokotome) 지역에서 발견되었다. 이 화석의 연대는 150만 년 전으로 측정되었는데, 다소 목을 더 많이 구부리고 있는 모습이 현대인에 다소 가깝다.

아프리카 사람들은 이 시기에 새로운 형태의 도구를 만들기 시작했다. 170만~160만 년 전, 이들은 큰 돌의 양쪽 가장자리 부분을 떼어 내어 달걀 모양의 석기를 만들기 시작하였다. 고고학자들은 이러한 도구를 주먹도끼라고 부른다(조금 더 뾰족한 형태를 보이는 것은 뾰족끝찍개라고 하며, 반면에 더 무딘 것은 가로날도끼라고 함). 비록 첫 번째 주먹도끼는 거의 가공하지 않은 상태였지만, 얼마 지나지 않아 더 정교한 형태의 유물이 발견되었다. 또한 이러한 도구는 매우 정밀하게 만들어졌다.

이러한 도구의 사용 목적 등에 대한 논쟁이 세기를 거듭하여 이어져 왔다. 주먹도끼를 가지고 실시한 실험은 동물 사체를 베어 내는 데 매우 유용했음을 보여 준다. 주먹도끼의 가장자리를 따라 나 있는 손상된 부분을 현미경으로 관찰한 결과, 이 중 일부는 도살하는 데 쓰였다는 사실이 증명되었다. 주먹도끼 가운데 한 번도 사용되지 않거나 몇 번 사용하다 버린 것이 많았다. 주먹도끼의 형태가 경제적 중요성과 관련이 있는지는 의문이다. 동부 아시아에서는 대부분의 동물 사체를 다른 도구로 베어 냈기 때문에 주먹도끼가 거의 발견되지 않았다.

주먹도끼의 가장 중요한 점은 인류가 자신의 지식과 생각을 밖으로 표출하는 능력을 가졌음을 의미하는 것이다. 여기서 주먹도끼는 성대보다는 손으로 생각을 표현한 경우이다. 몸돌을 떼어 내어 만든 다듬어진 주먹도끼는 원래의 몸돌과는 외형이 다르기 때문에 머릿속에서 외부 세계로 개념이나 정신적 형판이 투영된 것으로 보인다. 더욱이 이런 개념은 한 개인의 머릿속에서 다른 사람에게 의사소통을 통해 전달되면서 다음 세대까지 이어진다.

빙하시대 시작 무렵에 아프리카에서 나타난 해부

아래 아프리카에서 처음 발견한 약 170만~160만 년 전의 주먹도끼는 정신세계가 외부 세계에 드러난 가장 오래된 예이다.

학적 특성과 유물의 변화는 곧 유라시아 전역으로 퍼져 나갔다. 케냐에서 발견된 호리호리하고 키가 큰 소년과 비슷한 인류 화석이 동남아시아에서도 발견되었다. 이들은 비슷한 시기에 살았다. 이러한 화석은 직립원인(호모 에렉투스, *Homo erectus*)으로 분류되며, 넓게 보면 아프리카에서 발견되는 사람들과 매우 비슷하거나 같은 아시아계의 변종이다. 이들이 나타났던 시기의 후기인 약 140만 년 전에 주먹도끼가 근동지역(아시아 남서부와 아프리카 북동부)에 나다났다. 이러한 도구의 존재는 아프리카 밖으로 또 다른 이동 가능성을 보여 준다.

아래 하이델베르크인이라 불리는 새로운 종의 인류가 75만 년 전 아프리카에서 진화하여 서부 유럽을 포함한 유라시아 대륙으로 확대되었다.

옆면 잉글랜드 서부의 박스그로브에 살던 하이델베르크인은 약 50만 년 전에 저지대의 해안 충적 평야를 가로질러 이동하면서, 대형 포유류를 사냥하거나 죽어 있는 동물의 고기를 처리하였다.

하이델베르크 현상

75만 년 전 쯤, 새로운 형태의 호모가 아프리카에서 진화하였다. 이들은 초기 인류가 보인 이동 패턴을 반복하며 유라시아를 향해 북쪽으로 퍼졌다. 새로운 인류는 호모 하이델베르겐시스(*Homo heidelbergensis*) 혹은 하이델베르크인라고 불린다. 이들은 아프리카의 사하라 이남에서 이동해 온 특이한 집단으로 화석 발견의 역사를 반영한다. 1908년, 독일 하이델베르크 부근의 고(古)하천 퇴적물에서 인류의 튼튼한 턱뼈가 발견되었다. 이들 턱뼈는 연대가 50만 년 전으로 추정되는 유럽의 다른 뼈 화석과 함께 전부 같은 집단에 속한다. 이들은 이전의 다른 인류보다도 오늘날의 인류와 더 닮았다. 이들의 뇌는 상당히 커서 현생 인류와 거의 비슷하였다. 두개골은 초기의 특성을 유지하며, 눈썹뼈는 튀어나오지 않았고 초기 호모속의 큰 턱뼈와 치아를 가지고 있었다.

하이델베르크인은 계속해서 주먹도끼를 만들었으며, 가로날도끼와 뾰족끝찍개도 함께 만들었다. 이들은 높은 기술과 정교한 솜씨를 발휘하여 석기를 제작하였으며, 도구를 더 작게 만들기 위해 석기 박편을 만드는 새로운 방법을 발전시켰다. 그 방법은 대체로 준비된 몸돌을 이용한 기술이었으며, 결합된 형태의 도구와 무기 제작에 도움이 되었다(예-돌날과 찌르개를 나무로 된 손잡이나 막대에 끼워 넣어 만든 것). 더욱이 하이델베르크인이 최초로 불을 다루고 이용한 흔적도 발견되었다. 이전의 인류는 불을 사용하였는지 확실하지 않다. 인류의 뇌용량이 하이델베르크인의 크기만큼 증가했을 때 도구를 만드는 기술이 더욱 정교해졌으며, 이런 기량의 향상, 즉 환경을 극복하는 능력의 향상은 기술력에 대한 인식이 증가했음을 반영한다.

이 무렵 근동지역에 남겨진 인류 화석의 기록은 많이 부족하지만, 하이델베르크인이 도착한 시기에 아프리카에서 발견된 것과 비슷한 유형의 유물이 갑자기 출현한다. 이스라엘의 게셔 베노트 야코브(Gesher Benot Ya'aqove) 유적에는 80만 년 전에 커다란 화산암 파편으로 만든 주먹도끼와 가로날도끼가 다수 발굴되었다. 이들은 약 100만 년 전에 아프리카인이 만든 도구와 매우 비슷하다. 게셔(Gesher)에서는 불을 다룬 가장 오래된 흔적도 발견된다.

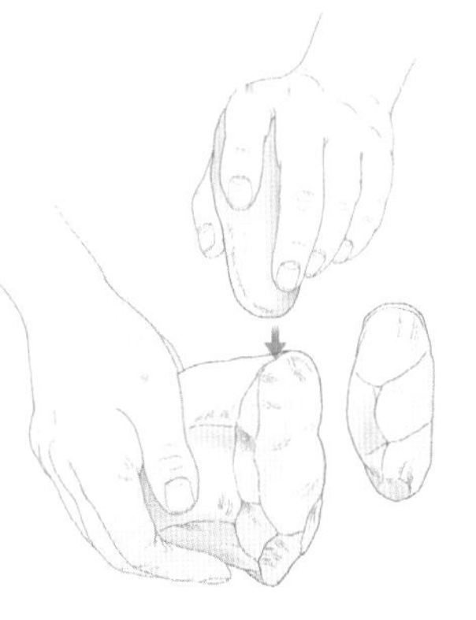

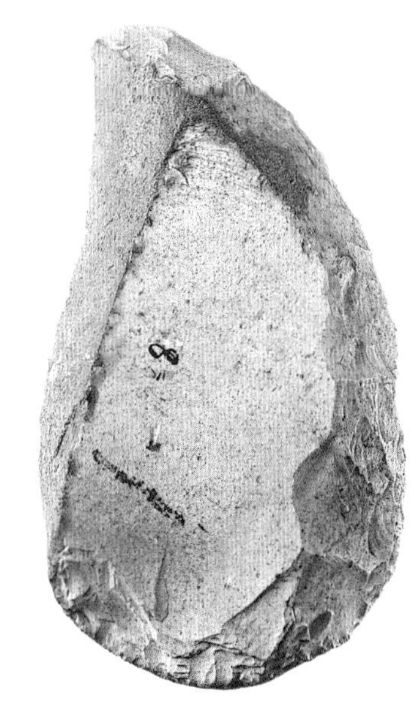

근동이나 아프리카 북서부에 살았던 하이델베르크인은 북쪽의 유럽으로 퍼져나갔으며, 대륙에 오랫동안 존재한 첫 인류가 되었다. 이들은 런던이나 그보다 더

위 대략 50만 년 전, 몸돌에서 파편들을 뜯어내 모양과 크기를 조절하여 만드는 새로운 기술이 발달하였다.

인류 식생활의 변화

다양한 종류의 음식을 소화하는 인류의 능력은 진화에 중요한 역할을 하였나. 이것이 인류의 고향인 열대를 벗어나 먼 지역까지 거주지를 확장하게 하였다. 인구 증가로 인류는 살아 있는 모든 다른 생물보다 월등히 많은 양과 다양한 음식을 소비하게 되었다. 더욱이 계속해서 요리 재료에 새로운 요소인 동물, 식물 그리고 무기물을 재결합하여 음식을 만들면서 문화적 전통이나 개인의 입맛이 반영되므로 현생 인류가 음식을 만드는 과정은 언어를 사용하는 과정과 유사하다.

과거 사람들의 식생활에 대한 연구는 두 가지의 주요 접근 방법이 있다. 전통적인 방법으로는 인류 화석과 유물이 발굴된 지역에서 발견되는 음식 잔여물을 함께 연구하는 것이다. 유적에서 발견되는 음식 잔여물은 동물의 뼈나 이빨이 많으며, 최근에는 빙하시대 유적에서 많이 발견된다. 동물과 식물 유해는 인간 이외의 여러 가지 매개체에 의해서 고고학 유적지로 들어올 수 있다. 예를 들면, 인간이 아닌 다양한 매개체에 의해 동굴로 유입되거나 유수에 의해 유해가 거주지로 흘러 들어오기 때문에 화석학적 방법(죽은 후 유기체에 영향을 미치는 과정을 연구)이 동식물 유해의 기원을 밝혀내기 위해 도입되는 것이다. 하이에나에 의해 쌓인 동물 뼈는 뼈 표면의 훼손된 상태 등 확실히 구분할 수 있는 특성이 존재한다.

최근에는 인간의 뼈와 치아에 대한 화학분석 방법으로 식생활에서 음식 종류에 대한 정보를 얻을 수 있다. 수많은 음식은 다양한 탄소, 질소 및 기타 원소들의 안정된 동위원소를 포함하고 있다. 이러한 음식에 들어 있는 동위원소는 뼈의 화학적 특성과 관련이 있으며, 뼈는 부패하지 않으므로 음식물을 소비한 개체가 죽고 오랜 시간이 지난 후에도 동위원소의 측정이 가능하다.

왼쪽 박스그로브 유적에서 출토된 뼈에 새겨진 자른 흔적은 약 50만 년 전의 것으로, 인간이 대형 포유류의 사체에서 고기를 벗겨낸 흔적이 확인되었다.

옆면 인류가 북쪽으로 이동해 감에 따라, 물소와 같은 동물성 단백질과 지방이 이들의 식생활에서 점점 더 중요해졌다.

인류는 조상 대대로 잡식성 식생활을 하였다. 유인원은 열대림에서 다양한 동물과 식물, 나뭇잎, 과일, 곤충 등을 식량 자원으로 삼았다. 오스트랄로피테쿠스의 화석을 분석한 결과 아프리카에서는 초기부터 식생활의 확대가 있었다. 사초나 초본 같은 사바나 식물과 동물을 모두 포함한 다양한 것이 식량 자원이 되었다. 초기 호모들이 점유한 오스트랄로피테쿠스 유적 중 가장 오래된 유적지에 대형 포유동물의 뼈가 포함되어 있었으며, 이 뼈에 석기로 부수거나 긁힌 흔적이 있었다.

인류가 빙하시대 동안 열대기후 지역에서 온대기후 지역인 유라시아의 서늘하고 자원 생산량이 적은 환경으로 확장하면서 육류 소비가 뚜렷하게 증가하였다. 얼마나 많은 고기를 먹었으며, 이 고기를 어떻게 구했는지를 확실하게 설명하기 쉽지 않다. 많은 고기는 사냥으로 확보한 것보다 다른 포식자가 먹다 남긴 찌꺼기를 가져왔을 수 있다. 약 75만 년에서 25만 년 전 사이에 하이델베르크인 유적에서 발견된 대형 포유류 뼈에 관한 화석 연구는 사체에서 고기가 제거되었기 때문에 사냥감에 남겨진 고기의 양이 얼마이며, 이 고기가 인류의 식생활에 어느 정도를 차지하는지에 대한 명확한 대답을 제시하기 어렵다는 것을 보여 주었다.

반대로 후기 네안데르탈인은 대형 포유류를 사냥하였고 육류 소비가 커졌음을 분명하게 보여 준다. 네안데르탈인의 뼈에 있는 안정 동위원소 분석 결과 간빙기의 따뜻한 시기에는 소화하기 쉬운 식물성 음식이 풍부했음에도 불구하고, 단백질 대부분은 동물성임이 밝혀졌다. 화석 연구로 경쟁자인 많은 육식동물이 네안데르탈인의 야영지를 침범하였을 가능성을 배제할 수는 없지만, 이들이 동물의 사체와 뼈를 작업하는 과정을 밝혀냈다. 단백질과 지방이 풍부한 음식은 네안데르탈인이 유라시아 북부에서 빙하시대 환경에 어떻

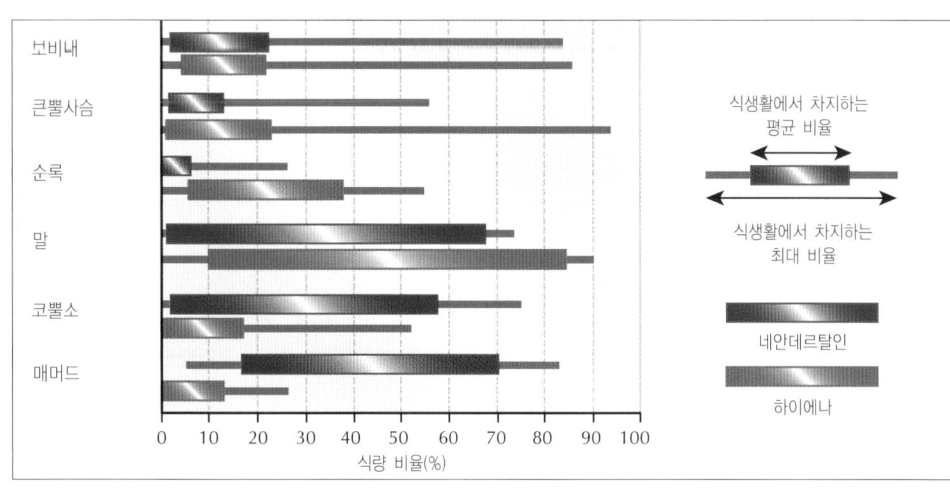

그래프에서 제시된 것처럼, 유럽 서부 지역에서 출토된 네안데르탈인의 뼈를 화학 분석한 결과 매머드와 코뿔소와 같은 큰 포유류의 소비가 중요했음이 나타난다. 이러한 동물들은 풍부한 지방과 단백질을 제공하지만, 소형 포유류를 사냥하는 네안데르탈인과 경쟁 상대인 하이에나가 사냥하는 일은 적었다.

게 적응하였는지에 대한 일면을 보여 준다.

5만 년 전 이후 이런 환경에 현생 인류가 등장하면서 네안데르탈인과 비교하여 식물성은 물론 동물성 식량 섭취의 범위가 더 넓어지는 등 뚜렷하게 식량이 변화하였다. 현생 인류에게는 작은 포유류, 새 그리고 물고기를 포함하여 먹잇감이 다양하였다. 인류의 뼈에서 나온 안정 동위원소 분석과 이 유적에서 발견된 동물 유해에는 식량 변화에 대하여 상세히 기록되어 있다. 마지막 빙기 동안 현생 인류가 살았던 유라시아 북부의 유적에는 식물성 식량을 이용한 증거가 남아 있다. 화살과 그물, 배, 끈과 같은 독창적이고 복잡한 기술력이 인류의 식량 변화에 대한 결정적 동기이며, 빙하시대 말기 무렵 농경 활동으로 변천하는 계기가 되었다. 다른 지역에서는 해양 경제 활동으로의 변화도 일어났다.

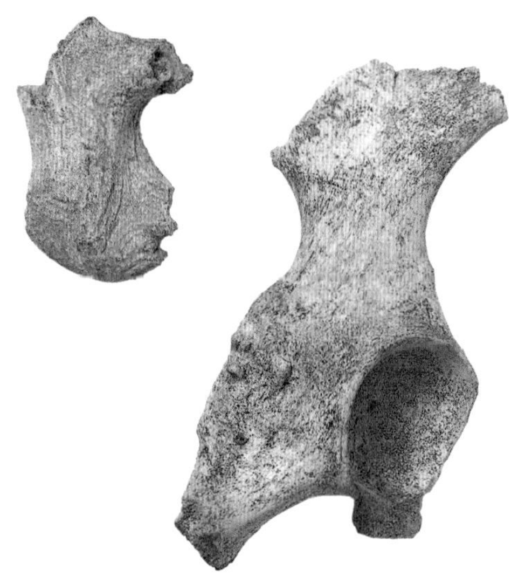

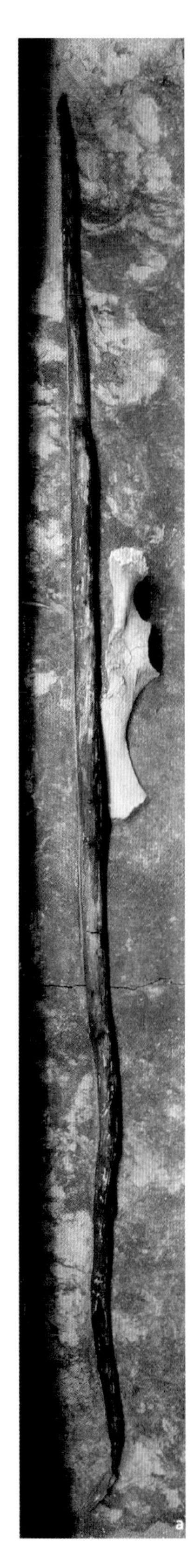

왼쪽 박스그로브 유적의 거주민은 석기뿐 아니라 뼈나 다른 물질로 도구를 제작하였다. 왼쪽에 있는 것은 돌을 다듬기 위한 사슴 뿔로 된 부드러운 망치이며, 오른쪽의 것은 도살된 코뿔소의 골반뼈이다.

오른쪽 독일 북부 지역에 있는 쉐닝겐(Schöningen) 유적에서 출토된 40만 년 된 나무창 혹은 끝이 날카로운 짐으로, 이렇게 잘 보존된 경우는 매우 드물다.

멀리 있는 도시 등 먼 북쪽으로 세력을 확장했다. 이탈리아에서 발견된 주먹도끼는 연대가 64만 년 전으로 밝혀졌다. 하이델베르크인의 턱뼈와 같은 시기인 약 50만 년 전 만들어진 이 주먹도끼들은 영국 남부 지역인 박스그로브(Boxgrove) 유적에서 발견된다.

1980년대 초기에 고고학자들이 정밀하게 발굴한 박스그로브 유적은 유적지 그 이상을 보여 주었다. 이 지역은 현재와 마찬가지로 해안 평야의 저지대인 석회암 절벽 아래 위치하고 있었다. 현재보다 따뜻했으며, 말과 코뿔소, 그리고 다른 대형 포유류가 넓은 초원에 풍부하게 서식하고 있었다. 인류는 사냥감이 있는 곳으로 이동하여 고기를 얻었다. 인류는 절벽 아래의 용천수나 샘에서 이 동물들을 반복적으로 사냥했고, 그곳에 가끔 사용하던 주먹도끼를 버렸다. 다른 지역에서는 도구를 날카롭게 다듬어 대형 포유류를 도살하기도 하였다.

보다 한랭한 기후지역인 독일 북부 쉐닝겐(Schöningen)에 또 다른 특징적인 유적지가 있다. 약 40만 년 전 이 지역은 초원과 삼림 스텝으로 덮여 있었다. 이 곳에서도 박스그로브에서와 같이 말이 도살되었으며, 말의 뼈에 석기로 부수고 깎아낸 흔적이 남아 있다. 또한 창이나 기타 도구로 이용된 목기도 발견되었다. 창은 작은 소나무나 가문비나무를 이용하여 보다 복잡한 제작과정을 거쳐 만들어졌다. 나무의 가장 단단한 부분인 기저부를 창끝으로 이용하였으며, 창끝은 매우 세심한 공정으로 날카롭게 만든 후 문질러 닦고 깨끗하게 마무리 했다.

하이델베르크인들이 한랭한 기후환경에 적응하여 거주지를 확장했는지 명확하지 않다. 50만 년 전 유럽은 극도로 한랭한 환경과 현재와 같이 온난한 시기가 교차하는 빙기 주기로 접어들었다. 비록 인류는 대부분 온난한 간빙기 동안 유적을 남기면서 거주하였지만, 쉐닝겐과 같은 지역에는 한랭한 시기에도 계속 거주하였다. 또한 일부 유적에는 빙기 동안 인류가 존재했다는 증거도 있다. 박스그로브 유적은 빙기에도 인류가 존재했다는 증거 중 하나로, 주요 문화층 바로 위에 퇴적된 후기 빙하 퇴적물에서 유물이 일부 발견되었다.

만약 하이델베르크인이 매우 한랭한 장소에서 사는 사람들에게서 나타나는 해부학적 특징이 일부 진화하였다 하더라도, 후두엽뼈(즉 목 아래 부분)와 같은 인류 화석의 양이 상대적으로 적게 발견되었기 때문에 이런 변화를 단정하기 어렵다. 인류는 체온을 유지하고 동상을 방지하기 위해서 다른 항온동물과 마찬가지로 사지가 짧아지고 체질량이 증가한 경향을 보인다. 그러나 박스그로브 유적의 주요 문화층에서 출토된 다리뼈 아래 부분은 앞서 언급한 케냐에서 발견된 150만 년 전의 화석과 비교하면 상대적으로 길이가 길다. 이는 열대지방에서 살기에 더 적합하다는 것을 의미한다. 이 다리뼈는 매우 단단하며, 큰 체격을 가진 성인 남성의 것으로 보인다. 그러나 이 뼈는 단 한 개만 발견되었으며, 모든 하이델베르크인의 일반적 특성을 대표하는 것은 아니다.

육류 소비의 증가 즉, 동물성 단백질과 지방을 많이 섭취하는 식생활은 이미 알려진 바와 같이 추운 환경에서 살아남기 위한 방법의 하나였다. 박스그로브, 쉐닝겐 그리고 다른 지역의 유적에는 대형 포유동물의 뼈에서 고기를 발라낸 흔적이 상당히 많은 반면, 소비된 육류의 양은 이전 시기나 저위도지방에서 소비된 것보다 크게 늘지 않았다.

아마 이들은 새로운 유형의 기술에 의존했을 지도 모른다. 하이델베르크인의 출현 및 확산과 관련되어 불을 사용한 것은 분명한 사실이다. 불은 얼음이 어는 시기에 열기를 제공할 뿐만 아니라, 사람들이 추운 겨울철에 살아남기 위해 필요한 고열량 음식을 쪄서 부드럽게 만들고 요리할 수 있게 하였다. 더욱이 불은 하이델베르크인이 새로운 지역으로 들어가는 과정에서 마주치는 무서운 동물(포식자)로부터 보호하는 역할을 했다. 쉐닝겐 유적에서 나온 나무로 된 창과 같이 더욱 효율적인 도구와 무기가 열악한 환경에서 식량을 얻는 능력을 향상시켰을 것이나.

동부 아시아에서는 인류가 이 기간 동안 반복되는 극심한 추위에 반응한 특징이 나타난다. 빙기 동안 하이델베르크인과 동시기의 아시아인들은 대륙 북부의 고립된 환경에서 살았다. 중국 북부의 룽구산(龍骨山) 동굴에서는 인류가 거주했던 흔적이 74만~40만 년 전인 온난한 시기에 퇴적된 층에서만 발견되는 것으로 보아, 이들은 빙기 동안 남쪽 아열대지방으로 이동했을 것이다.

동부 아시아에 살던 인류는 가장 온난했던 시기에조차 드마니시 및 150만 년 전에 초기 호모속이 살았던 북위 40°보다 더 북쪽에서는 살지 않았다. 서부 유럽은 상황이 달라서 하이델베르크인은 북위 52°까지 진출하였다. 이는 대서양의 온난한 해류에 의

박스그로브 유적에서 출토된 인류의 경골(脛骨), 혹은 다리뼈 아래부분으로서 상대적으로 튼튼하고 다리가 길고, 건장한 남자임을 보여 준다. 다리가 긴 것은 하이델베르크인이 추운 기후에 해부학적으로 적응하지 못했음을 반영하며, 고위도의 북쪽 지역에서 발견된 인류는 짧고 땅딸막한 체구를 보인다.

해 기후환경이 온난했기 때문인 것으로 보인다.

또한 이 시기에 극동아시아에 거주했던 사람들은 유라시아에 살던 인류와 다른 특성을 보인다. 이들은 하이델베르크인과 달리 아프리카에서 이동해 온 것이 아니라 조기에 유라시아로 이주한 인류의 자손이다. 이들은 직립원인으로 분류되며, 동아시아 최초의 인류로 알려져 있다. 극동 아시아에 살던 대부분의 인류는 여전히 200만 년 전에 아프리카인들이 만들었던 작은 찍개나 도구를 만들고 있었다. 하이델베르크인이

만든 세련된 주먹도끼처럼 이들은 도구를 대형 포유동물의 사체를 도려내는 데 이용했으나, 도구가 단순하여 지식을 다루는 능력이 현저히 낮았음을 알 수 있다. 한편 궁구산 동굴에는 불에 탄 흔적이 있는 동물 뼈가 발견되었으며, 이는 불을 다루는 능력이 있었음을 보여 준다.

1997년 7월에 한 실험실 연구팀이 하이델베르크인의 직계 자손인 네안데르탈인의 뼈(이들이 처음 발견된 곳인 독일의 네안데르 계곡에서 이름이 유래했다)에서 DNA를 추출하고

중국 동부의 상하이에서 250km 북서쪽에 있는 탕산(湯山) 동굴(난징에 있다)에서 연대가 약 60만 년 된 직립원인 화석이 발견되었다.

불과 인류의 적응 : 고고학적 증거

불을 다루는 능력은 기본적으로 초기 유인원에서 인류로 진화하는 과정에서 발견된 것으로 알려져 있다. 불을 다루는 일은 북반구의 빙하시대 환경을 극복하는 데 필수적인 조건이었을 것이다. 고고학적 자료로 불의 존재를 밝히는 일은 어렵다. 과거의 화덕자리(노지, 爐地)는 오랫동안 보존되기 어렵고 자연 발화의 흔적이 인류가 불을 다룬 흔적으로 오인되기도 한다.

오직 현생 인류만이 불을 다루는 기술을 습득하였으며, 네안데르탈인과 초기 인류는 자연에서 불을 얻었고, 불을 다루는 것이 제한적이었다. 열대나 온대지역의 현생 인류는 불 없이도 살아가는 데 문제가 되지 않았으므로 복잡한 기술력을 요하는 불을 다루는 능력이 부족하였다. 그러나 75만 년 전 무렵의 하이델베르크인이 인류로 진화하면서 다른 곳과 같이 야영지에서 불을 다루고 사용할 수 있는 능력이나 지식을 얻게 되었다.

불을 다룬 최초의 증거는 200만 년 전 이 전에 아프리카 유적에서 발견된 불에 탄 흔적이 있는 점토에서 나타났다. 그러나 이것은 그리 명확하지 않으며, 불에 탄 점토가 자연 발화에 의해 생긴 흔적일 가능성도 있다. 좀 더 분명한 증거는 150만 년 전의 것으로 남부 아프리카에서 발견되었다. 그 외에도 비슷한 시기에 호모 에르가스터(*Homo ergaster*)가 살던 스와르트크란스(Swartkrans) 동굴에서 불에 탄 뼈가 발견되었다. 이 뼈가 발견된 퇴적물의 하부 층준에서는 이러한 특징이 없었다. 뼈가 자연 발화에 의해 불에 탄 것일 가능성이 있으나, 동굴의 상부층에서 아래 위 층준과 무관하게 출토된 이 뼈는 인류의 활동에 의한 것으로 설명될 수 있다.

수십 년 동안 중국 북부의 저우커우덴(周口店) 동굴에서 약 50만 년 전으로 추정되는 가장 오래된 화덕자리가 발견되었다. 재와 목탄이 나타나는 검은 층이 화덕자리로 분류하는 근거이다. 몇 년 후 이러한 층에 대한 재의 연구 결과, 이 재와 목탄은 흐르는 물에 의해 퇴적된 후 분해된 식물의 잔해로 밝혀졌다. 스와르트크란스 동굴처럼 종종 동굴에서 불에 탄 흔적이 있는 뼈가 발견되기도 하는데, 이것은 인류가 불을 다루었다는 증거이다.

왼쪽 불에 탄 흔적이 있는 부싯돌 조각, 그리고 나무와 씨앗이 이스라엘의 게셔 베노트 야코브(Gesher Benot Ya'aqov)에서 발견되었다. 약 80만 년 전 하이델베르크인이 불을 지배했음을 가리킨다.

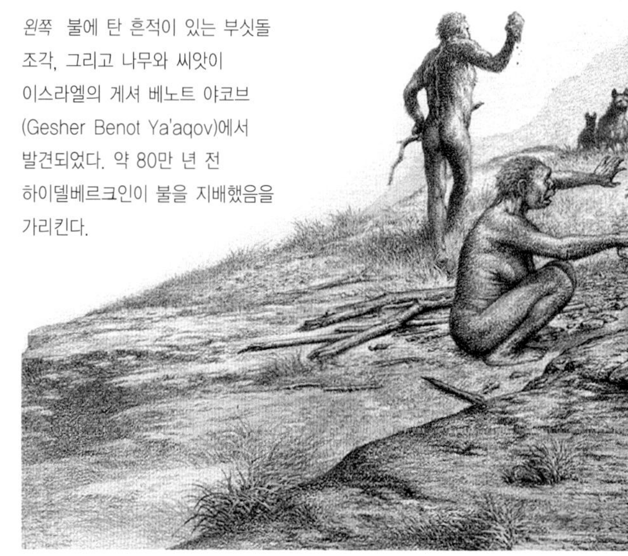

최근 새로 발견된 불을 다루었다고 믿을 만한 흔적이 근동지역에서 보고된 바 있다. 이스라엘의 게셔 베노트 야코브에서 발견된 불에 탄 흔적이 있는 부싯돌, 나무, 씨앗은 연대가 80만 년 전으로 측정되며, 화덕자리에서 불을 지피면서 열이 한 곳에 집중적으로 작용한 흔적이 남아 있다. 이 유적은 하이델베르크인이 유럽에 나타나기 전에 살았던 곳이다. 약 40만 년 전으로 측정된 독일의 쉐닝겐 지역 유적을 포함하여, 유럽에서 발견된 하이델베르크인 유적 중 일부는 불을 다루었다는 확실한 증거가 있다.

이전의 화덕자리는 주로 네안데르탈인의 유적에서 나타난다. 이런 유적은 야외 유적과 마찬가지로 동굴이나 암석 은신처로 25만 년 전의 것으로 추정된다. 자연 은신처에서 많이 발견되는 화덕자리가 포함된 유적은 상대적으로 연대가 길지 않다. 유라시아 북부의 빙기 환경에서 불을 집중적으로 사용했음을 알 수 있다. 약 5만 년 전 유라시아 북부에 등장한 현생 인류는 보온과 포식자들로부터 자신을 보호하고 음식을 준비하기 위해 불을 지속적으로 이용하였다. 이들은 토기 굽는 기술을 포함하여, 불을 다루는 기술을 다양하게 응용하여 발전시키기 시작하였다. 또한 뼈, 석탄 그리고 동물의 지방(횃불에 이용) 등 연료의 사용 범위도 다양하게 확장시켰다.

아래 화덕자리의 흔적은 네안데르탈인 유적에서 일반적인데, 불을 다루고 집중적으로 이용하였음을 의미한다. 네안데르탈인이 불을 지피는 기술을 습득했는지, 자연 발화된 불을 단순히 이용했는지는 알려진 바 없다.

분석하여 괄목할 만한 결과를 얻었다. 그 후, 유럽 곳곳에 분포하는 유적에서 발굴된 다른 네안데르탈인 표본에서도 DNA가 발견되었다. 이 연구는 네안데르탈인과 다른 초기 인류와의 유전적 관계를 밝히려는 것으로서, 양자 간의 유전적 차이는 이들의 공통 혈통에서 분화된 시기가 약 60만 년 전이었음을 보여 주었다. 화석 기록과 대조할 경우, 현생 인류와 네안데르탈인의 DNA는 모두 하이델베르크인에서 진화했음을 보여 준다. 이는 이 시기에 아프리카를 벗어나 서식처를 확장하면서 인류가 북방계와 남방계로 나누어졌다는 지표가 된다. 인류는 남방계 혹은 아프리카계 유인원에서 진화되었고, 반면 유럽계 하이델베르크인의 후손들은 전형적인 빙하시대의 네안데르탈인으로 진화했다.

네안데르탈인 유적은 유럽에서 근동아시아와 중앙아시아를 가로질러 전체적으로 발견된다. 비록 알타이 지역에서는 네안데르탈인의 두개골 조각으로 추측되는 일부 파편만 발견되었지만, 네안데르탈인은 시베리아의 남서부 지역인 알타이 지역도 차지했던 것으로 보인다.

네안데르탈인으로의 교체

네안데르탈인은 가장 잘 알려진 인류인 동시에 초기 인류 중 가장 불가사의한 종족이기도 하다. 지난 150년 동안 유럽과 근동지역에서 네안데르탈인의 화석이 상당히 많이 발견되었으며, 그와 더불어 네안데르탈인과 관련된 유적도 같은 시기에 발굴된 것

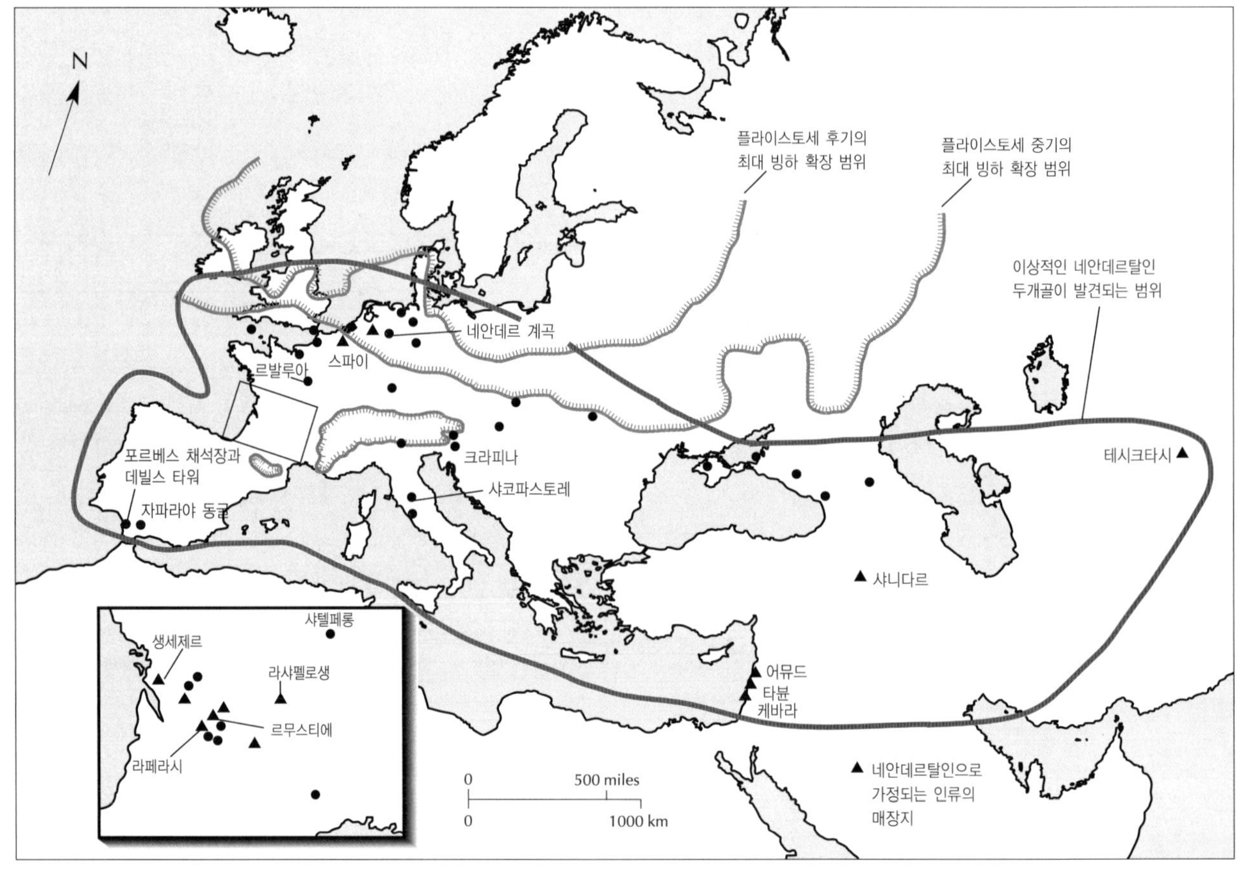

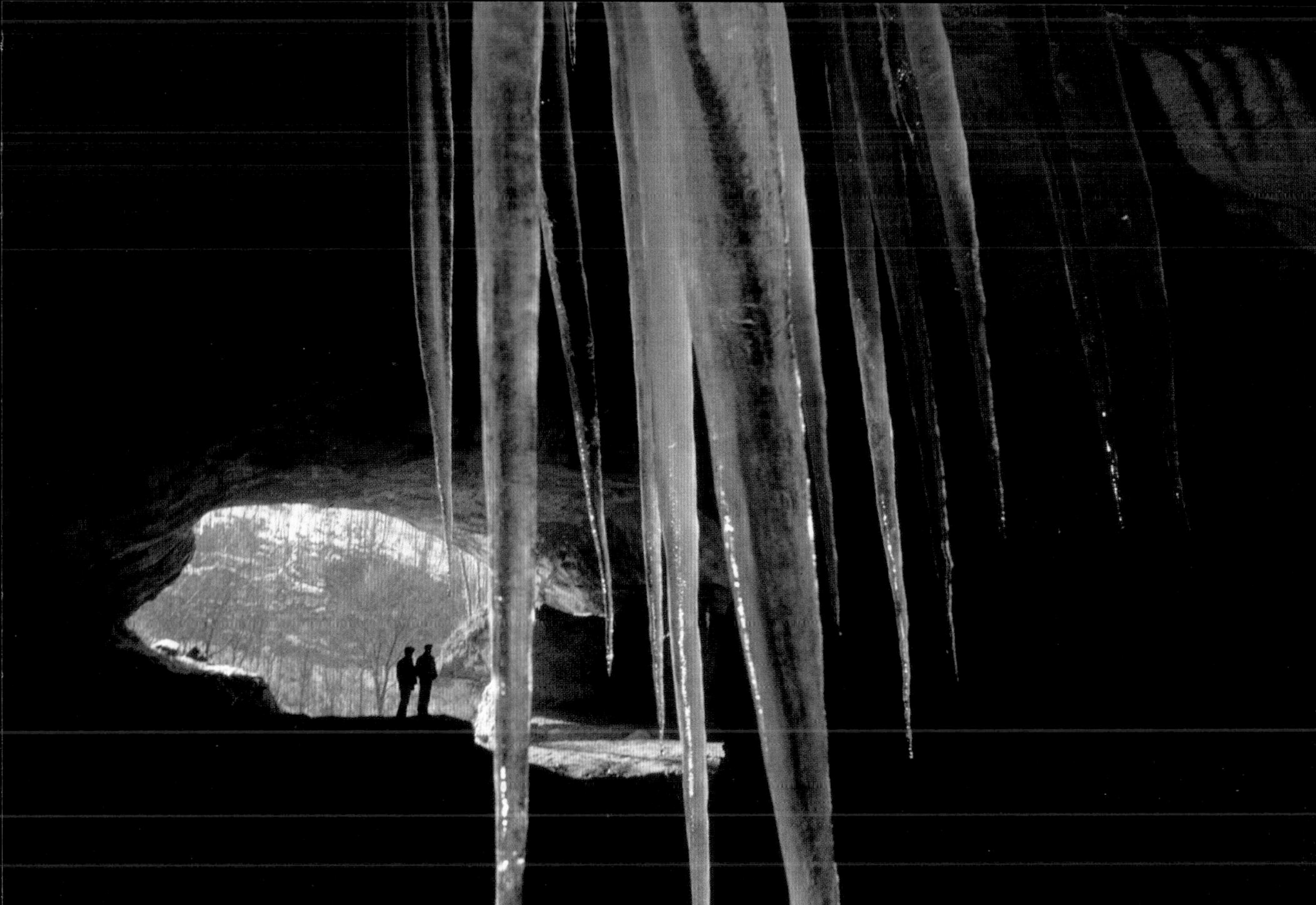

가운데 상당수를 차지한다. 이는 상대적으로 오래되지 않아(3만 년 전까지 생존) 유물이 잘 보존되었으며, 주로 쉽게 찾을 수 있는 동굴에서 발견되었기 때문이다. 네안데르탈인은 현대인과 같은 매장 풍습이 있었지만 어떤 경우는 우리와 다른 생활 방식을 보이고 있어서 일부 모호한 면이 있다. 오늘날의 인류가 하이델베르크인에서 분화되었다는 점을 고려해 볼 때, 어떤 다른 초기 인류보다 네안데르탈인이야말로 우리를 대신할 수 있을 것으로 보인다.

네안데르탈인의 두개골과 유물은 적어도 4만 년 전의 것으로 크로아티아의 빈다(Vindja) 동굴에서 발견되었다. 스웨덴 유전학자인 스반테 파보(Svante Pääbo)가 2009년 2월에 발표한 초고에 의하면 복원된 네안데르탈인의 유전자 대부분은 두개골에서 화석의 DNA를 추출한 것이다.

북극토끼가 북방 계통으로 급격히 분화된 것처럼, 네안데르탈인 역시 북방계 인류로 급격히 진화하였으며, 현생 인류와 가장 유사한 형태인 것으로 알려져 있다. 한랭한 환경에서 사는 항온동물인 포유류처럼 네안데르탈인은 온도가 극히 낮은 겨울철을 견딜 수 있도록 해부학적으로 진화가 일어났다. 이들은 가슴이 단단하고 두툼하며 팔이 짧다. 이는 동상에 대한 위험을 최소화하고 체온을 유지하기 위한 것이다. 광대뼈가 넓은 것은 혈액을 안면으로 공급하는 데 도움을 준다. 큰 두개골과 추위에 적응하면서 커진 두뇌는 기후의 중요성을 일깨워 준다.

네안데르탈인은 서유럽의 한 지역에 살았던 하이델베르크인(*Home heidelbergensis*)에서 점차 진화되었다. 30만 년 전까지 이들의 대부분 특징은 유럽인의 화석 기록에 나타나 있다. 현생 인류와 다른 특성은 추위에 대한 해부학적 적응 정도를 포함하여 하이델베르크인에서 진화한 것이다. 네안데르탈인의 머리 끝 부분은 낮고 평평했으며, 초기 호모가 보이는 눈의 특징과 같은 매우 돌출된 눈썹뼈를 가지고 있다. 이들은 큰 비강(鼻腔)과 큰 코, 그리고 세 번째 어금니와 턱뼈가 움직이는 부분 사이에 빈 틈이 있어서 입이 앞으로 돌출된 모습을 하고 있었다.

유럽에 거주하였던 네안데르탈인의 조상들이 빙하시대에 대처하는 능력을 가지고 있었는지에 대해서는 불확실하지만, 네안데르탈인의 생활은 한랭한 환경과 밀접하게 관련되어 있었다. 룽구산 동굴에서 나오는 형태와 달리 네안데르탈인은 계속 이어지는 혹독한 빙기 동안에 지속적으로 서부 유럽에서 거주지를 확대했다. 프랑스와 스페인의 동굴과 암석 은신처에서 네안데르탈인이 사용하던 유물과 야외 노지의 잔해는 극심한 추위의 영향으로 동굴의 천장과 벽에서 떨어져 나온 각력이 쌓인 녹설층에서 발견되었다. 이와 같은 거주지에서는 순록의 뼈나 기타 극지 주변에서 서식하는 동물의 뼈도 함께 발견된다.

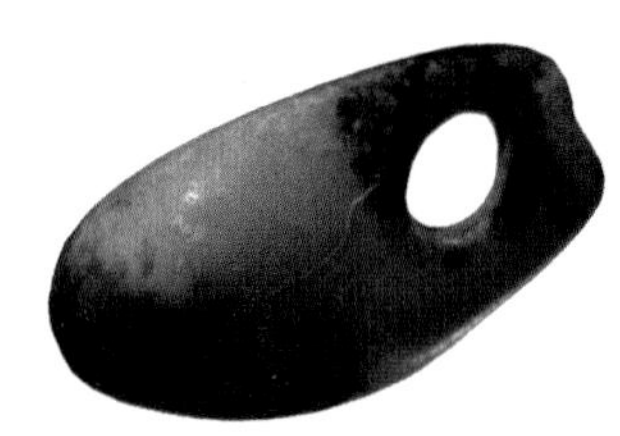

위 동물의 이빨로 구멍을 낸 장신구는 네안데르탈인이 사라지기 전 마지막 1,000년 동안 서부 유럽에서 만들어졌다.

네안데르탈인은 초기 인류가 한 번도 거주하지 않은 곳이며 더 한랭했던 동쪽인 유라시아의 북부로 거주지를 확장했다. 오늘날 파리의 1월 평균기온이 약 3℃인데, 동쪽인 러시아로 갈수록 북대서양의 영향이 줄어들기 때문에 건조하고 겨울 기온이 낮아진다. 파리와 위도가 같은 볼고그라드(Volgograd)는 1월 평균기온이 −7℃로 매우 춥다. 빙하시대의 빙기 동안 유라시아의 북부 전체에 걸쳐 기온이 낮았으므로 볼고그라드 지역의 1월 평균기온은 훨씬 더 낮은 −20℃ 정도였을 것으로 추정된다.

네안데르탈인은 동부 유럽의 광활한 평원에서 광범위하게 거주하던 첫 번째 인류였다. 그 범위는 카르파티아(Carpathian)에서 우랄 산맥까지 이르는 지역으로 직선거리가 1,600km나 된다. 초기 인류는 이 평원의 남쪽 가장자리를 따라 거주하였다. 일부 네안데르탈인은 빙하시대의 마지막 빙기 이전인 약 12만 5,000년 전 따뜻한 간빙기에 중부와 남부 지역으로 이주했으나, 대부분의 네안데르탈인은 현재보다 더 추운 시기에 이주했다. 최종 빙기 전반기에 네안데르탈인은 평원의 남서쪽 주요 하곡인 현재의 우크라이나 남서부에 정착했다.

드네스트르(Dnestr) 하곡에 있는 몰도바와 같은 유적지는 겨울에 카르파티아 산맥 동쪽 사면에서 불어오는 매서운 바람 때문에 혹독하게 추웠을 것이다. 더욱이 몸돌이 되는 원석 산지에서 운반된 석기의 분포지가 인류의 이동을 반영한다고 본다면, 네안데르탈인은 상대적으로 좁은 영역에서 활동하였을 것이다. 이 유적지에서 만든 석기는 대체로 그 기원지가 80km 미만(드물게 220km 정도의 먼 곳도 있지만)의 거리에 있던 지역에서 운반된 것이다. 간단히 말하면, 네안데르탈인은 남쪽의 따뜻한 지역에서 여름에만 방문하던 사람들이 아니었다.

네안데르탈인은 동부 유럽 쪽으로도 진출했고, 그 후 매우 건조하고 한랭한 시베리아의 남서쪽에 자리 잡았다. 이들의 유물과 일부 분해된 두개골 화석이 해발 수천m 이상인 알타이(Altai) 산맥의 동굴에서 발견되었다. 이들의 삶의 방식은 유럽에 사는 사람들과 비슷했지만 네안데르탈인이 알타이 지역에 거주하던 당시 환경은 혹독하였다.

최근 연구자들은 이전의 연구자들이 네안데르탈인의 해부학적 특성이 추위에 적응

네안데르탈인은 서부 유럽보다 겨울 기온이 훨씬 더 낮은 동부 유럽의 중앙 평원을 포함한 유라시아 북부의 추운 지역에서 거주하였던 첫 번째 인류였다.

하기에 적합했다고 한 이론을 거의 신뢰하지 않는다. 이들은 도구를 효율적으로 만드는 능력과 동물성 단백질과 지방이 풍부한 음식물을 획득할 수 있는 능력이 빙하시대의 추운 계절 동안 살아남는 데 중요한 역할을 했다고 본다. 일부 새로운 연구는 무기와 도구의 디자인에 대한 초기 인류의 중요한 발전 가능성에 대해 밝혀냈다. 네안데르탈인은 연결된 형태의 도구 즉, 여러 부분을 이어서 만든 도구와 무기를 만들었다. 돌로 만든 찌르개는 자루를 잡고 세게 찌르는 창의 형식으로 공격하는 도구이다. 손잡이가 있는 도구는 손으로 쥐는 석기보다 효율성이 더 큰 것으로 보인다.

네안데르탈인은 석기에 구멍을 뚫고 나무로 만든 자루와 이 구멍을 연결하여 결합 형태의 무기를 만들었다.

연결된 형태의 도구가 한 개의 개체로 완전히 보존된 것은 남아 있지 않으며, 빙하시대에 형성된 유적에서 발견되는 나무는 거의 없다. 그렇지만 석기에 끈을 묶었던 흔적과 같은 최소한 두 개의 선이 발견되고 있어서 이런 도구의 존재는 인정할 수 있다. 네안데르탈인 유적에서 나온 석기에 대한 현미경 분석에 의하면 나무로 된 손잡이나 자루에 의해 발생하는 마찰 때문에 닳은 흔적이 희미하게 남아 있다. 일부 찌르개와 가로날도끼의 표면에는 손잡이를 붙이기 위해 사용된 점착성이 있는 물질의 흔적이 남아 있다. 이 경우 점착성 물질은 송진이었으며 다른 유적에서는 역청을 이용하기도 했다.

네안데르탈인의 의복에 대한 정보는 거의 없다. 석기에 남아 있는 마모된 흔적은 네안데르탈인이 짐승 가죽을 해체하는 과정에서 생긴 것으로 보인다. 또한 열 손실을 막기 위한 옷이나 그와 유사한 것 없이 한랭한 드네스트르 계곡과 알타이 산맥에서 겨울을 어떻게 보냈을지는 상상하기 어렵다. 그럼에도 불구하고 이들의 유적에서는 간단하고 작은 도구인 재봉을 위한 바늘과 같은 것조차 발견되지 않는다. 이런 재봉용 도구는 훗날 북극지방 사람들이 옷을 만드는 데 반드시 필요한 용품이 되었다. 북극지방 사람들이 만들었던 바느질이 꼼꼼하게 잘되어 있던 모피 의복에 비해 네안데르탈인의 의복은 단순한 형태여서 효율성이 떨어졌을 것이다. 이런 사실은 네안데르탈인의 지리적 범위를 나타내는 것으로 보인다. 바느질한 겨울철 의복이 없다는 것은 네안데르탈인이 유라시아 북부의 극한 기후를 왜 기피했는지를 설명해 준다.

네안데르탈인은 그들이 살던 지역에서 대형 포유류를 사냥했다. 뼈의 화학 분석 결과는 네안데르탈인의 단백질이 전부 동물성 단백질에서 기원했으며, 동물성 단백질과 지방이 풍부한 식생활이 추운 환경을 견디는 데 필요한 높은 열량을 보충해 줌으로서 생존에 필수적인 역할을 했다는 것을 보여 준다. 프랑스 남서부에 위치한 동굴에서 네안데르탈인은 사슴 고기를 먹었으며, 뼈를 부수어 골수도 빼먹었다. 이 동굴의 동쪽은 더 건조하고 식생은 스텝의 특성을 보이며, 이곳에 거주하던 네안데르탈인은 많은 들소와 큰코영양을 사냥했다. 코카서스 산맥의 네안데르탈인은 주로 염소와 양을 사냥하였다.

프랑스에서 발견된 네안데르탈인의 뼈에 관한 최근의 연구는 놀랄 만한 결과를 보여 준다. 이들이 식용으로 한 특정 동물을 구별해 주는 분석기법을 이용하여 네안데르탈인의 주요 단백질 공급원이 매머드와 털코뿔소였다고 밝혔다. 프랑스의 남서부 동굴유적에서는 이러한 유제류의 뼈가 발견되지 않거나 드물다. 그래서 일부 고고학자들은 네안데르탈인이 가진 그런 동물의 사냥 능력에 대해 의문을 갖고 있다. 그러나 유제류의 뼈가 거의 발견되지 않는 것은 네안데르탈인들이 무거운 뼈를 거주지로 끌고 올 만한 이유가 없었기 때문일 가능성도 있다. 이들은 대부분의 대형 동물을 동굴에서 멀리 떨어진 곳에서 사냥하여 뼈에서 살을 발라냈을 가능성이 있다.

영국 해협 저지 섬의 라코트드세인트브릴레이드에서 네안데르탈인은 매머드와 털코뿔소를 절벽 위에서 떨어뜨리는 형태로 사냥을 했다.

유럽에서는 드문 야외 유적 가운데 하나인 라코트드세인트브릴레이드(La Cotte de St Brelade) 유적은 현재 영국 해협에 있는 섬이지만 예전에는 대륙과 이어져 있었다. 이 유적에서 고고학자들은 다수의 매머드와 코뿔소의 잔해를 발견했다. 이 동물들은 네안데르탈인이 사냥하여 절벽 위로 옮겨 놓은 것이다. 동굴이 적고 대부분 유적지가 야외에 있는 동부 유럽에서도 가끔 엄청난 양의 매머드 뼈가 발견된다(예를 들면, 드네스트르 계곡의 몰도바 유적). 이러한 유적에서 발견되는 동물 뼈를 화학 분석한 결과 네안데르탈인이 빙하시대 동안 유럽에서 가장 큰 포유류를 사냥했다는 것이 확인되었다.

거의 집단적으로 이루어진 것으로 보이는 네안데르탈인의 매머드 사냥과 도살은 그들 사회에 대한 의문을 갖게 하였다. 네안데르탈

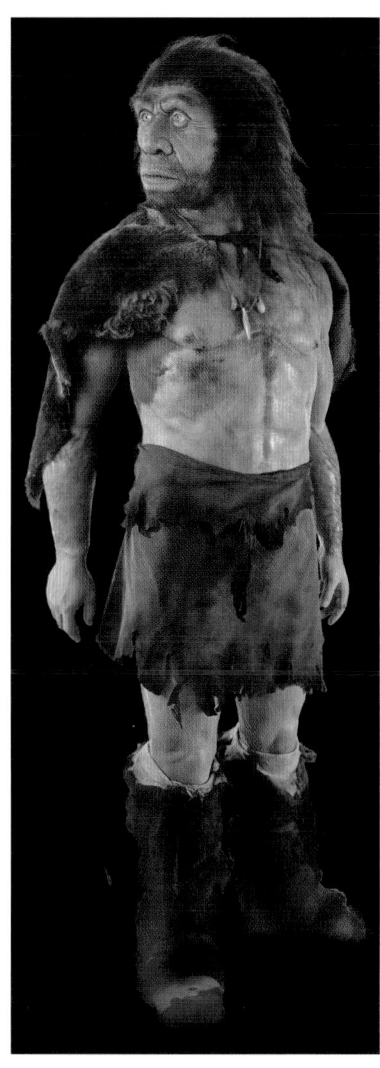

인 집단의 규모는 얼마나 컸으며 어떻게 조직되었을까? 네안데르탈인의 거주 지역 범위는 좁았으며, 집단을 구성하는 인원수는 12명 미만에 불과하였다. 네안데르탈인의 집단 규모가 작은 것은 상대적으로 좁은 영역을 이동하였던 것과 관련될 것이다. 네안데르탈인의 사회 조직 구조에 대한 복원은 거의 불가능하다. 아마도 이들은 배우자와 자식과 형제 등 오늘날보다 더 강한 혈연관계에 있는 사람들로 구성되었을 것이다.

왼쪽 유럽형 네안데르탈인은 머리가 크고 가슴이 두툼하며 팔나리가 짧다. 이는 추운 기후 환경에 해부학적으로 적응했음을 반영한다.

아래 이스라엘의 케바라(Kebara) 동굴에서 발견된 네안데르탈인의 골격. 다소 온화한 기후 환경에서 살았던 근동지역의 네안데르탈인은 추위에 적응한 해부학적 특징이 적다.

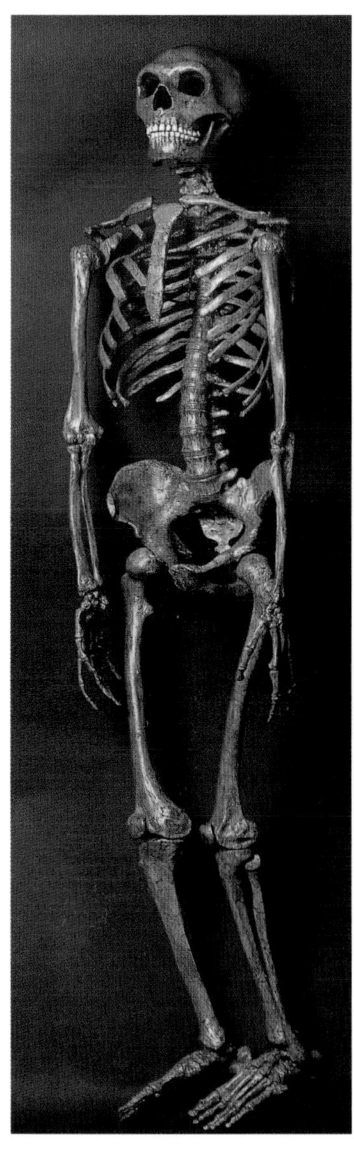

그들의 유적에서 그림이나 상징물인 조각물, 글자나 그림의 새김, 동굴 벽화 등이 존재하지 않는 것은 네안데르탈인이 언어를 사용했을 가능성에 의문을 갖게 하는 점이다. 수많은 고고학자들은 문장과 이야기의 무한한 응용이 가능한 문법 구조를 갖춘 구문 언어를 사용하는 현생 인류에 비해 네안데르탈인의 언어는 상당히 허술했을 것으로 추측하고 있다. 네안데르탈인의 성대와 해부학적 사실과 관련된 것들을 복원하려고 시도한 바 있지만, 많은 문제점을 낳았으며 해명되지 않은 주제로 남아 있다. 일반적으로 네안데르탈인의 문물을 보면, 우리의 구문 언어에 나타나는 무한한 창의성은 부족한 것으로 보인다. 반면, 현대인들의 인공 구조물이나 기타 물건을 모두 포함하는 현생 인류의 문화는 창의성 및 끊임없는 변화와 다양성을 갖는다.

그러나 네안데르탈인에게는 현생 인류와 같은 독특한 풍습이 있었다. 시체를 매장하는 풍습은 스페인과 우즈베키스탄에 걸쳐 네안데르탈인의 무덤이 있는 동굴에서 확인되었다. 일부 고고학자들은 여기에 의문을 가지고 있으나, 학계의 여론은 매장 쪽에 더 무게를 두고 있다. 한편, 매장과 관련된 장례 풍습에 대해서는 여전히 논란의 여지가 많다. 때때로 매장 구덩이에서 발견되는 유물과 뼈는 매장된 객체이거나 '부장품'으로 해석되기도 한다. 그러나 누구도 이 무덤 안에 이러한 부장품이 우연히 들어가지 않았다고는 단정하지 못한다.

네안데르탈인은 왜 시체를 매장하였을까? 일부 고고학자들은 단순히 폐기물

처리를 반영한 것이라고 한다. 그러나 대부분의 고고학자들은 그런 행위 뒤에 심오한 동기가 있을 것이라 주장한다. 최소한 죽음의 불가피성에 대한 인식을 보여 주는 증거일 것이다. 즉, 오늘날 살아 움직이는 유기체 중에서 인류만이 죽음에 대한 정신적 부담을 안고 있다.

현생 인류의 출현과 확장

가장 최근으로 알려진 네안데르탈인이 약 3만 년 전 스페인 남부의 동굴에 매장되었다. 그 이후 현생 인류는 지구 상의 다른 지역과 함께 유럽을 지배하였다. 네안데르탈인은 유라시아의 일부 더 추운 지역으로 확장하는 등 유럽의 빙하시대 환경에서 25만 년 이상 성공적으로 지냈지만, 열대에서 이주해 온 사람들에 의해 교체되거나 흡수되었다. 열대에서 이수한 사람들은 빙하시대의 유럽과 시베리아에서의 삶에 적합하지 않기 때문에, 그 변천에 대하여 면밀히 조사할 필요가 있다. 발생학적으로나 문화적으로 혹은 두 경우 모두에 대해 네안데르탈인이 다음 세대에 기여한 정도는 고인류학에서 중요한 쟁점으로 남아 있다.

현생 인류 또는 호모 사피엔스는 호모 하이델베르겐시스의 남방계 후손이었다. 그들은 네안데르탈인이 유럽에서 특징적인 속성을 진화시키고 있을 무렵, 아프리카에서 점차 진화했고, 호모의 초기 모습이 아프리카에서 퍼져 나갔듯이 점차 유럽으로 퍼져 나갔다. 그러나 이 시기의 확장이 다른 점도 있다. 현생 인류는 다른 종으로 분화되지 않고 상당한 거주 범위와 기후대로 빠르게 퍼져 나갔던 것으로 보이며, 북극으로 진출한 첫 번째 영장류였다. 뿐만 아니라 그들은 사막 주변과 한대 삼림지대, 우림, 춥고 숲이 많은 스텝까지 들어갔다. 결국 현생 인류는 추위에 적응한 네안데르탈인조차 정복할 수 없었던 곳을 포함하여 유라시아 북부의 가장 추운 빙하시대 환경에서도 거주했다. 그들은 전례 없는 독창성과 혁신적인 능력으로 새로운 행동과 발명을 통하여 환경적 도전에 적응하면서 빙하시대를 극복하였다. 이러한 능력은 사고의 출현을 반영한다.

현생 인류의 미라와 사고력의 증거삽이 고인류학자가 현대적인 특성으로 간주한 것에 대한 고고학적 증거 사이에 중요한 단절이 있을지 모른다. 몇 해 전에 에티오피아에서 발견된 두개골 파편에서 얻은 결과에 의하면, 해부학적으로 현생 인류의 화석 유해는 20만 년 전 아프리카에 존재했다. 현생 인류 또는 신체적 모습이 우리와 상당히 비슷한 사람이 40만~30만 년 전 어느 시점에서 진화했다는 것을 제시하는 더 오래된 유해가 동아프리카와 남아프리카에서 발견되었다.

많은 인류학자들은 현생 인류 특성의 본질로 언어(명확하게 구문론적인 언어)와 기호의

유라시아 북부의 현생 인류는 귀바늘을 (그리고 암암리에 바느질도) 발명하였다. 이것은 3만 5,000년 전 이전에, 변화하는 환경 조건에 적응하기 위하여 새롭고 복잡한 기술을 디자인한 그들의 능력을 반영한다.

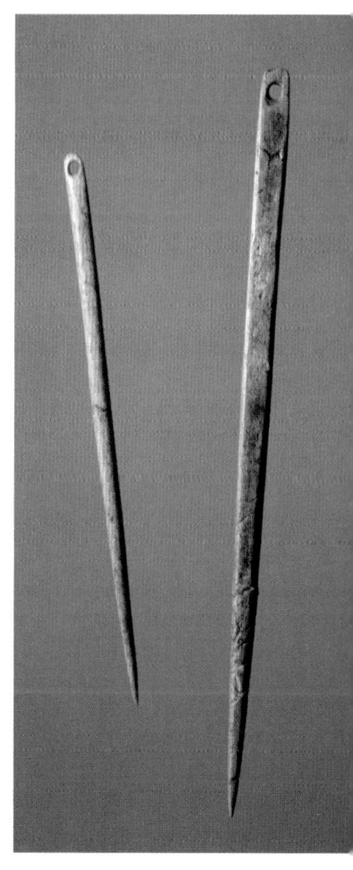

현생 인류는 빨라 봐야 5만 년 전에 아프리카로부터 퍼져 나가서 유라시아와 오스트리아를 거쳐서 다양한 거주지와 기후 지대를 빠르게 점령했다. 중국 남부의 초기 존재에 대한 증거는 의문점으로 남아 있다. 반면 대략 10만 년 전으로 연대가 매겨지는 근동(Near East)의 현생 인류 유해는 주요 전파사건(main dispersal events)과 무관한 것으로 보인다.

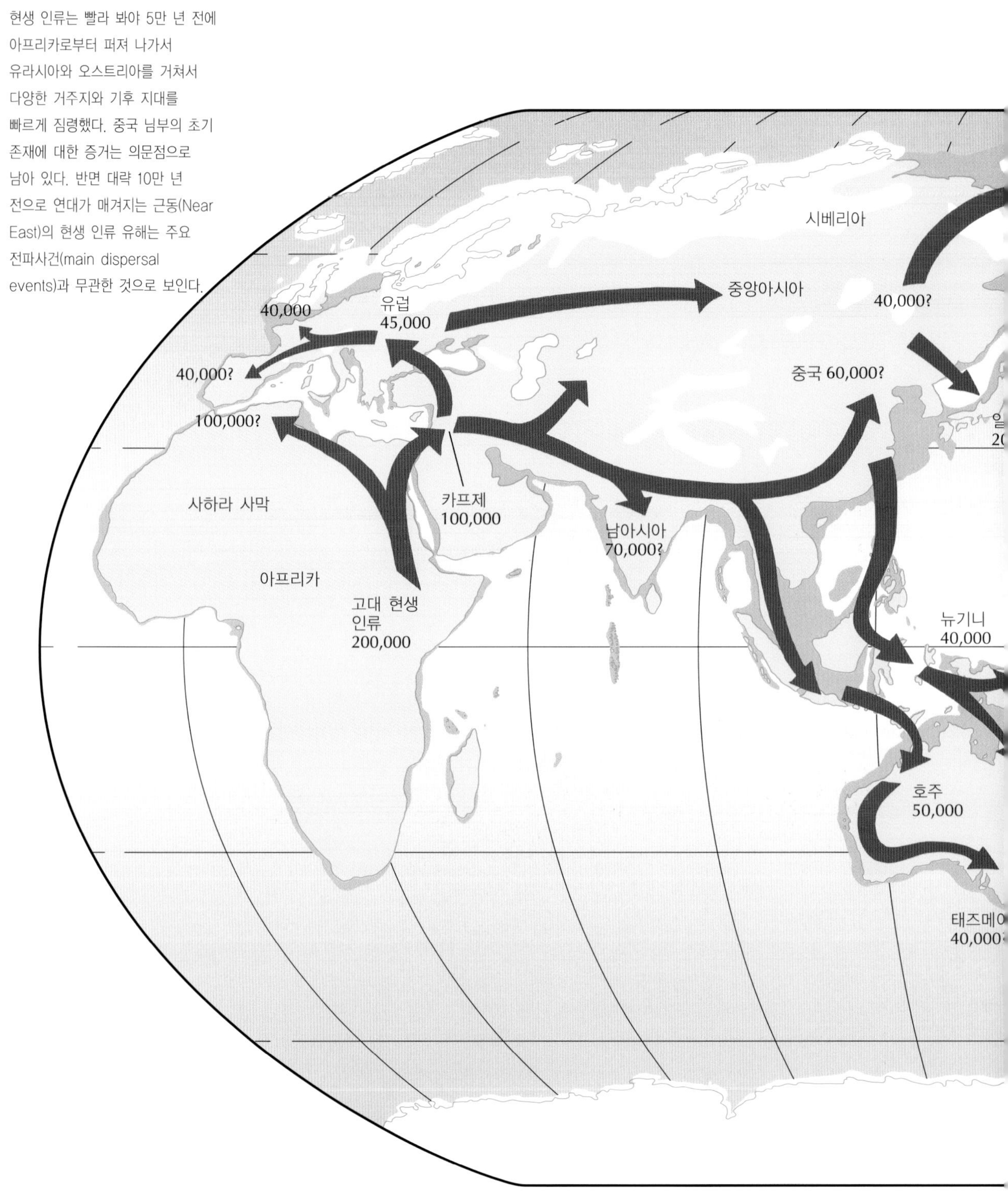

3만 년 전 경에 현생 인류는 북동아시아의 북극권(Artic Circle) 상에 존재했다. 그러나 그들은 빙하시대의 마지막 1,000년까지도 아메리카에 정착하지는 않았던 것 같다. 오세아니아의 거주는 단지 수천 년 전에 이루어졌다.

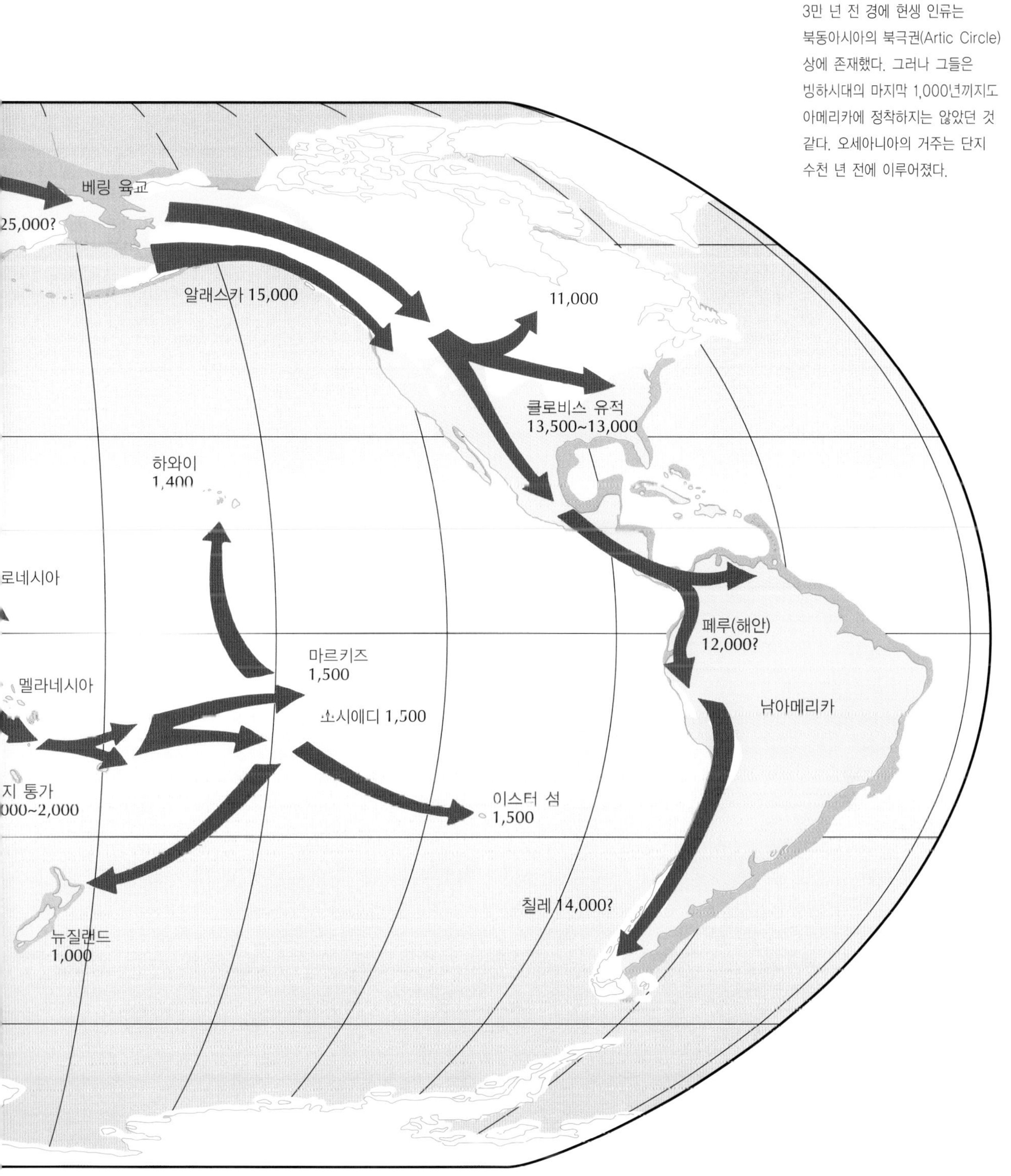

사용을 든다. 언어는 어떻게 생각이 만들어지는가에 대한 열쇠일지도 모른다. 그러나 구어는 고고학적 기록으로 보존될 수 없기 때문에 글자 발명 이전 언어의 존재는 다른 방법으로 찾아야 한다. 남아프리카의 블롬보스(Blombos) 동굴에서 발견되어 약 7만 5000년으로 연대가 추정되며 일련의 간단한 기하학 패턴이 새겨진 작은 돌은 최초의 예술이나 추상적인 상징 표현으로 알려진 예일 것이다. 블롬보스 동굴에서는 몇몇 바늘과 송곳도 발견되었으며, 디자인은 비교적 간단하지만 기술적 측면에서 일부 새로운 발전을 반영하는 뼈로 만들어졌다.

아프리카의 20만 년 전 이상의 오래된 유적에서 그리기와 채색을 위해 광물 도료를 사용한 증거가 발견되었다. 몇몇 새로운 기술이나 식량 조달 기술을 제시하는 낚시의 증거도 남아 있다. 비록 많은 언어학자가 구문론적 언어가 점차적으로 발달할 수 있다는 것을 의심하지만, 그 패턴은 점진적으로 '현대적 특성'으로 축적되어 가는 과정의 일부일지도 모른다. 일부 인류학자는 언어 능력과 관련된 유전적 돌연변이에 의해서 유도되는 갑작스런 변화가 현생 인류가 아프리카에서 확산되기 시작하기 직전에 발생했다고 주장하고 있다.

남아프리카의 블롬보스 동굴은 추상적인 디자인의 가장 초기로 알려진 예, 즉 연대가 약 7만 5,000년 전으로 추정되며 일련의 간단한 기하학 패턴이 새겨진 붉은 황토의 작은 블록이 발견된 곳이다.

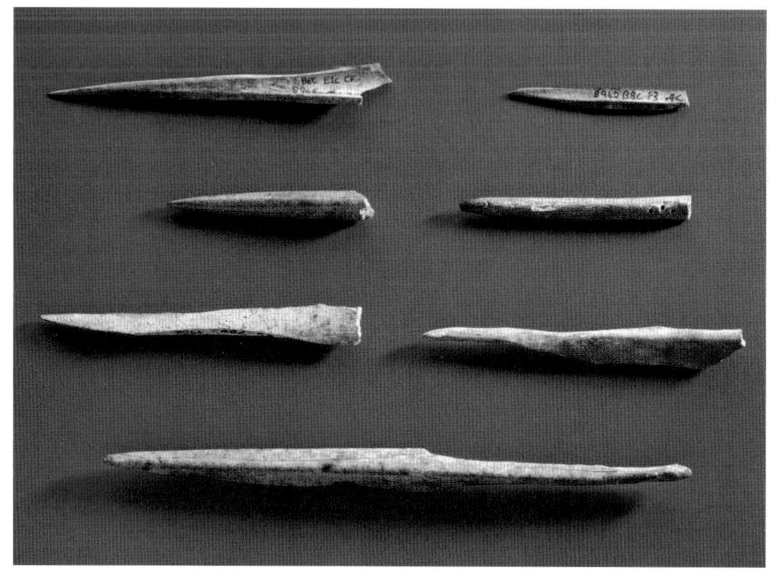

아프리카 남부의 블롬보스 동굴에서 현생 인류는 대략 7만 5,000년 전에 뼈로 된 송곳을 만들었다. 이러한 송곳은 물건을 뚫거나 새기는 데 사용되었을지도 모른다.

어떻게 그리고 언제 현생 인류가 언어 능력과 다른 현대적 특성을 획득하였는지에 관계없이 그들은 늦어도 5만 년 전까지 아프리카에서 퍼져 나갔다. 일부 현생 인류는 약 10만 년 전에 아프리카에서 가까운 레반트(Levant)에 등장하였다. 그러나 그들의 출현은 주요 기후 사건보다 앞선 것 같다. 사실 그들은 적어도 약 6만 년 전 마지막 빙기 초기의 한랭기에 근동지역으로 들어갔던 네안데르탈인에 의해서 잠시 쫓겨났었다. 그러나 현생 인류는 5만 년 전에 오스트레일리아에 나타났다. 그들은 동남아시아에서 오스트레일리아를 나누는 바다의 장벽을 건넌 첫 번째 인간이다. 이는 배의 형태를 설계함으로써 가능하였을 것이다.

현재 살고 있는 인류 집단의 유전자 분석으로 모두가 아프리카인이거나 한 번 또는 그 이상의 급격한 인구 증가로 유라시아로 이주한 아프리카인의 일부라는 것이 입증되었다. 5만 년과 4만 5,000년 전 사이에 현생 인류는 근동지역으로 돌아가서 빠르게 시베리아 남부와 동부 유럽으로 퍼져 나갔다. 비록 초기의 유적에는 그들의 유골이 극히 드물지만, 문화 유물의 특징적 유형과 현생 인류만의 유일한 특징인 정착의 흔적으로 그들의 존재가 확인된다. 그들은 동부 유럽의 중앙 평원에서 돈 강 유역의 야외 유적지인 코스텐키(Kostenki)에 거처를 마련하였다. 가장 오래된 거주층은 약 4만 년 전까지 거슬러 올라가서 화산재 아래에 묻혀 있다. 이러한 층에서는 뼈로 만든 바늘과 송곳, 사슴의 가는 뿔로 만든 파는 도구, 마무리되지 않은 조각품의 일부일지 모르는 매머드의 상아로 작게 새긴 조각 등이 포함되어 있다. 그중에는 흑해 지역에서 수백km를 운반해 온 조개껍데기도 포함되어 있다. 이것은 네안데르탈인 집단에 의해서 획득된 것보다 더 넓은 지역에 걸친 접촉이 있었음을 나타내는 것이다.

코스텐키 유적은 혁신적인 상상력으로 극지적인 환경에 적응하였음을 보여 준다. 현생 인류는 짧은 온화한 시기와 보다 한랭한 시기 사이에서 반복되던 마지막 빙기 초기의 한랭한 시기 이후에 이 지역으로 이동하였다. 화산재 밑의 층에서는 산토끼와 몇몇 조류의 유해 같은 작은 사냥감의 뼈가 많이 포함되어 있다. 그들은 네안데르탈인의 한계를 넘어 식량을 수확하기 위하여 덫과 그물, 던지는 다트 등의 훌륭한 새로운 기술을 만들었던 것으로 보인다. 놀랍게도 화산재 위의 인간 뼈 화학분석은 민물 수생(水

生) 식량을 상당히 소비하였음을 보여 주며, 이는 보다 새로운 도구와 설비가 있었음을 의미한다.

화산재 위의 층에서는 지구 상에서 가장 오래된 것으로 알려진 재봉 바늘이 포함되어 있다. 뼈와 상아로 된 귀바늘은 남쪽의 위도대에서 새로 이주해 온 이들에게 도전이 되었을 겨울 환경에 대응하기 위해서 재단된 옷을 디자인하고 생산했음을 보여 주는 증거이다. 실내 난로가 있는 인공 주거지의 흔적도 있다. 이런 층에서 종종 발견되는 인간의 유골이 이런 기술의 필요성을 뒷받침한다. 그것들은 열대에 적합한 해부학적 구조와 빙하시대 유럽에서 동상에 쉽게 노출되었음을 보여 준다.

북극에서 발견되는 가장 오래된 인류의 흔적도 인상적이다. 유라시아 최북단에 있는 고립된 유적은 인류가 4만 년과 3만 년 전 사이에 북극권 위로 적어도 일시적으로라도 방문했다는 것을 보여 준다. 최근에 발견된 야나(Yana) 강의 입구 가까이의 북동아시아 유적은 극권을 훨씬 벗어난 북위 71°에 분포한다. 이 유적들은 물새 등 계절에 따라 이동하는 풍부한 자원을 얻으려고 여름철에 자리 잡았던 것 같다. 그들의 외진 거주지는 현생 인류의 이동성이 증가했다는 증거이다. 그들은 그들의 조상에 비해 훨씬 먼 거리를 이동하였다.

대기 중 방사성 탄소로 인한 섭동 때문에 최근 재측정한 방사성 탄소 연대 보정 자료는 현생 인류가 4만 2,000~4만 1,000년 전에 서유럽을 가로질러 빠르게 퍼졌다는 것을 보여 준다. 네안데르탈인도 여전히 이 지역에서 살고 있었고 현생 인류와 그들의 조우는 보다 많은 공론과 논쟁의 주제였다. 네안데르탈인은 당시에 몇몇 뼈로 된 도구와 간단한 장신구를 만들었고, 많은 고고학자들은 이런 패턴이 후임인 현생 인류 집단이 미친 영향의 몇몇 형태를 반영하였다고 믿고 있다. 다른 이론은 현생 인류가 도착하기 전에 네안데르탈인이 변화하기 시작했다는 것이다. 두 집단 사이의 이종교배의 가능성은 루마니아에 있는 오아스(Oase) 등에서 발견된 현생 인류 유골 유해에 나타난 네안데르탈인의 특성에서 추측하였다. 어쨌든 네안데르탈인은 약 3만 년 전에 사라졌고, 후대에게 남긴 흔적은 거의 없다.

현생 인류는 네안데르탈인의 거주지였던 여러 동굴로 이주하였다. 고고학자들은 20세기 초에 프랑스와 스페인, 독일 남부에 있는 동굴에서 서유럽에 있는 첫 번째 현생 인류의 문화인 오리냐크(Aurignac) 문화를 복원하였다. 오리냐크 문화인들이 혹한기 동안에 도착하였고, 극심한 추위로 나무가 드물었던 시기여서 뼈가 화로의 연료로써 사용되었다는 것이 확인되었다. 순록과 같은 다수의 툰드라 동물들은 무리 지어 그 지역을 거닐었고 오리냐크 문화인의 주요 식량이 되었다. 극지방 조건에도 불구하고 보다 동쪽의 유적에서 발견된 재봉 바늘은 오리냐크 문화 유적지에서는 거의 발견되지

위 이와 같은 도구와 그림물감이 남부 프랑스와 북부 스페인의 화려한 동굴 벽화를 만들기 위해 사용되었다. 황토와 석탄으로부터 만들어진 그림물감은 화학 기술의 초기 형태를 나타낸다.

않았다. 이는 바늘이 마지막 빙기의 최전성기 동안에 기후가 나빠진 후에 서유럽에서 나타났으며, 오리냐크 문화에는 바느질 옷이 없었다는 사실을 의미한다. 그리고 비록 서유럽 최초의 현생 인류가 숙련된 쐐기 고정 장치와 그 소켓에 딱 맞는 홈이 파인 뼈창촉처럼 일부 혁신적인 것을 보여 주기도 하지만, 그들의 기술은 나중에 점령한 사람들에 비해 상당히 원시적이었던 것 같다.

그러므로 오리냐크 문화 예술이 21세기 예술 전시에도 적절해 보일 정도로 정교한 기술을 갖고 만들어졌다는 사실은 놀라운 일이다. 인류가 1만 년 이상 보지 못하였던 동물을 포함한 예술 주제만이 특이하게 보일 정도이다. 1990년대 초반에 몇몇 고고학자들은 오리냐크 문화 예술이 기술만큼 원시적이었다는 것을 확신했다. 그러나 1994년의 발견과 남부 프랑스 쇼베(Chauvet) 동굴의 그림에 대한 연대 측정으로 이 문제에 대한 논란이 종식되었다. 고고학자들은 탄소의 미량 성분으로부터 연대 측정치를 계산하는 방사성 탄소 연대의 가속 질량 분광법을 사용하여 오리냐크 문화 시대에 쇼베 동굴 벽에 있는 말, 양털, 코뿔소 그리고 다른 주제의 주목할 만한 여러 그림의 연대를 직접 측정하였다.

아래 비록 그들의 연대가 논란의 주제로 남아 있더라도, 남부 프랑스의 쇼베에 있는 동굴 벽화는 3만 년 이상 된 초기 오리냐크 문화의 것으로 널리 믿어진다.

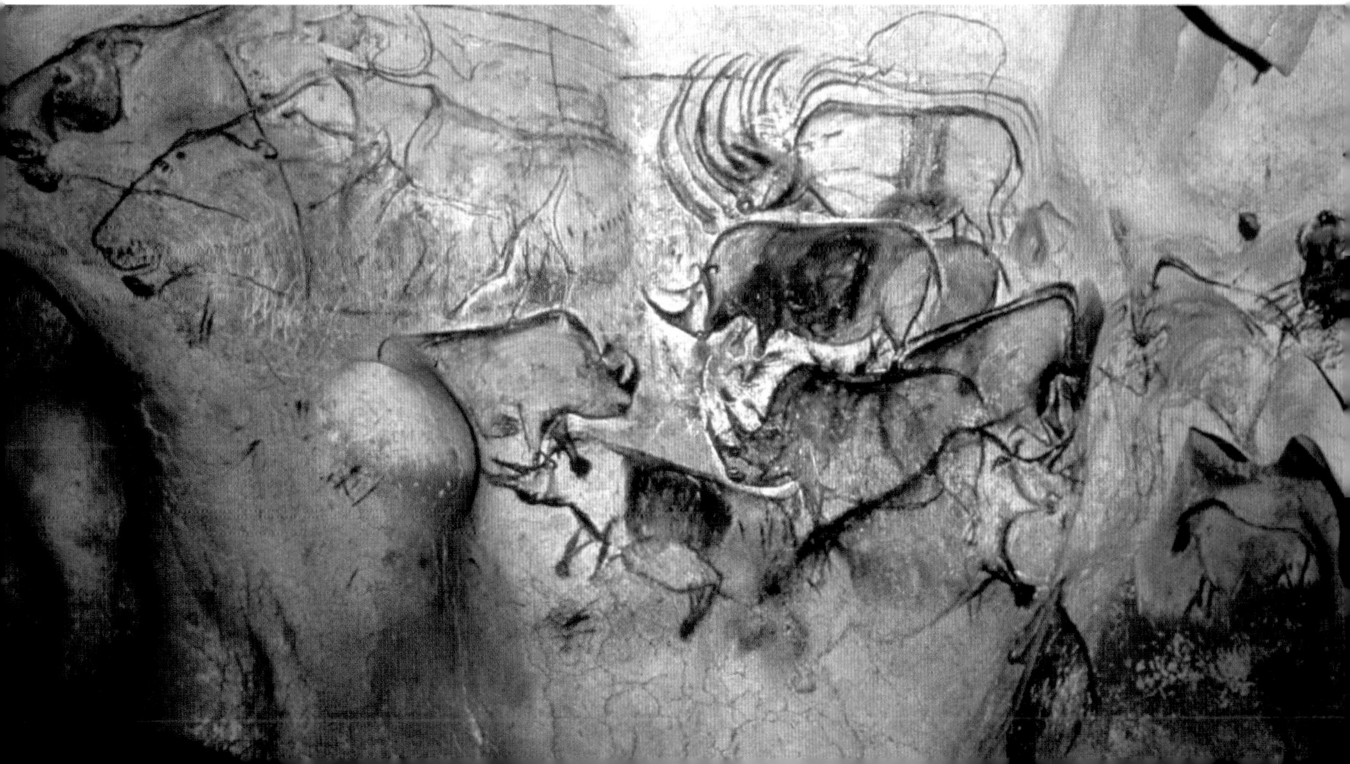

독일 남부 지역에서 발견된 오리냐크 문화 유적의 조각도 인상적이다. 매머드의 상아로 만든 고상한 소형 말과 사자 머리를 한 이상한 인간 등의 그림이 그 예이다. 이런 조각에 숨어 있는 기술과 상상력은 미술과 비교할 만하고, 언어에 대한 직접적 증거가 없을 경우에 오리냐크 문화의 시각 예술은 언어에 대한 결정적 증거가 된다. 이런 미술품과 조각은 언어와 근본적인 특성을 공유한다. 미술품과 조각은 무한한 창의성과 복잡한 계층적 구조에 대한 잠재력을 보여 준다. 오리냐크 문화의 창의성은 시각 예술에만 국한된 것이 아니었다. 그들의 유적에는 세계에서 가장 오래된 것으로 알려진 악기도 남아 있다. 프랑스와 독일의 동굴에서 발견된 관악기에는 상당히 복잡한 디자인

초기 오리냐크 문화 예술의 복잡성과 정교함은 독일의 홀렌슈타인 스타델 (Hohlenstein Stadel)에서 나온 뢰벤멘슈(Löwenmensch, '사자 인간'을 의미함) 조각에 의해 조명되었다. 이러한 상아상(figurine)은 상상의 창조물, 반인반수를 나타낸 것으로 보인다.

이 담겨 있다. 그러나 미술품이나 조각과 달리 오리냐크 문화의 음악 내용에 대해서는 밝혀진 것이 없다.

진화의 진행 : 후기 구석기

현생 인류가 수천 년 동안 유라시아를 넘어서 확장하면서 남긴 고고학적 기록은 사고와 지식이 지속적으로 축적되어 그것을 만든 사람들의 물질 문화 속에 전해져 왔다는 것을 보여 준다. 지금은 이런 용어가 시대착오적으로 보이지만, 이러한 기록은 19세기 후반에 고고학자들이 후기 구석기 또는 신석기라고 명명한 것의 일부분이다.

네안데르탈인이 사라졌던 3만 년 전에서 약 2만 3,000~2만 년 전 마지막 빙기의 가장 한랭했던 시기 사이에 분명한 혁신과 변화의 물결이 있었다. 이 기간 동안 유라시아 북부의 한랭 환경 속에서 인류는 전례 없는 규모와 복잡성을 띠는 정착 상태에 이르렀다. 시베리아 남부 바이칼 호 근처 말타(Mal'ta) 등지의 유적지 사람들은 여러 개의 화로를 갖고 있는 대형 주거지를 건설했다. 러시아에서 발견된 반지하 거주지의 잔해는 이뉴잇 등 오늘날의 북극 사람들의 겨울 집과 유사해 보인다.

코스텐키에 있는 연대가 더 젊은 층과 러시아의 다른 유적은 최소한 수일에서 수주 동안 많은 종족들이 점유하였던 흔적이 있는 더 큰 정착지를 보여 준다. 이런 정착지는 다양한 크기의 구멍으로 둘러싸인 일련의 옛날 화덕으로 이루어졌다. 따뜻한 계절에 이런 유적지를 방문했다면 수많은 구멍은 썩기 쉬운 음식의 저장에 사용되고 있었을 것이다. 비록 땅 표면은 여름철에 녹더라도 표면 아래의 토양은 언 상태로 남아 있었다. 땅을 파 들어가면 서리층이어서 정착지들은 이뉴잇의 '얼음 지하실(ice cellars)' 과 비슷한 천연 냉장고를 만들

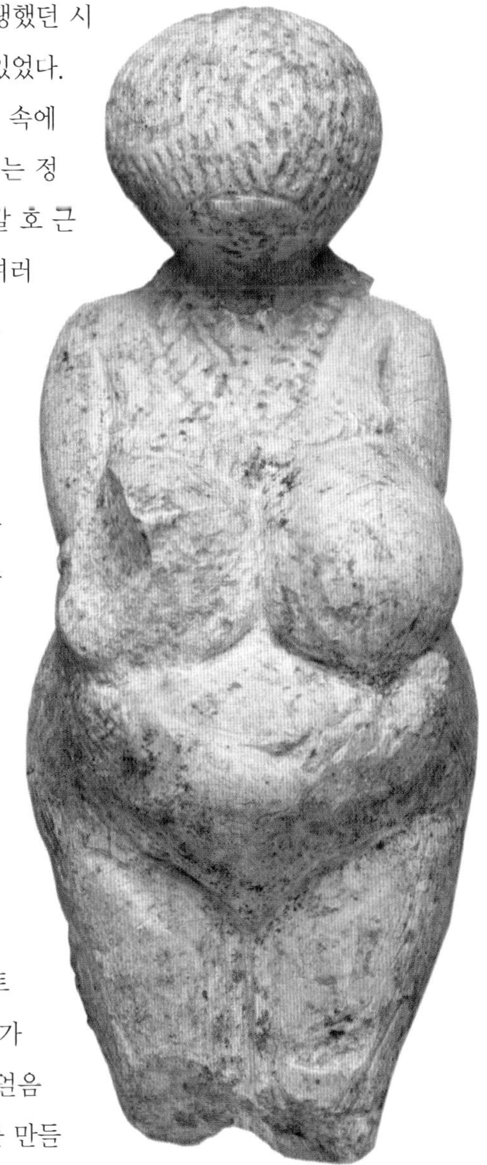

여성상(종종 비너스상으로 불리는)은 많은 유럽 유적에서, 특히 중유럽과 동유럽의 유적에서 발견되었다. 제작 연대는 마지막 빙기 최전성기보다 수천 년 앞서는 것으로 추정된다. 2만 5,000년 된 상은 분필로 새겨졌고 러시아의 코스텐키에서 발견되었다.

수 있었다. 고기와 생선, 계란 등 여러 가지 식료품을 저장할 수 있게 되고, 그 밖에 연료로 사용하기 위하여 매머드 뼈를 신선하게 유지할 수 있게 된 것도 중요한 일이었다. 당시의 경관에서 나무 연료는 드물었을 것이며, 화덕은 탄 뼈와 뼈가 탄 재로 구성되어 있었다.

이 기간에 사람들은 다양한 새로운 기술을 개발하였고 이미 존재하는 기술을 개선시키기도 하였다. 이런 개선은 현생 인류가 유라시아 북부로 이주할 때처럼 새로운 환

대략 2만 5,000년 전, 아마도 경제 사회적 이유로, 러시아의 돈 강에 있는 코스텐키와 같은 장소에 주기적으로 대규모 집단의 사람들이 모였다. 화덕의 중심선을 둘러싸고 있는 깊은 구멍은 이러한 모임이 지구가 얼지 않은 일 년 중 더 따뜻한 시기 동안에 이루어졌다는 것을 제시한다.

경에 적응하던 중이었던 이전 시기의 혁신에 기초를 둔 것이었다. 3만 년 전 이후, 기후는 더 한랭해지면서 초기 빙기와 같이 스칸디나비아 빙상이 확대되기 시작했다. 점차 다가오는 마지막 빙기의 최전성기는 유라시아 북부 대부분을 북극 경관으로 바꾸어 놓았기 때문에 현생 인류에게는 새로운 환경에 대한 도전이 되었다.

당시 자원을 활용할 새로운 방법을 생각해 낼 수 있는 재능이 있어서 한랭 건조한 기후에도 불구하고 거주자의 식량 자원은 부족하지 않았다. 변화하는 기후는 중위도를 점차 북극 환경에 가깝게 만들어 갔다. 그 결과 오늘날 북극의 툰드라보다 동·식물이 훨씬 더 풍부하게 서식하는 툰드라와 초지가 혼합된 이상한 경관이 만들어졌다. 순록과 사향소가 들소와 말, 심지어 종종 엘크나 붉은사슴 등과 함께 살았다. 이동하는 물새를 포함하여 새들은 일부 지역에서는 흔해졌고, 민물고기도 잡을 수 있게 되었다.

이 시기에 인구 밀도가 증가했는지는 알려져 있지 않다. 하지만 정착지의 크기와 복잡성이 확대되었던 것은 분명하다. 그런 특징은 최소한 일시적으로라도 전례 없는 규모의 모임이 있었음을 암시한다. 그것은 물고기나 순록과 같은 특별한 식량 자원이 당시의 짧은 시기 동안에 한 장소에 집중되었던 것을 반영하는 것이다. 그런 집단은 분명히 경제적 중요성뿐만 아니라 잔치와 축제, 그리고 결혼을 통한 가족 간 연대 강화를 위한 기회 등의 사회적 중요성도 가지고 있었다. 이것은 오늘날에도 대부분의 유목민 사이에서 발견되는 특징이다.

3만 년 전 무렵, 유라시아 북부에서 살던 사람들은 내화 도기(fired ceramics) 기술을 개발하였고 가마에서 내화 점토 물체를 만들기 시작했다. 당시 여성상을 포함한 일부 물건은 '실용적' 가치가 없었다. 그런 것은 세계에 대한 사고의 표현이거나 의식 행위를 위하여 만들어졌을 것이다. 불꽃 제조 기술의 또 다른 진보는 동물성 지방을 연료를 사용하면서 이끼 심지를 장착한 이동식 램프와 약 2만 2,000년 전의 이스라엘 오할로(Ohalo) II 유적지에서 발견된 빵

시베리아 남부의 예니세이 강(Yenisei River)에 위치한 메이닌스카야(Maininskaya) 유적지로부터 나온 내화 점토(Fired clay)의 사람 모습 상은 약 1만 8,000년 전의 물건이다.

굽는 오븐의 등장에서 찾아볼 수 있다.

같은 시기 서유럽의 동굴 벽화는 화학 기술의 신보를 보여 준다. 2차원 이미지를 위해 사용된 페인드는 유기와 비유기 싱분으로 합성된 것이나. 당시 정보 기술은 환경의 일부 특징을 기록한 줄무늬가 새겨진 뼈 조각에 표현되었다. 이들 중 일부는 최근 수렵 · 채집인들이 만든 것과 비슷한 음력과 같은 것을 설명한 것으로 시간을 구조화한 최초의 증거이다. 마지막 빙기의 후반에 움직이는 부품으로 구성된 기기나 장치와 같은 기계 기술이 출현하였다. 2만 년 전으로 추정되는 프랑스의 한 유적에서 발굴된 투창기가 최초인 것으로 알려져 있다.

이런 인상적인 업적에도 불구하고 대략 2만 3,000~2만 1,000년 전 마지막 빙기의 절정기에 유라시아 북부의 가장 한랭 건조한 지역 사람들에게는 부족한 것이 더 많았을 것이다. 이 지역에서 2만 년 전 이후에 기후가 좋아지기 시작할 때까지 1,000년 또는 그 이상 동안 정착이 중단된 시기가 있었던 것으로 보인다. 예를 들면, 우크라이나의 남서부 몰도바 유적에서는 연속적인 거주가 수천 년 동안 중단되었다. 더 동쪽이 코스텐키에서도 이 무렵 정착이 중단되었으며, 이 시기에는 시베리아의 유적 수가 현저하게 감소하였다.

당시 사람들은 왜 마지막 빙기의 최전성기에 이른 한파 조건에 대항할 수 없었을까? 그 답은 분명하지 않다. 현생 인류는 유라시아 북부의 빙하시대 환경에 쭉 이어지는 독창적인 기술을 개발하였고, 오늘날까지 이러한 환경에서 번창하고 있는 것으로 보인다. 식량과 연료 등의 가용 자원 밀도가 일부 지역에서 2만 3,000년 전 이후에 치명적인 임계값 이하로 떨어졌던 것 같다. 그들의 해부학적 구조는(오늘날 열대에서 살고 있는 사람들의 일부가 보유하고 있는 특징임) 극단적으로 기온이 낮아지는 겨울을 상당히 견디기 힘들었을 것이다. 이런 지역을 뒤이어서 점유한 사람들 유골의 손발 길이가 줄어드는 것은 의미가 있을지도 모른다.

기계 기술(움직이는 부품을 포함한 도구 또는 장치)은 후기 구석기 시대에 최초로 만들어졌으며, 프랑스 남서부의 브루니켈(Bruniquel)에서와 같이, 투창기로 나타났다.

빙하시대 말의 인류

빙하시대의 마지막 5,000년은 오늘날 목격할 수 있는 어떤 것보다 훨씬 큰 규모의 기후변화와 인류 대이주의 시기였다. 또한 빙하시대 이후에 일어난 정착과 농업, 문명을 향한 것처럼 보이는 지속적인 혁신과 문화의 변화기이기도 하였다. 빙하시대의 마지막 1,000년 동안에 토기와 동물 사육 그리고 반영구적 거주지의 등장과 관련된 최초의 징후를 볼 수 있었다. 해수면 상승으로 '베링 육교'가 침수되기 직전에 인류가 그것을 가로질러 신세계로 건너간 것은 인문지리적으로 중요한 사건이다.

북반구에서 거대한 빙하의 성장에 의한 두드러진 영향 중 하나는 적당하게 해수면이 낮아진 것이다. 빙하가 성장하면 수조 갤런에 이르는 엄청난 양(수조 갤런)의 물이 그 자체로 저장되었다. 4장에서 보았듯이 빙하가 성장하였을 때, 전 세계의 대륙붕 영역이 드러나면서 바다가 줄어들었다. 오늘날 베링 해협인 북동아시아와 알래스카 사이의 얕은 해저는 아시아와 북아메리카 대륙을 연결하는 마른 평원으로 바뀌었다. 이에 따라 고위도 환경에서 생활하는 방식을 습득한 사람들이 서반구로 향하는 육교를 건널 수 있었다.

유럽 전역에 걸친 빙하시대 말기의 문화는 '마들렌(Madeleine)' 문화로 알려져 있다. 이것은 장관을 이루는 라스코의 동굴 벽화와 프랑스, 스페인의 고대 유적지와 관련이 있지만, 이 시기의 기술은 초기 구석기 시대 이전 문화와 상당한 차이를 보인다. 혁신과 변화(꾸준한 진전)가 지속적으로 가속화되었다. 1만 4,000년 이전에 공학 기술적 측면에서 최초의 독창적인 활과 화살의 흔적이 나타난다. 나무 화살대를 포함한 흔적이 수년 전에 독일에서 발견되었다. 이제 사냥꾼은 활시위를 당기고 줄을 매면서 에너지의 낭비를 줄이고 관리함으로써 단순하게 던질 때보다 훨씬 강한 힘과 정확도로 발사체를 발사할 수 있게 되었다. 단순한 투창의 이용도 계속되었지만 디자인에서 몇 가지가 개선되었다. 작살과 다른 물고기 잡이용 도구도 폭넓게 사용되었다.

수렵 기술의 효율성이 증대되면서 더 큰 집단을 형성할 수 있게 되었고 이동할 필요도 줄어들었다. 그러면서 빙하시대의 마지막 1,000년 동안, 더 많은 정착지가 등장하였다. 그런 것은 후빙기의 촌락 생활보다 앞선 것으로 보이며 궁극적으로 도심지와 문명을 이끈 정착 생활 방식이 나타났다. 프랑스의 도르도뉴 지역의 파렝(Parrain) 고원에 포장된 돌바닥을 갖춘 과거 주택 흔적이 마을처럼 무리지어 발견되었다. 그러나 경제 체제는 순록과 매머드의 사냥을 계속하는 빙하시대의 관습이 계속 유지되었다. 또

왼쪽 아래 작살은 초기 구석기 시대보다 뒤에 유라시아 북부에 나타나고 수산자원의 중요성이 증가한 것을 반영한다.

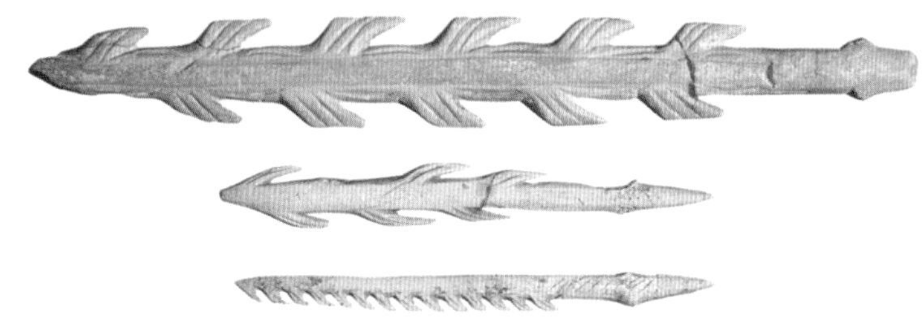

한 동부 유럽 중앙 평원의 정착지에서는 매머드 뼈와 상아로 지어진 가옥들의 마을과 같은 특징이 나타난다. 우크라이나의 메시리치(Mezhirich)에서 대략 1만 8,000년 전에 지어진 이런 종류의 획기적인 건축물 4개가 가장 오래된 것으로 알려진 유적지에서 무리지어 발견되었다. 건축에서 매머드 뼈를 이용했다는 것은 동유럽 중부가 여전히 춥고 건조한 스텝지대라서 나무가 부족하였음을 반영한 것이다. 당시 가옥 내부의 화덕에는 뼛가루로 가득 차 있었다.

도자기 그릇의 출현도 이동이 줄었음을 보여 주는 증거이다. 무거운 항아리가 있었다는 것은 한 정착지에서 다른 곳으로의 이동이 줄었음을 보여 준다. 빙하시대 마지막

아래 매머드 뼈와 상아로 지어진 복원된 주거지는 나무가 부족했을 것으로 여겨지는 동부 유럽의 많은 유적지에 나타나는 데 마지막 빙기의 최전성기(last glacial maximum, LGM) 1,000년 동안 사용되었다.

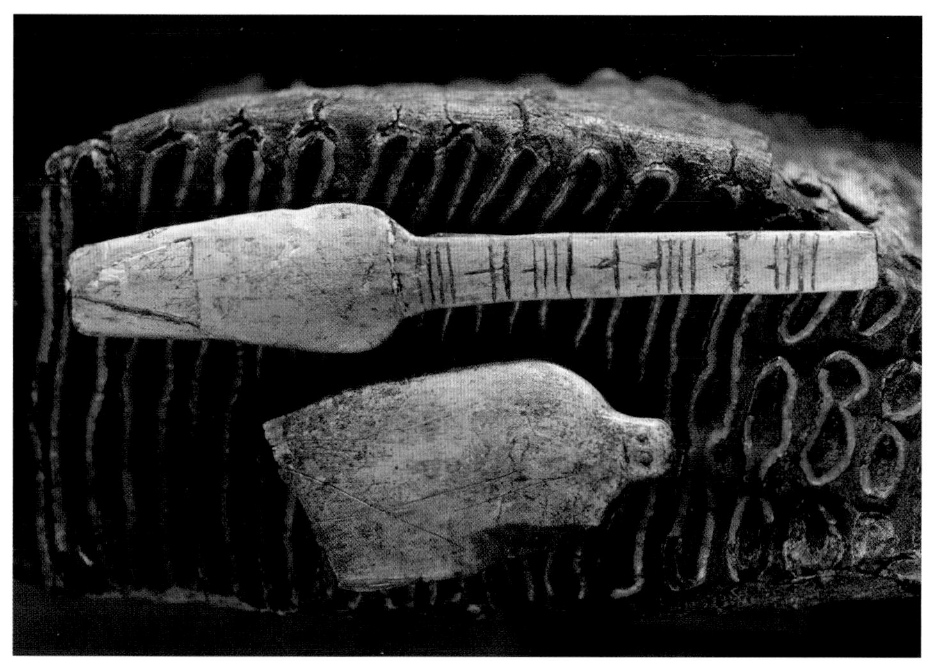

앞면 프랑스 라스코의 유명한 동굴 벽화는 초기 구석기 시대 이후의 것이라고 연대가 추정된다. 사진은 물소, 코뿔소 그리고 부러진 창 옆에 누워 있는 사냥꾼을 묘사하는 것을 나타낸다. 라스코에서 잘 알려진 유일한 인류 그림이다.

왼쪽 1만 8,000년 전의 것으로 추정되는 우크라이나의 메지리치 유적지는 4개의 매머드 뼈로 지어진 주거지 유적으로, 조각되고 새겨진 많은 유물들이 연구의 대상이다.

단계에서 최초의 도자기가 제작되었다. 불에 굽는 세라믹 기법은 훨씬 전에 개발되었지만, 물이 새지 않는 용기로 제작되어 사용한 것은 처음이었다. 1만 6,000년 전의 도자기 그릇은 아시아 본토를 포함한 극동지역에서 발견된다.

집개의 출현도 거주지가 영구적이었음을 암시하는 지표의 하나이다. 러시아와 독일 유적지에서 발견된 개 뼈는 각각 1만 8,000년과 1만 6,000년 전의 것으로 확인되었다. 현대 개의 DNA 연구 결과는 그 기원이 2만 년 전 극동지역이었음을 보여 준다. 개와 활과 화살 기술의 조합은 사냥의 효율성 측면에서 새로운 단계로 들어섰음을 명확하게 보여 준다. 1만 5,000~1만 4,000년 전 근동지역에서 반지하 주택으로 구성된 정착지가 나타났는데, 이는 농경 마을로의 변화를 보여 준다. 그 지역 사람들에게 빙하시대는 이미 끝났던 것이다.

유럽의 북서부와 북아메리카 대륙 북부의 대규모 빙상이 후퇴함으로써, 인류는 지난 빙기에 가장 추웠던 기간 동안 거주할 수 없었던 지역으로 확장하기 시작하였다. 이주하는 집단은 최근에 빙하가 녹은 지역으로 퍼져 나갔으며 1만 5,000년 전 이후 유럽 북부의 빙하 가장자리 지역에 자리 잡았다. 유라시아 북부에서 인류는 마지막 빙기의 최전성기(last glacial maximum, LGM)에 얼음이 얼지 않았으나 거의 거주하지 못하던 지역까지 이동하였다. 여기서 가장 주목할 만한 곳이 시베리아 북부일 것이다.

시베리아에서는 파렝 고원과 메지리치에서 같은 대규모의 주거 유적지가 발견되지 않았다. 당시 아시아 북부 내륙은 인간이 사용할 수 있는 식량 자원의 생산 가능성이

초기 구석기 시대 말기 혹은 더 일찍, 유라시아 북부 사람들은 길들여진 개를 가지고 있었고, 생명공학은 그런 혁신적 연구에 도움을 주었다.

낮은 건조하고 한랭한 환경으로 남아 있었다. 당시 사람들은 주로 큰 포유류를 사냥하면서 소수의 인원으로 구성된 이동성이 큰 집단으로 여러 지역에 흩어져 있었다. 그들은 점차 북쪽으로 거주지를 확대하였으며, 1만 6,000년 전 이후 고도가 더 높은 곳으로 확대되는 삼림을 따라 이동하였던 것 같다. 동부 시베리아 알단(Aldan) 강에 있는 듀크타이(Dyuktai) 동굴의 작은 거주지는 약 1만 5,000년 전의 것으로 추정된다.

시베리아인은 듀크티이 동굴 같은 장소에서 베링 해협을 건너 유콘까지 이어진 거대한 서반구 대륙을 향하여 북쪽과 동쪽으로 이동했다. 대략 1만 5,000년 전 어느 날, 누군가가 오늘날의 알래스카 서부 해안에 있는 둑을 기어올랐고, 이것이 이제까지 알려지지 않았던 서반구에 첫발을 내딛은 순간이었다. 그것은 아프리카 유인원 조상과 더불어 그 순간까지 지구의 반구에만 제한적이었던 인류에게 중요한 업적이다. 자기 자신과 주변을 개선시킬 수 있는 능력을 보유한 현생 인류만이 신세계로의 환경적 장벽을 극복할 수 있었다. 동시에 이는 다른 반구로 연결되는 육교를 만들어 낼 정도의 해수면 변화가 있었던 빙하시대 기후의 영향이기도 하였다.

1만 4,000년 전까지 사람들이 알래스카 중부의 태너나(Tanana) 계곡에 정착했다. 매머드와 말 떼가 살 수 있었던 한랭한 스텝은 급격히 관목 툰드라 환경으로 바뀌었다. 초지였던 곳이 대형 포유류에게 자양분을 거의 제공하지 못하는 관목으로 대체되면서 대부분의 포유류가 감소하기 시작하였다. 테너나 계곡의 유적 중 하나에서 나온 동물 유해는 이미 후빙하시대 삶의 질을 담은 생활 방식의 일면을 보여 준다. 작은 포유류와 특히 툰드라 지역의 백조나 청둥오리 같은 물새를 포함하는 조류가 우세하게 서식하였다. 그리고 급격하게 얼음이 녹으면서 수중 서식지가 급증하였다. 대형 포유류들은 주로 엘크 같은 후빙기 종들이 대표적이지만 일부 말과 매머드의 분리된 뼈도 발견된다. 이곳의 유물은 듀크타이 동굴에서 만들어진 것과 동일하며, 북동아시아 내륙과 초기 알래스카인 사이의 유대 관계가 있었음을 보여 준다. 당시에도 나무는 부족했고

1만 4,000년 전까지, 사람들은 알래스카 중부의 태너나 강에서 야영하면서 많은 물새를 잡고, 게다가 큰 포유류도 사냥했다. 화덕에서는 주로 뼈를 태웠다.

사람들은 화덕에서 뼈 태우는 것을 계속했다.

태너나 계곡 사람들과 북동아시아 사람들 간에는 강한 유대 관계가 있었지만, 신세계에 인류가 거주하게 된 것은 여전히 빙하시대의 풀리지 않는 주요 수수께끼 중 하나이다. 현생 인류에 대한 유전학 연구를 통하여 북동아시아인이 서반구 토착민의 기원이라는 사실이 확인되었다. 그리고 그들이 빙하시대 마지막 1,000년 동안에 베링 해협

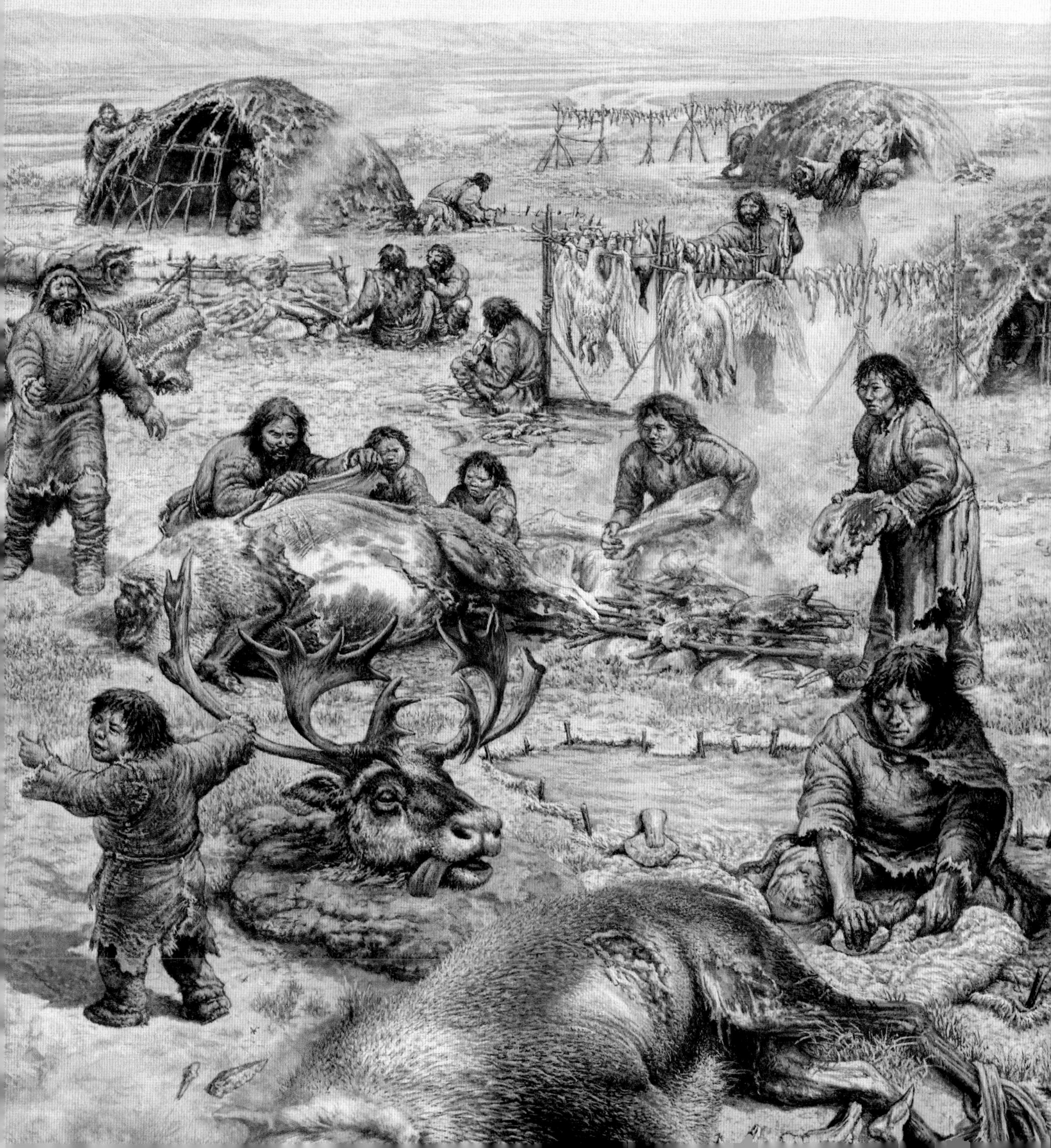

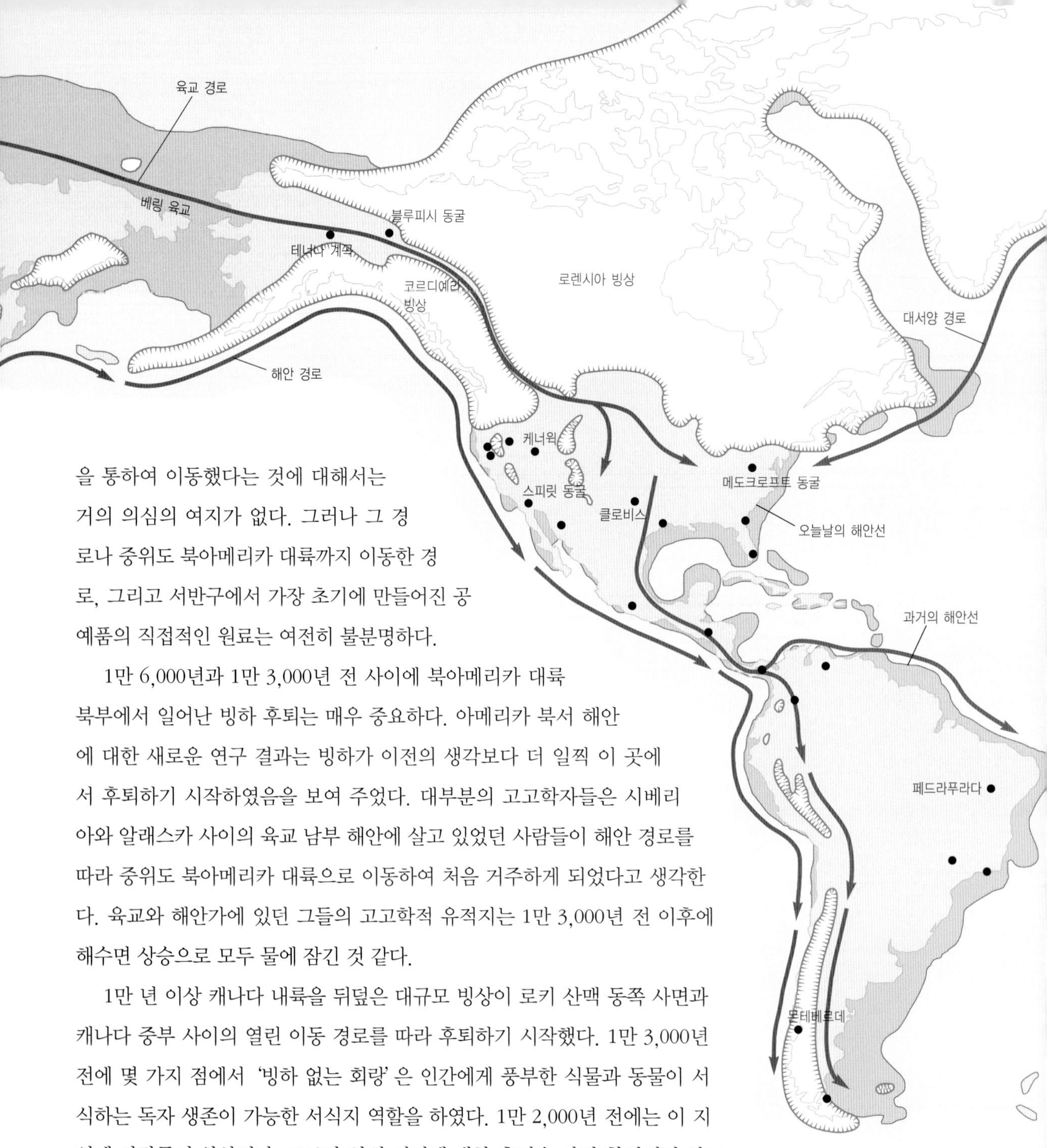

을 통하여 이동했다는 것에 대해서는 거의 의심의 여지가 없다. 그러나 그 경로나 중위도 북아메리카 대륙까지 이동한 경로, 그리고 서반구에서 가장 초기에 만들어진 공예품의 직접적인 원료는 여전히 불분명하다.

1만 6,000년과 1만 3,000년 전 사이에 북아메리카 대륙 북부에서 일어난 빙하 후퇴는 매우 중요하다. 아메리카 북서 해안에 대한 새로운 연구 결과는 빙하가 이전의 생각보다 더 일찍 이 곳에서 후퇴하기 시작하였음을 보여 주었다. 대부분의 고고학자들은 시베리아와 알래스카 사이의 육교 남부 해안에 살고 있었던 사람들이 해안 경로를 따라 중위도 북아메리카 대륙으로 이동하여 처음 거주하게 되었다고 생각한다. 육교와 해안가에 있던 그들의 고고학적 유적지는 1만 3,000년 전 이후에 해수면 상승으로 모두 물에 잠긴 것 같다.

1만 년 이상 캐나다 내륙을 뒤덮은 대규모 빙상이 로키 산맥 동쪽 사면과 캐나다 중부 사이의 열린 이동 경로를 따라 후퇴하기 시작했다. 1만 3,000년 전에 몇 가지 점에서 '빙하 없는 회랑'은 인간에게 풍부한 식물과 동물이 서식하는 독자 생존이 가능한 서식지 역할을 하였다. 1만 2,000년 전에는 이 지역에 사람들이 살았지만, 그보다 앞선 시기에 대한 흔적은 아직 확인되지 않고 있다.

신기하게도 신세계 정착지에 대한 가장 오래된 것이면서 폭넓게 받아들여지는 증거는 남아메리카 남부의 칠레 몬테베르데(Monte Verde) 유적지에서 발견되었다. 유물이 많지 않아서 북동아시아 및 알래스카의 고고학적 기록과 관련짓는 것은 어렵다. 이보다 어느 정도 후기의 유적지는 1만 3,000년 전이나 조금 이전으로 추정되는 북아메리

신세계에서 초기의 거주는 1만 5,000년 전부터 존재했고 북아메리카 대륙의 태평양 해안을 따라서 이주해 왔을지도 모른다.

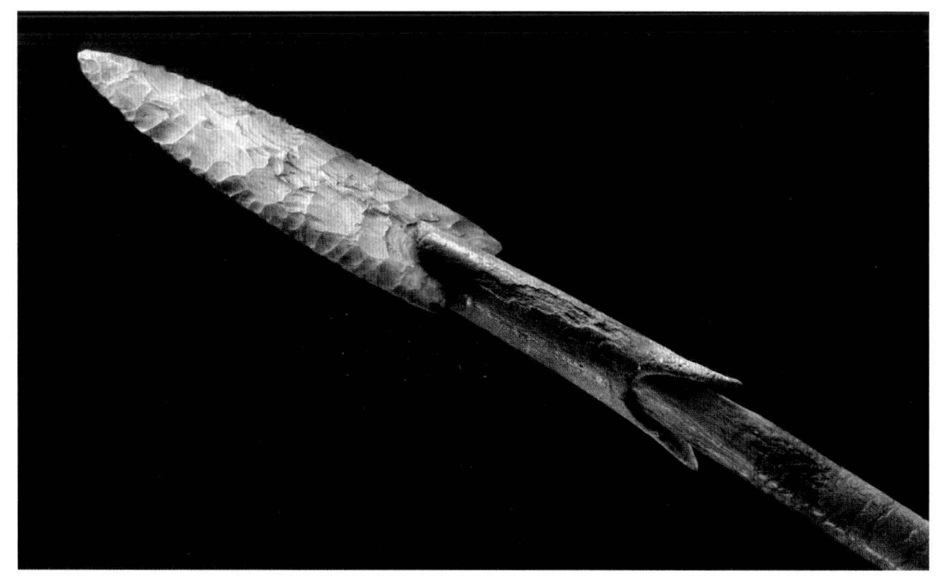

북아메리카 대륙에서 넓게 발견되는 길쭉한 클로비스(Clovis) 창은 영거 드리아스기 추위 이전의 것이라고 추정된다. 이것은 매머드를 포함하는 큰 포유류를 사냥하는 데 사용되었다.

카 대륙의 클로비스(Clovis) 유적지를 포함하여 남·북아메리카 대륙에 넓게 퍼져 있다. 이 유적지를 만든 사람들은 창에 손잡이를 용이하게 달기 위하여 옆면에 홈이 파인 찌르개를 사용하였다. 그 유적지에는 이들이 정착지에서 사냥을 하거나 다른 동물이 먹다가 남긴 매머드의 잔해도 남아 있었는데 매머드는 이미 지구 상의 대부분 지역에서 급격하게 멸종되어 가고 있었다(6장 참조). 곧 빙하시대가 끝나면서 고원에 사는 사람들이 주로 관심을 갖는 대상은 스텝의 물소가 되었다.

빙하시대의 마지막 활동은 약 1만 2,000년 전에 혹독하고 짧은 추위로 나타났다. 소위 영거 드리아스기로 불리는 이 시기에는 다시 기온이 몇 도 더 떨어지면서 북반구의 많은 지역이 한랭 건조한 환경으로 바뀌었다. 이로 인한 특이한 결과는 유콘과 알래스카의 고원에 물소 사냥꾼이 출현한 것이다. 이들은 분명히 먼 북쪽까지 널리 서식하던 들소 무리를 찾아서 얼지 않는 통로를 통해 올라온 것이었다. 그러나 그 현상은 오래가지 못했다. 수백 년 안에 기후는 다시 따뜻해졌고 고원이 특징적인 유물과 함께 들소 사냥꾼의 거주지도 극지방에서 사라졌다.

또한, 영거 드리아스기는 근동지역에서 나타난 정착 생활과 농업으로의 변화와 관련이 있다. 고고학자들은 짧은 기간의 매서운 추위가 갑작스런 농경 마을 출현의 기초가 되는 자급 경제로의 변화에 영향을 미쳤다고 추측한다. 수천 년 안에 근동지역에서는 농경 확장, 도심지의 성장 그리고 문명이 등장하였다. 이런 과정은 세계의 다른 지역에서도 반복되었다. 네안데르탈인을 포함한 초기의 인류는 이런 빙하시대의 마지막과 비슷한 기후변화에 특별한 대응책 없이 맞닥뜨렸다. 현생 인류가 그들과 다른 점은 지적 능력을 갖춘 창조성과 자신과 환경을 개조할 수 있는 능력이 있다는 것이다.

6
빙하시대의 동물 이야기

지난 13만 년 전 추위가 덜하였던 빙기 초기에 네안데르탈인의 한 무리가 절벽 아래에서 매머드를 도살하고 있었다. 그 사냥꾼은 가족들의 식량을 위해 암컷 매머드와 새끼 무리를 절벽의 가장자리로 내몰아 도살하였다. 이 장소가 저지(Jersey) 섬의 동굴 유적인 라코트드세인트브릴레이드 유적이다. 이 섬은 당시에 프랑스에서 영국 쪽으로 돌출된 헤드랜드의 형태를 띠고 있었으며 코뿔소, 말, 사람들이 소규모 무리를 지어 드문드문 살고 있었다.

당시의 환경은 오늘날과 상당히 달랐으며, 현재의 동물조차 종의 분화로 인해 원형이 거의 보존되어 있지 않다. 그 예는 검치호(sabre-toothed cat), 털코뿔소, 유대목사자 등이며 이들은 약 1만 1,000년 전까지 존재했다. 100만 년 동안의 기후변화를 겪으면서 진화한 이 동물들은 마지막 빙기 말의 기후환경에서 살아남지 못했다. 이와 같은 멸종은 지구 역사에서 처음 있는 일이 아니었으며, 가장 잘 알려진 것은 6,500만 년 전에 있었던 공룡의 멸종일 것이다. 그러나 검치호를 비롯한 동물의 멸종은 보다 최근에 있었던 것으로, 현생 인류가 지구에 영향을 미친 첫 번째 사건일 것이다.

동물의 분포

지구는 계속해서 변화하며 심지어 대륙이나 대양과 같은 대지형도 항상 현재의 위치에 있었던 것이 아니다(3장). 이러한 변화가 항상 동물의 서식에 물리적 장벽이 되지는 않지만, 동물의 분포에 영향을 미쳤다. 스페인 북부에서 러시아와 알래스카를 거쳐 북아메리카의 서부 해안까지 빙기 동안 광범위하게 나타났던 스텝기후가 순록이나 사향소와 같은 동물들에게 상당한 제약 조건이 되었다. 그 외, 캥거루나 코알라 등은 3,500만 년 전 오스트레일리아를 만든 판의 이동으로 대륙과 격리된 채 진화했다. 판의 이동이 시작되면서 550만 년 전 지중해가 말랐고, 20만 년 전에는 다시 바다가 되었다. 동물들은 이 기간에 광활한 소금 사막을 지나 북아프리카에서 유럽으로 이동하였다. 일부 동물은 이동 중 해수면 상승으로 섬에 갇히게 되었으며, 다른 지역에서는 볼 수 없는 종으로 진화하였다. 마요르카(Mallorca) 섬에 있는 묘트라구스(Myotragus)라 불리는 이상하게 생긴 염소가 그런 예이다. 섬에서 발견되는 또 다른 동물, 즉 날 수 없는 백조와 난쟁이코끼리 등은 날거나 수영을 하거나 혹은 표류하면서 그들의 무리와 합류하였다.

약 300만 년 전 남·북아메리카가 대륙 이동으로 파나마 지협에서 가까워졌다. 당시 동물들은 파나마 지협을 건너 이웃 대륙으로 퍼져 나갔으며, 이후 각각의 대륙에서 진화가 일어났다. 이를 그레이트 아메리카 인터체인지(Great America Interchange)라 부른다. 당시 나무늘보, 개미핥기 그리고 아르마딜로와 같은 동물이 북쪽으로 이동했고,

이전 페이지 콜롬비아매머드인 *Mammuthus columbi*는 모든 매머드 중에서 가장 크다. 이 동물들은 빙하시대 후기에 북아메리카와 멕시코 지역에서 서식하였다.

왼쪽 사향소인 *Ovibos moschatus*는 빙기에 흔히 볼 수 있었다. 현재 북아메리카 일부에서 제한적으로 서식하며, 과거 빙기에는 유라시아 북부 지역에서도 발견되었다. 이 동물들은 추위로부터 열을 보존하기 위하여 털이 수북한 특성을 보인다. 육식동물이 위협을 가할 때 방어선을 구축하며, 무리의 수가 충분할 경우 새끼와 같은 어린 동물들을 둘러싼 형태로 방어한다.

아래 1909년 도로시아 베이트(Dorothea Bate)는 처음으로 멸종된 *Myotragus*의 화석을 발견하고 세상에 공표하였다. *Myotragus*는 양속과 염소속의 중간 형태로 매우 독특하며, 마요르카와 메노르카(Menorca)에서 진화한 동물이다. 큰 앞니가 두 개 있으며, 이것은 설치류의 앞니처럼 영구적으로 자라난다.

검치호, 맥(tapirs), 말 등은 남쪽으로 이동했다. 역사적 관점으로 본다면, 최소한 아메리카 인터체인지가 있던 시기인 300만 년 전 무렵에 인류의 조상이 아프리카 주변을 두발로 걸어 다녔으나, 동물의 확산은 인류가 대륙 간의 이동을 시작한 시기보다 몇백만 년 전의 일이었다.

아프리카 안과 밖

최초의 유인원은 약 180만 년 전에 아프리카를 떠났으며, 이후 일부 확

큰쥐(giant mouse)와 난쟁이코끼리

세계의 섬들에는 아주 큰 생쥐에서 소형 코끼리까지 다양한 크기로 진화한 동물들이 있다. 해수면 변동으로 동물은 섬에 고립되있을 것이며, 이 가운데 일부는 헤엄치기나 부목을 타고 탈출하였을 것이다. 고립된 섬에는 대체로 포식자가 적어서 작은 동물의 몸집은 더 커지고 큰 동물은 먹이가 되는 식물 자원이 한정되어 있기 때문에 몸집이 작아지는 경향을 보인다. 일부 코끼리와 같은 동물은 빠른 시간에 몸집이 작아졌다. 난쟁이매머드는 러시아 북부 지역의 랭글(Wrangel) 섬과 북태평양에 있는 세인트폴(St Paul) 섬, 그리고 캘리포니아 해협의 섬에서 발견되었다. 반면에 난쟁이 스테고돈(dwarf stegodon)은 아시아 남동부의 섬에서 보고되었다. 어금니가 직선 형태인 난쟁이코끼리는 지중해에서 발견되었으며, 크레타 섬을 여러 번 점유했다는 설도 있다. 빙하시대 초기의 크레타섬에는 피그미코끼리와 피그미하마, 그리고 갈색쥐만큼 큰 생쥐가 살았다. 이후에 본토와 비슷한 크기의 코끼리가 사슴과 함께 이 섬에 들어왔다. 이 동물은 개 크기와 말코손바다사슴 크기로 빠르게 진화했다. 지중해의 난쟁이코끼리는 식탁보다 더 작아졌으며, 어린 코끼리는 고양이만 했다. 지중해 섬에서 발견된 동물 대부분은 코끼리와 영양처럼 무리지어 이동하며 수영할 수 있었다. 카리브 해의 섬에는 나무늘보가 다수 들어갔다. 일단 정착지에 도달한 대부분의 동물은 성공적으로 정착하였다. 작은 섬은 공간이 협소하므로 이곳에 서식하는 동물은 전혀 번성하지 못하는데, 갈색쥐나 인간과 같은 새로운 종족이 도착하면서 세계 도처에서 독특한 동물들이 대량으로 멸종되었다.

오른쪽 덩치가 작고 직선형 어금니를 가진 코끼리 *Paleaoloxodon antiquus*는 지중해의 일부 섬에서민 발견된다. 왜 이 동물들의 덩치가 작아졌는지는 잘 알려지지 않았으나, 섬에는 포식동물이 거의 없어서 먹이 공급이 제한적이었기 때문일 것이다.

옆면 마다가스카르에 서식하던 피그미하마의 뼈로, 이미 멸종했다. 덩치가 작은 하마는 일부 섬 지역에서 발견되는데, 이들은 염수에서도 어느 정도 수영할 수 있는 능력이 있다.

아래 섬에서 발견되는 덩치가 작은 종과 큰 종을 보여 주는 지중해 지역 지도

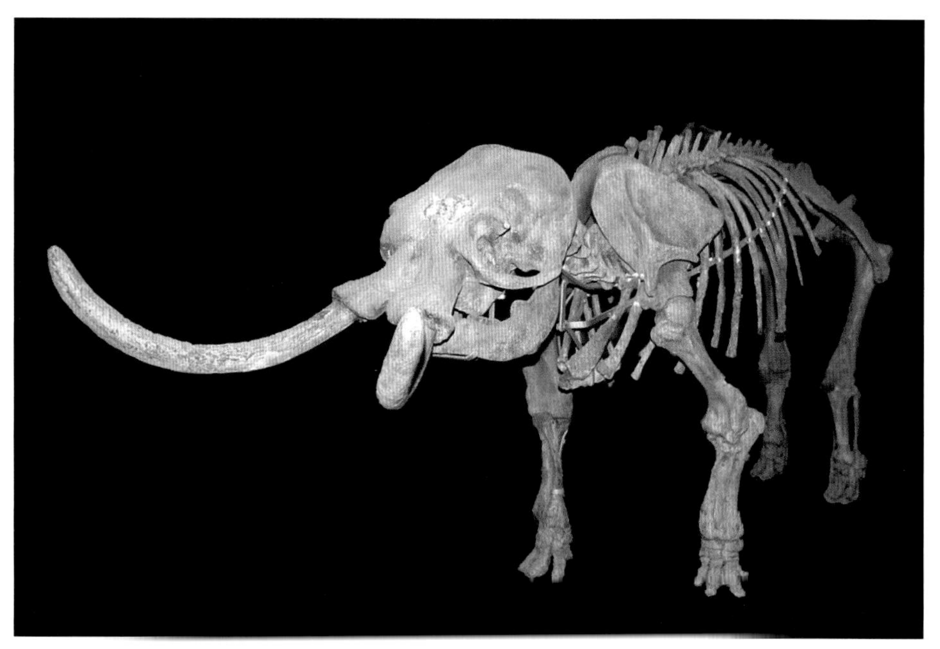

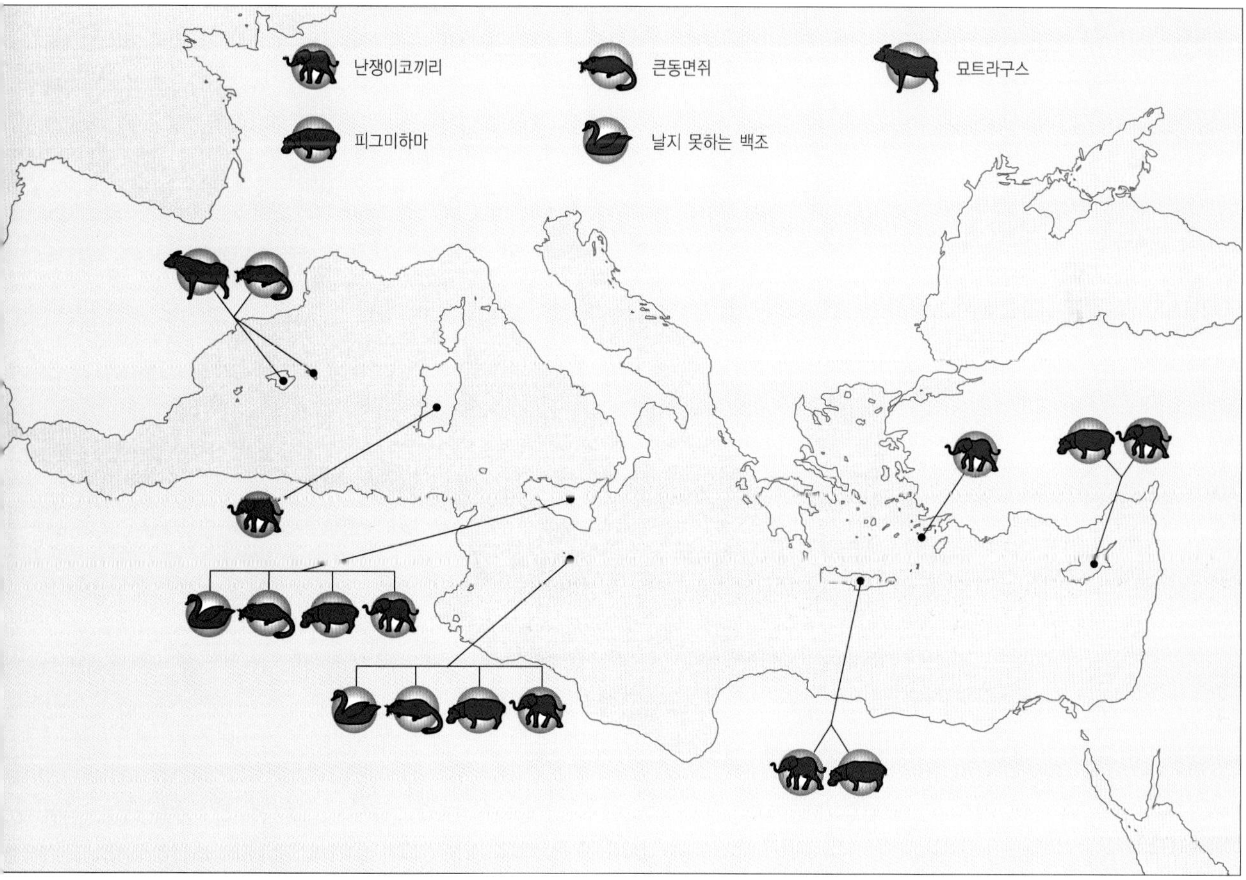

난쟁이코끼리
큰동면쥐
묘트라구스
피그미하마
날지 못하는 백조

산되었다. 동물들은 한 대륙에서 다른 대륙으로 이동하면서 새로운 형태로 진화하였다. 또한 빙기의 낮은 해수면이나 구조운동에 의해 형성된 육교는 동물에게 새로운 지역으로 이동할 수 있게 하였다. 빙하시대와 거의 같은 의미를 갖는 동물인 털매머드는 아프리카가 원산지이다. 첫 번째 털매머드과 동물이 500만 년 전 아프리카 남부와 동부 지방의 퇴적물 속에서 발견되었다. 이후 매머드과 동물은 300만 년 전에 아프리카 밖으로 흩어졌으며, 북부 캐나다나 시베리아의 스텝지대에서 서식하는 동물로 진화하기 시작했다. 반대로 오늘날 아프리카 동물로 여겨지는 일부 동물들의 원산지는 아메리카이다. 여기에는 약 300만 년 전 베링 육교를 지나 구대륙으로 이동해 온 얼룩말과 치타도 포함된다.

빙하시대가 시작되어 기후가 서늘해지면서 아프리카 동물군에 주요한 변화가 나타났다. 습도와 기온이 낮아지는 기후변화는 식물에 직접적인 영향을 미쳤다. 이러한 현상은 초지를 확장시키고 숲을 감소시켰다. 일단 환경이 삼림지대에서 초지나 나지로 변하기 시작하면, 나무의 열매와 잎을 먹고 사는 영양, 돼지 그리고 영장류에게 악영향을 끼쳤다. 이들의 식량은 상대적으로 부드러운 반면, 당시의 초본에는 실리카 함량이 높았다. 실리카 함량이 높은 초본은 모래와 같은 느낌이어서 이빨이 빨리 닳아 없어졌다. 그러므로 동물들은 먹이를 효과적으로 공급받지 못했으며, 초본을 소화하기 어려워 점차 굶어 죽게 되었다. 시간이 흐른 후, 돼지 중 일부 종에는 이빨이 닳아 없어지는 것을 막기 위해 두꺼운 에나멜 층이 있는 큰 이빨이 발달했다. 그에 반해 누와 같은 영양은 잇몸까지 천천히 닳아 없어지는 긴 치관이 발달했다. 이후에 이동해 온 외발굽말은 이미 초본을 식량으로 삼고 있었고, 이러한 이점을 이용하여 곧바로 북부와 남부 아프리카 대륙을 가로질러 빠르게 확산해 갔다. 그 외 초식동물도 아프리카 밖으로 퍼져 나갔는데, 약 100만 년 전에 유럽과 근동지역으로 이동해 간, 어금니가 직선 형태인 코끼리의 조상도 여기에 포함된다.

초식동물인 영양과 일부 원숭이들은 식량과 서식처로 삼았던 나무가 사라지는 큰 변화를 겪었다. 이러한 동물들은 경쟁자가 환경 변화에 적응함에 따라 점차 멸종되었다. 또한 이러한 고통이 초식동물에게만 영향을 미친 것은 아니었다. 나무 밑에 매복하여 먹잇감을 사냥하는 검치호처럼 단독생활을 하는 포식자에게도 영향을 미쳤다. 독수리, 하이에나, 재칼과 같은 경쟁자에게 사냥감이 노출되지 않았던 덤불 지역에 비해 개활지에서는 포식 활동과 청소 활동이 더욱 어려워졌다. 육식동물은 평지에서 무리지어 함께 사냥하며 다른 동물들의 위협으로부터 방어한다. 유인원은 진화에 따라 다른 대형 육식동물과 식량을 얻기 위해 경쟁하게 되었으나, 남아프리카에서 발견된 흔적을 볼 때, 포식자이기보다는 사냥감이었을 것이다.

한 명의 남성과 이를 따르는 여자들로 구성된 소규모의 건장한 오스탈로피테쿠스 무리가 식량을 구하기 위해 사바나를 돌아나녔다. 젊은 남성이 과일을 채집하던 작은 덤불에서 갑작스러운 소동이 일어났다. 날카로운 비명 소리와 함께 털에 점무늬가 있는 것이 눈 깜빡할 사이에 지나간 후 모든 상황이 종료되었다. 표범이 이 무리를 지켜보면서 사냥 기회를 노리고 있었던 것이었다. 유인원을 포획한 표범은 먹잇감의 두피와 눈에 이빨을 단단히 고정시키고 잡아먹으러 끌고 갔다. 표범은 청소동물을 피하기 위해 동굴 입구 위의 나무에 먹잇감을 저장하였다. 나무 아래의 동굴로 두개골이 떨어

남아프리카 스와르트크란스(Swartkrans) 동굴의 고생물학자 브레인(C.K. Brain)과 불운한 오스트랄로피테쿠스의 두개골. 이 두개골에 뚫린 구멍은 포식자가 먹잇감을 사냥할 때 생긴 이빨 자국이다. 같은 지역에서 발견된 표범의 턱뼈가 이 이빨 자국과 완벽하게 일치하는데, 유인원이 포식자이기보다 먹잇감이었음을 입증한다.

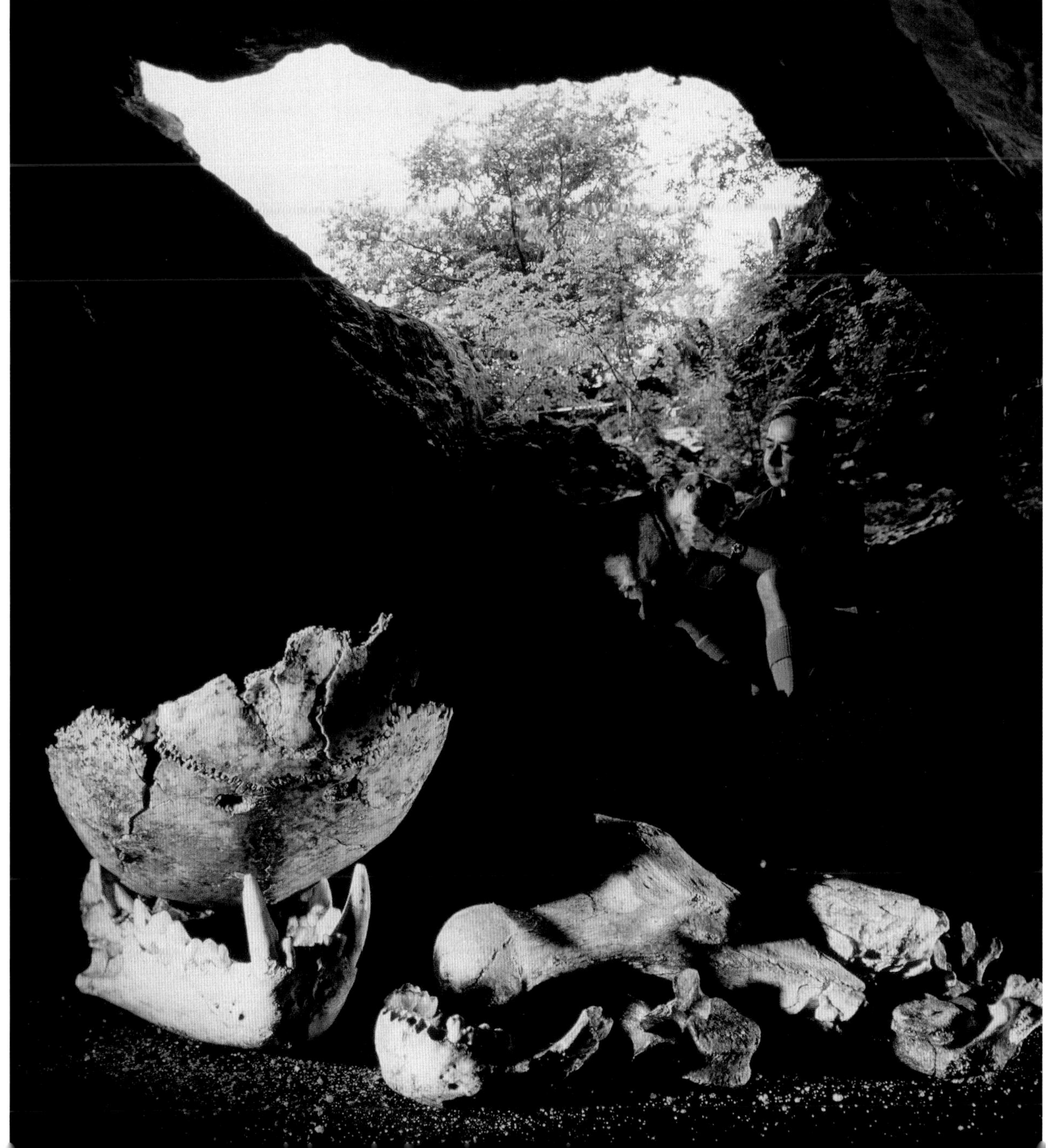

지고 약 150만 년이 지난 후에 고인류학자가 발굴하게 되었다. 같은 동굴 안에서 발견된 표범 화석의 송곳니와 완벽하게 들어맞는 이빨 자국이 두개골에 남겨져 있었으며, 이들의 이야기는 사바나에서의 삶과 죽음에 대해 생생하게 보여 준다.

건장한 오스트랄로피테쿠스 및 사냥감이 된 동물과 육식동물들은 약 100만 년 전에 멸종했으며, 그 후 아프리카에서는 대규모의 멸종이 없었다. 다른 대륙에서 서식하던 동물과는 달리 긴뿔물소와 어깨가 거대한 얼룩말 등의 일부 동물은 마지막 빙기 말에 사라졌으나 대부분의 대형 동물은 살아남았다. 일부 사람들은 다른 대륙에 비해 상대적으로 안정된 이곳의 생태계가 빙하시대의 대규모 동물상을 유일하게 보유하고 있다는 주장을 한다. 또한 아프리카에 나타난 몇몇 동물만 멸종한 것은 이 동물들이 인

과거에는 수많은 종의 코뿔소가 존재했지만 지금은 5종만 관찰된다. 이중 2종은 아프리카에 서식하고 있으며, 나머지 3종은 아시아에 분포한다. 이들은 모두 초식동물이지만 초본을 먹고 사는 종과 연한 잎을 먹는 종으로 구분된다. 빙하시대에 멸종된 코뿔소도 이와 마찬가지인데, 털코뿔소는 초본을 주로 먹는 반면 머크코뿔소는 연한 잎이 주식이었다.

류와 같이 진화했기 때문이기도 하며, 사냥꾼인 인간과 마주했을 때 이 지역에 서식하던 동물들이 약삭빠르게 대처하였기 때문이기도 하다. 그러니 아프리카가 오랜 시간 동안 인간과 함께 살아온 유일한 곳은 아니며, 유럽도 다양한 인류와 동물들이 100만 년 동안 함께 살아온 지역이다.

유럽 — 털이 많은 동물들의 땅

50만 년 전의 유럽에 대한 영화를 본다면, 우리는 어떤 것을 볼 수 있을까? 어떤 해에 눈이 내리거나 녹으면서 산봉우리의 빙하가 커지거나 줄어드는 변화를 관찰할 수 있을 것이다. 그러나 같은 필름을 빨리 돌려본다면 거대한 변화, 즉 거대한 빙상이 북극에서 해양을 지나 북부 유럽까지 확장하며, 북해와 영국 해협에서는 빙상의 성장으로 해안선이 후퇴하여 해협이 사라지고, 추운 회색 툰드라와 스텝이 빙상의 전면까지 넓게 분포하며 녹색의 온대림은 남쪽으로 후퇴하는 것을 볼 수 있을 것이다. 그리고 얼마 후 모든 것이 반대가 되어 빙하가 후퇴하고 삼림이 확장하였으며, 영국 해협이 다시 영국을 대륙과 분리시켰다. 이러한 거대한 변화는 지난 50만 년 동안 5번 일어났으며, 당시 유럽에 살고 있던 모든 동물과 식물에 그 영향이 미쳤다. 그렇다면 이 동물들은 어떤 종류인가? 또한 기후가 어떤 영향을 미쳤을까?

지난 50만 년 동안 유럽에 살던 동물들은 크게 두 개의 그룹으로 나뉜다. 하나는 간빙기에 유럽 전역으로 퍼져 서식하였으며, 빙기에는 피레네와 알프스 산맥 남쪽의 따뜻한 기후에 적응하였거나 온대기후에 서식하였던 종이다. 다른 하나는 스텝과 툰드라에 서식하였으며, 빙기 동안 유럽으로 이동해 왔던 추위에 적응한 종이다.

기후가 빙기로 접어들면서 식물상은 삼림에서 나무가 별로 없는 개활지의 환경으로 변해 갔다. 이런 환경 변화로 나무와 관목을 주식으로 삼던 동물도 함께 변화했다. 처음에는 야생 소, 들소 그리고 말이 증가하였다. 점차 기후가 더 추워지면서 작은 풀이 자라는 거대한 스텝 초지, 사초와 작은 나무들이 시베리아에서 멀리 떨어진 피레네 산맥까지 확장했다. 이와 함께 동물들도 이동하였다. 이동한 동물들은 순록, 큰코영양 그리고 털코뿔소 등과 나그네쥐, 북극여우 그리고 울버린같이 작은 동물도 있었다. 빙기로 접어들 때에는 몇천 년에 걸쳐 기온이 서서히 낮아졌는데, 간빙기로의 변화는 급격하게 일어났다. 그리고 한랭한 환경에 적응한 포유류는 죽거나 다음 한랭한 시기가 도래하여 스텝이 확장되기 전까지 동쪽으로 이동하였다. 간빙기에 접어들면서 이 지역으로 나무가 가장 먼저 들어왔고, 그 다음은 따뜻한 기후에 적응한 동물, 즉 좁은코코뿔소, 바바리짧은꼬리원숭이, 하마가 이동해 왔다. 빙기 동안의 피난처였던 스페인, 이탈리아와 발칸 지역에서 북쪽으로 이동한 것이다. 그러나 북쪽에 살며 따뜻한 환경

털코뿔소인 *Coelodonta antiquitatis*는 유럽과 아시아의 북부 지역에서 발견된다. 털코뿔소의 목과 머리는 복원도에서처럼 아래쪽을 향해 있으며, 이것은 지표상의 초본을 뜯어먹는 데 적응했음을 지시한다.

에 적응했던 동물들이 모두 빙기 동안 남쪽으로 피난한 것은 아니다. 동굴곰, 사자, 점박이하이에나 그리고 인류는 자신들의 서식지에 머물고 있었다. 이 중 사자, 점박이하이에나와 인간은 추운 환경에서 살아남기 위해 육류를 필요도 했으며, 이들은 따뜻한 환경에 적응한 동물과 한랭한 환경에 적응한 동물 모두를 먹잇감으로 삼았다.

하이델베르크인들은 북유럽에 거주한 첫 번째 인류로 육식동물이 광범위하게 서식하던 지역 가까이에 살았다. 이들은 황량한 유럽 평원에 서식하던 검치호와 큰짧은얼굴하이에나를 무서워하였다. 이런 하이에나는 몸집이 거대했고 어깨까지의 크기가 1m였으며, 턱뼈는 어른 손목에서 팔꿈치까지 길이인 24cm 정도였다. 오늘날 점박이하이에나처럼 이들의 턱도 먹이에서 최대한 많은 영양물을 섭취하기 위해 뼈를 부술 수 있도록 특화된 이빨을 가지고 있다. 이 지역에는 오늘날의 고양이과 동물보다 50%는 더 큰 치타가 드물게 분포하였지만, 하이델베르크인은 이 동물을 일생에 한번 볼까 말까할 정도였다. 네안데르탈인으로 진화하던 무렵 유럽에는 검치호, 짧은얼굴하이에나, 치타가 사라지고 사자와 표범 그리고 점박이하이에나가 남아 있었다.

털코뿔소	
속	Coelodonta
종	Coelodonta antiquitatis
크기	1.7 m
시기	20만–1만 BP
분포	유라시아 북부 지역

검치호는 유럽에서 약 30만 년 전에 멸종하였지만, 최근 약 2만 8,000년 전으로 측정되는 대형 고양이과 동물의 턱뼈 하나가 북해에서 발견되었다. 북아메리카에는 여전히 이러한 고양이과 동물이 존재한다. 이것이 지난 빙기에 이 고양이과 동물이 북아메리카에서 유럽으로 다시 돌아갔다는 증거로 제시될 수 있는가? 아니면 알려지지 않은 일부가 현재에도 유럽 어딘가에 살아남아 있을까? 그에 대해서는 아직 잘 모르지

이 털 많은 코뿔소의 두개골 앞쪽에는 거대한 뿔이 있는데, 다른 수컷 코뿔소와 결투하는 데 이용되었을 것이다. 어금니는 풀을 뜯이 먹으면서 펑펑해진 것이다. 털코뿔소는 혼자서 다니거나 현재 아프리카 코뿔소처럼 가족 단위의 소규모로 무리지어 다녔을 것이다.

만, 이 발굴은 고생물학이 놀라움과 발견의 과학이라는 것을 분명히 보여 주었다.

현생 인류가 유럽에 도달했을 때, 그곳의 거대한 포식동물은 인류에게 친숙하게 느껴졌을 지도 모른다. 현생 인류는 아프리카에서 그들과 함께 밀접한 관계를 맺으며 진화해 왔다. 그러나 동물 중에는 새로운 종인 동굴곰도 있었다. 몇백만 년 전 아프리카에 곰이 서식하였으나 현재 아프리카에는 곰이 살지 않으며, 역사 시기에 마지막 갈색곰이 북아프리카에서 사라졌다. 동굴곰은 유럽과 중앙아시아에서 진화했으며, 최종적으로 추운 북부 지역에서 서식하며 겨울 동안 동면을 취하는 거대한 초식동물이 되었다. 이것은 인류를 잡아먹지 않았으나 동굴이나 식량을 놓고 경쟁 상대가 되는 경우에는 인류에게 무서운 적수였다. 일부 동굴에서는 수천 개의 동굴곰 뼈가 인류의 뼈와 함께 발견되었다. 이 동굴은 곰이 살다 죽기도 하고, 때때로 동면기를 지내던 곳이다. 이는 동물이 죽었던 당시의 나이를 이빨이 닳은 정도에 따라 계측해 보면 알 수 있다.

유라시아의 추운 기간에 서식했던 동물, 즉 두툼한 털과 작은 눈, 그리고 작은 꼬리를 가진 털매머드, 추위를 막아 주는 긴 털과 두 개의 뿔(두 개의 뿔 중 하나의 길이가 1m까지 자란다)이 있는 털코뿔소는 빙하시대 동물의 상징이다. 그러나 여전히 따뜻한 기후에 적응한 코끼리와 코뿔소도 서식했다. 이들은 어금니가 직선 형태인 코끼리와 머크코뿔소이다. 이 동물들은 털코뿔소나 매머드가 식량으로 삼던 풀이나 키가 작은 관목 대신 나무나 관목의 잎을 먹는 데 적응하였다.

동물상에서 이러한 거대한 변화가 왜 발생했을까? 왜 매머드와 코뿔소는 인류와

동굴곰	
속	Ursus
종	Ursus spelaeus
크기	1.2 m
시기	30만–1만 BP
분포	유럽과 서아시아 지역

위 동굴곰인 *Ursus spelaeus*는 매우 독특한 모습을 보인다. 눈 위에서 돔 형태를 이루는 두개골은 주둥이 쪽으로 내려오면서 급격하게 움푹 들어간 형태이다.

옆면 동굴곰 화석은 매우 많이 발견된다. 3만~5만 년 정도로 측정된 뼈는 한 유적지에서만 발견되었다. 동굴곰 두개골은 프랑스의 쇼베(Chauvet) 동굴 바닥에서 발견되었으며, 빙하시대에 서식하던 동물들을 그린 벽화로 유명한 곳이다.

사자가 그랬던 것처럼 기후가 변화하는 동안 그 지역에 머물지 못했는가? 여기에 대한 해답은 바로 코끼리와 코뿔소 및 나머지 동물들이 초식동물이므로 이들은 적합한 식물을 찾아 이동했다는 것이다. 동물이 대규모로 이동하였다기보다 동물들이 살아가기에 적절한 서식지가 확대되면서 새로운 지역에 동물의 개체수가 서서히 증가했던 것 같다. 원래 살던 서식처가 축소됨에 따라 일부 동물은 서식처를 따라 이동하였으나, 대부분은 식물이 드문 곳에 고립되어 결국 죽게 되었을 것이다.

직선형 어금니를 가진 코끼리는 거대한 삼림에서 서식하였으며, 이 동물의 어깨 높이는 4m 정도였다. 코끼리들은 나무껍질을 벗겨 먹거나 나뭇잎을 뜯어 먹었으며 때때로 나무를 밀어 넘어뜨리기도 했다. 이와는 대조적으로 약간 더 작은 털매머드는 길이

콜롬비아매머드인 *Mammuthus columbi*와 아메리카마스토돈인 *Mammut aericanum*은 복원도에서처럼 체형이 매우 다르다. 마스토돈은 몸이 길고 키가 작으며 두개골이 다소 평평한 형태를 보이는 반면, 콜롬비아매머드는 키가 크고 등이 굽었으며 두개골이 돔형이다.

	매머드	마스토돈
속	Mammuthus	Mammut
종	M. columbi	M. americanum
크기	4 m	2.4–3 m
시기	15만–1만 BP	160만–1만 BP
분포	북아메리카에서 남쪽 멕시코까지 넓은 범위 서식	북아메리카 및 중앙아메리카

이동 중인 매머드. 복원도는 눈 덮인 지역을 이동하는 매머드 무리를 표현하고 있다. 스텝지대와 마찬가지로 털코뿔소와 말이 자주 목격되며, 사자는 순록의 사체를 먹는 모습을 볼 수 있다. 포식자는 먹잇감이 되는 동물보다 눈에 잘 띄지 않는다. 반대로 포식자에게는 먹잇감이 적다는 의미일 수도 있다. 따라서 육식동물의 화석이 상대적으로 초식동물에 비해 적게 남아 있다.

가 약 3.3m이며, 다른 방향으로 진화하였다. 이들은 중국과 시베리아 북부에서 진화하였다. 이 지역은 매머드가 유럽에 서식한 시기보다 앞선 시기에 오랫동안 서늘한 초지가 형성되었던 곳이다. 이들은 초본을 먹는 것만큼이나 키가 작은 관목이나 작은 버드나무를 먹는 데 잘 적응했다. 이처럼 초본이 풍부한 초지는 '메머드 스텝' 으로 알려져 있으며, 오늘날 비교할 만한 대상이 없다. 그러므로 직선형 어금니를 가진 코끼리는 추운 시기에 북유럽에서 살아남을 수 없었다. 그 이유는 이들이 식량으로 삼는 나무와 관목이 추위 때문에 남쪽으로 후퇴하였기 때문이다. 매머드에게 빙기 동안 유럽에 나타난 춥고 광활한 스텝의 초지는 이상적인 환경이었지만 간빙기는 알맞지 않았다. 초지가 삼림으로 대체되면서 매머드의 식량이 되는 초본이 줄어들었다.

매머드 스텝은 춥고 눈이 많이 내리는 황무지가 아니다. 매머드는 오늘날의 코끼리처럼 필요한 에너지를 얻기 위해 매일 많은 양의 먹이가 필요하였다. 매머드 무리에게 식량을 공급하기 위해서는 광범위하게 비옥한 땅이 있어야 하였다. 매머드가 한입 가득 먹을 식량을 찾기 위해 눈을 파헤친다면, 먹이를 찾는 에너지가 식량에서 얻는 에너지와 거의 비슷하게 소비될 것이다. 따라서 매머드는 눈이 거의 덮히지 않은 개활지의 초지에 분포하였을 것이다. 위의 복원도는 매머드 스텝의 4만 년 전 생활상을 보여준다. 전형적으로 한랭한 시기에 유라시아에서 서식하였던 포유류는 말, 털코뿔소, 매머드 등이며, 초지나 작은 관목과 나무가 자라는 산지를 서식처로 삼았던 것 같다. 그러나 매머드가 초지를 이동하며 남겨 놓은 배설물 더미와 같은 다른 요소는 자칫 놓치기 쉽다. 매머드는 180kg의 식물을 매일 먹을 수 있으며, 이러한 양을 먹기 위해서는 특정한 장소로 이동해야 하였다. 이러한 먹이는 영구 동토층에서 발견된 매머드의 어금니 사이에서 발견되었다. 미라가 된 매머드는 먹이를 반 정도만 씹다가 죽었는데, 일부는 위장과 결장에서 소화된 상태로 남아 있었다. 이러한 먹이는 최종적으로 배설물이 된다. 배설물은 북아메리카 건조 지역의 동굴에서도 발견된다. 매머드가 먹은 것이 입에서부터 배설물까지 모든 소화의 단계에 남아 있었다. 매머드의 체내에 보존되어 있던 물질에서 추출한 작은 식물의 가지와 화분을 분석하여 어떤 종류의 식물인지 구분할 수 있다. 이들은 다양한 종류의 먹이, 즉 식물을 섭취했으며 작은 관목, 나무껍질 그리고 나뭇잎을 많이 먹었다.

매머드는 무리 지어 스텝을 돌아다녔다. 어미 뒤를 따라가는 새끼 모습을 상상해 보자. 그는 무리를 뒤따라가며 종종 식물을 먹었는데, 이러한 먹이를 씹어 먹음으로써 이빨이 닳았다. 그러나 여전히 어미가 주는 젖을 주로 먹었을 것이다. 새끼 매머드는 1살이 지난 어느 날 불행하게 진흙탕이나 크레바스에 빠져 죽었다. 무리는 구성원을 잃었다는 슬픔으로 많이 동요하였으며, 어미는 완전히 진흙에 묻히기 전까지 옆에서 포식자나 약탈자로부터 새끼를 보호하였다. 이 화석은

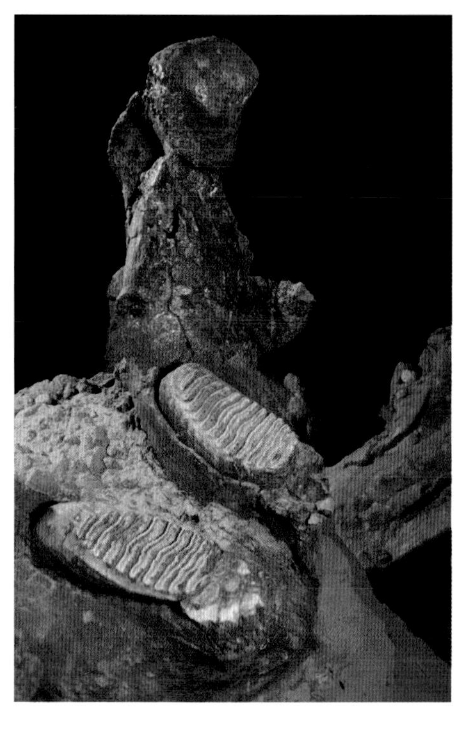

위쪽 이 콜롬비아매머드의 이빨은 사우스다코타 주 핫스프링에서 발견된 것으로 코끼리의 이빨을 만드는 에나멜 판이 특징적이다. 이 에나멜 융기선은 상아질과 함께 나타나는데, 상아질은 에나멜보다 약하며 닳아 없어지기 쉽기 때문에 에나멜이 능선 형태로 남는다. 에나멜 융기선은 식물을 자르는 역할을 한다. 동시에 코끼리는 아래쪽과 위쪽 각각 두 개씩 어금니를 가지고 있다. 각각의 이빨들이 닳아 없어지면 새로운 이빨이 자라난다. 일단 마지막 이빨이 자라나고 닳아 없어지면 음식을 씹을 수 없기 때문에 동물은 죽는다.

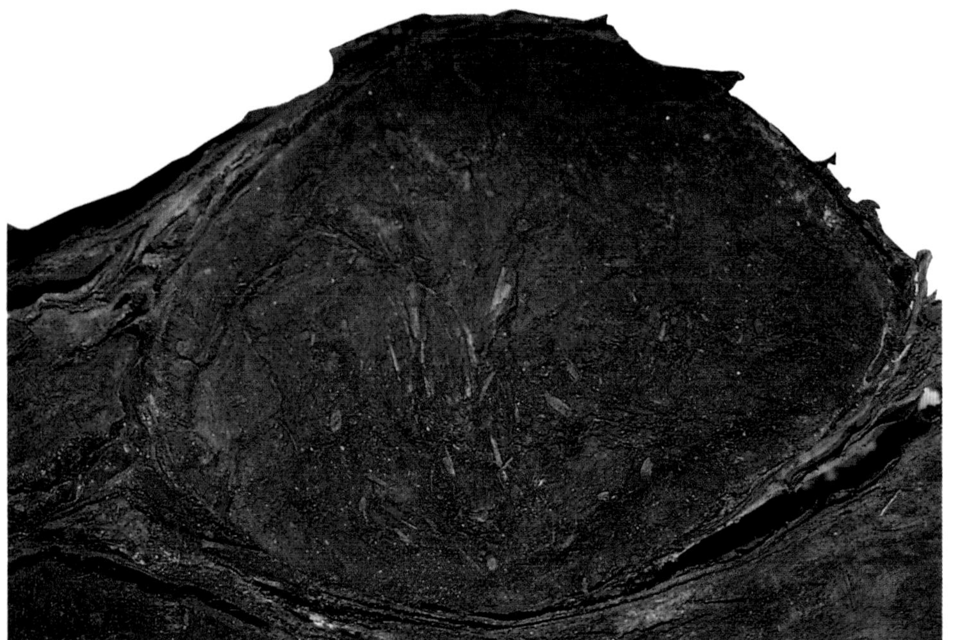

왼쪽, 털매머드는 하루에 180kg의 식량을 먹어치운다. 이 사진은 샨드린매머드의 창자를 통과하는 음식물을 보여 주는 것이다. 수컷 매머드가 1972년 영구 동토층에서 발견되었는데, 소화관은 아직도 이 매머드가 죽기 전에 먹은 풀과 나뭇잎으로 가득 차 있었다.

4만 년 전으로 연대가 측정되며 1977년 영구 동토층에서 발견되었다. 새끼의 이름은 발견된 강의 지류인 디마(Dima)에서 따 왔다. 고생물학자들은 디마의 시체와 주변의 퇴적물에 있는 단서를 통해, 그의 이야기를 재구성하였다. 디마는 건강하지 못한 새끼였다. 분석 결과, 장에서는 기생충이 다량 발견되었으며, 지방층이 없는 영양 부족 상태였다. 약해진 새끼 매머드는 웅덩이에 빠진 후 밖으로 나올 수 없었다. 어미 매머드가 현재 아프리카에 있는 코끼리처럼 코를 내밀어 구하려고 안간힘을 썼겠지만 웅덩이가 너무 깊었을 것이다. 디마의 위장에는 많은 이야기가 남아 있다. 그의 위장에는 소량이지만 흙과 그의 털이 있었는데, 그가 더 이상 어미젖과 식물을 먹지 못할 때 배고픔과 스트레스로 먹었을 것이다. 이 이야기는 디마에게만 있었던 특별한 상황이 아니었다. 매머드 새끼들이 영구 동토층에서 몇 마리 발견되었으며, 가장 최근에 완전한 상태로 보존된 류바(Lyuba)라는 이름의 매머드가 2007년 5월에 발견되었다.

이렇게 얼어 있는 상태로 발견되는 매머드 새끼는 다른 대형 동물에 비해 완벽하게 보존되어 있다. 이들은 체구가 작고 죽은 후에 빨리 냉동되기 때문이다. 다 자란 동물

털매머드의 새끼인 디마는 1977년 시베리아의 영구 동토층에서 발견되었다. 현재의 아프리카 코끼리 새끼와 비교해 볼 때, 추위에 대한 적응으로 귀가 작은 점을 주목하길 바란다. 디마의 시체 주변의 퇴적물에는 털이 포함되어 있는데 이는 몸에서 벗겨져 나온 것이다. 그러나 어린 매머드는 여전히 몸, 꼬리, 다리에 털이 남아 있다.

정지된 시간

멸종된 동물 대부분은 뼈나 이빨만이 남아 있지만, 때로는 피부, 털 그리고 다른 조직이 남아 있기도 한다. 얼어 있는 상태의 말, 들소 그리고 매머드 유해가 눈덧신토끼나 땅다람쥐와 마찬가지로 시베리아와 알래스카에서 발견되었으며 나무늘보는 아메리카에서 발견되었고, 태즈메이니아호랑이는 오스트레일리아에서 확인되었다. 영구 동토층에서 발견되는 동물 사체는 청소동물이나 미생물이 사체에 영향을 미치기 전 빠른 시간 내에 묻힌 것이다. 그에 반해 아메리카나 오스트레일리아의 건조 지역 동굴에서는 미생물이 살아남거나 증식하는 데 필요한 수분이 없기 때문에 바짝 마른 상태로 발견된다. 미라가 되는 이러한 두 가지 방법 가운데 영구 동토층의 동물은 완벽하게 보전되어 있으며 형상도 그대로 유지되어 있으나 털은 종종 탈모된 상태이다. 그에 반해 건조한 지역의 동굴 유적에서 발견되는 동물은 피부와 털이 매우 잘 보존되었고, 사체가 탈수로 인하여 납작한 상태이다. 이 외에 독특한 보존 방법인 세 번째 유형은 우크라이나 서부의 스타루니아(Starunia)에서 발견되었다. 털코뿔소가 천연 석유와 소금에 절여진 상태로 묻혀 거의 완벽하게 남아 있다. 미라가 될 만한 환경만 조성된다면 오늘날에도 박쥐와 같은 동물이 미라가 될 수 있다.

반대쪽 이 아기 매머드는 2007년 5월 시베리아 북부 지역의 영구 동토층에서 발견되었다. 이름은 발견자의 아내 이름을 따서 류바이며, 암컷으로 죽을 당시 나이가 1살 이하였다.
오른쪽 스타루니아털코뿔소가 우크라이나 서부 지역에 퇴적되어 있는 기름과 소금에 '절여진 상태'로 발견되었다. 이 코뿔소는 현재까지 발견된 털코뿔소 미라 중에서 가장 좋은 표본 가운데 하나이다.
아래 예외적으로 매우 보존이 잘된 동물들이 그림에서 보이는 것처럼 북부 지역을 따라 발견된다.

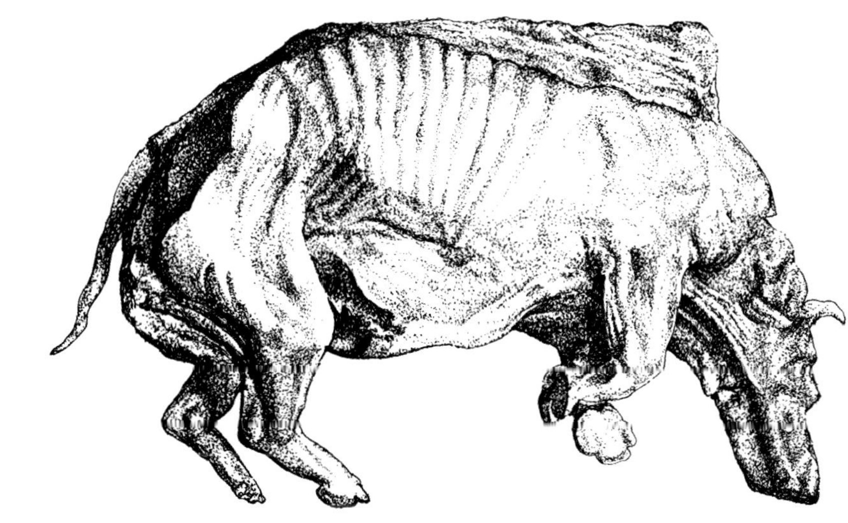

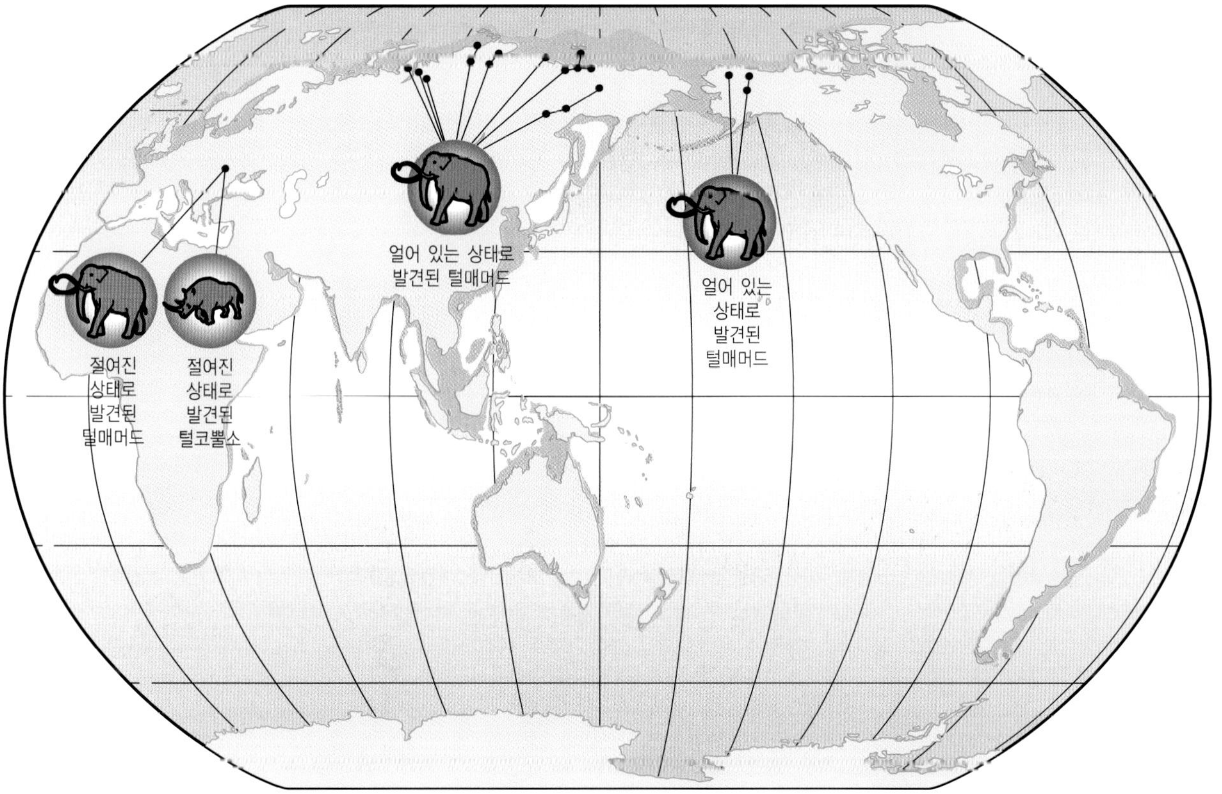

얼어 있는 상태로 발견된 털매머드
얼어 있는 상태로 발견된 털매머드
절여진 상태로 발견된 털매머드
절여진 상태로 발견된 털코뿔소

프랑스의 루피냐크(Rouffignac)에 새겨진 이 그림은 길고 굽은 어금니, 수북한 털 그리고 둥근 모양의 돔형 두개골의 특성을 보이는 털매머드가 많이 그려져 있다. 이 그림을 그린 사람은 피사체의 특성을 완벽하게 알고 있었다.

의 위장 내용물은 죽은 후에도 발효 과정이 계속 유지되었으며, 심지어 동물이 얼어서 딱딱해졌을 때에도 진행된다. 청소동물에게 먹히지 않았을 경우, 이러한 발효는 부패를 유발한다. 드물지만 성년의 매머드에서 위장 내용물이 발견된 경우도 있다.

요즘 사람들은 매머드에 관심이 많다. 이유는 매머드가 멸종된 동물일 뿐 아니라, 영구 동토층에서 발견되는 매머드는 그들이 어떻게 살고 죽었는지에 대한 명백한 정보를 주기 때문이다. 빙하시대 유럽에 살던 인류가 그린 동굴 벽화는 동물에게 상당히 강한 인상을 가졌다는 것을 추측하게 한다. 이 그림에는 털코뿔소, 사자, 말 그리고 들소가 그려져 있다. 이러한 동물은 매우 중요했을 것이며 그들은 이 동물들을 경외시

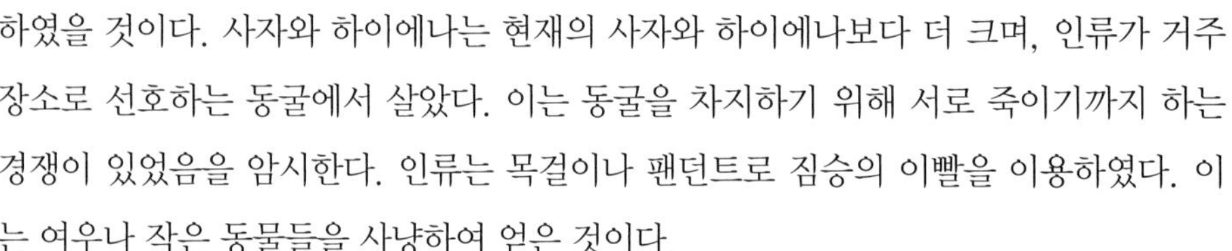

하였을 것이다. 사자와 하이에나는 현재의 사자와 하이에나보다 더 크며, 인류가 거주장소로 선호하는 동굴에서 살았다. 이는 동굴을 차지하기 위해 서로 죽이기까지 하는 경쟁이 있었음을 암시한다. 인류는 목걸이나 팬던트로 짐승의 이빨을 이용하였다. 이는 여우나 작은 동물들을 사냥하여 얻은 것이다.

간빙기 동안 유럽의 동물상은 매머드 스텝과는 전혀 달랐다. 최종 간빙기에 영국의 동물상은 오늘날과 완전히 달랐으며, 점박이하이에나, 직선형 어금니를 가진 코끼리, 머크코뿔소, 사자, 하마들이 많이 서식했다. 이 지역에는 온통 동물들이 가득했던 것으로 생각된다. 당시 말이나 인류는 대륙 어딘가에 살았을지도 모르지만, 발견되지 않았다. 말이 없다는 것은 점박이하이에나에게 영향이 크다. 하이에나는 먹잇감으로 말을 좋아하며 개활지의 초지에서 말을 사냥하였다. 영국은 말이 거의 없었으며 숲이 울창하였다. 이는 하이에나가 먹이를 사냥하는 데 어려움이 있었으며, 사냥에 성공하게 되면 사냥감을 남김없이 먹었다는 것을 의미한다. 하이에나의 먹이에 대한 연구를 통해 동물의 긴 뼈, 심지어 코뿔소처럼 큰 동물의 뼈도 양쪽 끝을 뜯어먹어 실린더 형으로 만드는 등 계속해서 씹어 먹었다는 것이 밝혀졌다.

왜 인류와 말은 마지막 간빙기에 나타나지 않았을까? 이들은 북해와 영국 해협이 다시 바닷물로 채워지기 전인 앞선 빙기의 끝 무렵(12만 5,000년 전)까지 영국에 도달하지 못한 것으로 보인다. 영국에서 해빙이 시작되어 바닷물이 해협에 다시 차오르는 시기에는 인간과 말이 영국으로 건너갈 만큼의 시간적 여유가 없었으며, 동물들(특히 말)은 이동 시 목적성 없이 단지 식생을 따라 이동하였을 것이다. 인류는 동물들을 사냥

하기 위해 동물 무리를 따라 이동하였을 것이다. 유럽 대륙은 간빙기 동안 영국으로 건너가지 않고 본토에 남아 있는 동식물에게 기회의 땅이었다. 따라서 지난 간빙기에 영국에서는 인류와 말이 나타나지 않았으며, 그 이전 시기에는 하마가 영국에서 사라졌다. 이러한 현상은 왜 현재 아일랜드에 뱀이 없는가에 대해 설명하는 것과 같다. 아일랜드 해는 영국 해협보다 더 이른 시기에 바닷물이 들어와 영국과 분리되었으며, 뱀은 영국으로 건너올 수 있었으나 아일랜드까지 건너지 못했다.

우리는 온난한 시기에 살고 있는데, 왜 빙기의 동물에 대해서만 인식하고, 간빙기의 생물에 대해서는 훨씬 잘 모를까? 빙기는 바로 이전에 있었고, 그에 따라 최근 멸종된 동물 대부분은 모두 추운 시기에 존재했으며, 이들의 뼈는 빙하 퇴적물과 고고학 유적에 상당히 많이 남아 있다. 현생 인류는 추운 시기였던 약 4만 년 전쯤 유럽으로 이동했다. 이들은 대형 동물 주변에 살면서 이들을 먹잇감으로 삼았다. 현생 인류가 동굴에 선명하게 새겨 놓은 벽화는 이들과 같은 시기에 살았다는 것과 오래 전 멸종된 동물의 모습에 대한 단서를 제공한다. 추운 시기에 살던 동물들은 시베리아와 아메리카 북쪽의 툰드라 고원을 돌아다녔다. 그 중 일부는 수천 년 전에 죽어서 언 상태로 남아 있다. 알래스카와 시베리아 영구 동토층에서 종종 디마와 같은 매머드, 들소, 말 그리고 다람쥐 무리와 같은 동물의 유해가 발견되기도 한다. 반면 따뜻한 시기의 동물은 오직 뼈와 이빨만 발견된다. 이러한 간빙기 동물의 뼈는 유럽 전역에서 발견되며, 최

뒷면 코뿔소, 야생소 그리고 말을 포함하여 빙하시대 시기의 짐승들을 그려 놓은 이 그림은 라스코 양각보다 약 1만 년 앞선 시기의 것이다. 이 훌륭한 바위그림은 1994년 쇼베 동굴 유적이 발견되던 당시에 함께 발견되었다. 2만 7,000~2만 6,000년 전 쯤에 인류가 재방문했으나, 동굴 내부에 있는 모든 그림들은 3만 2,000~3만 년 전에 그려진 것이다.

아래 야생 들소를 양각으로 새긴 후기 구석기 시대 작품으로 프랑스의 라스코 유적에서 발견되었다. 약 1만 6,000년 전, 마지막 빙기 말기에 현생 인류가 그린 것으로 추정된다.

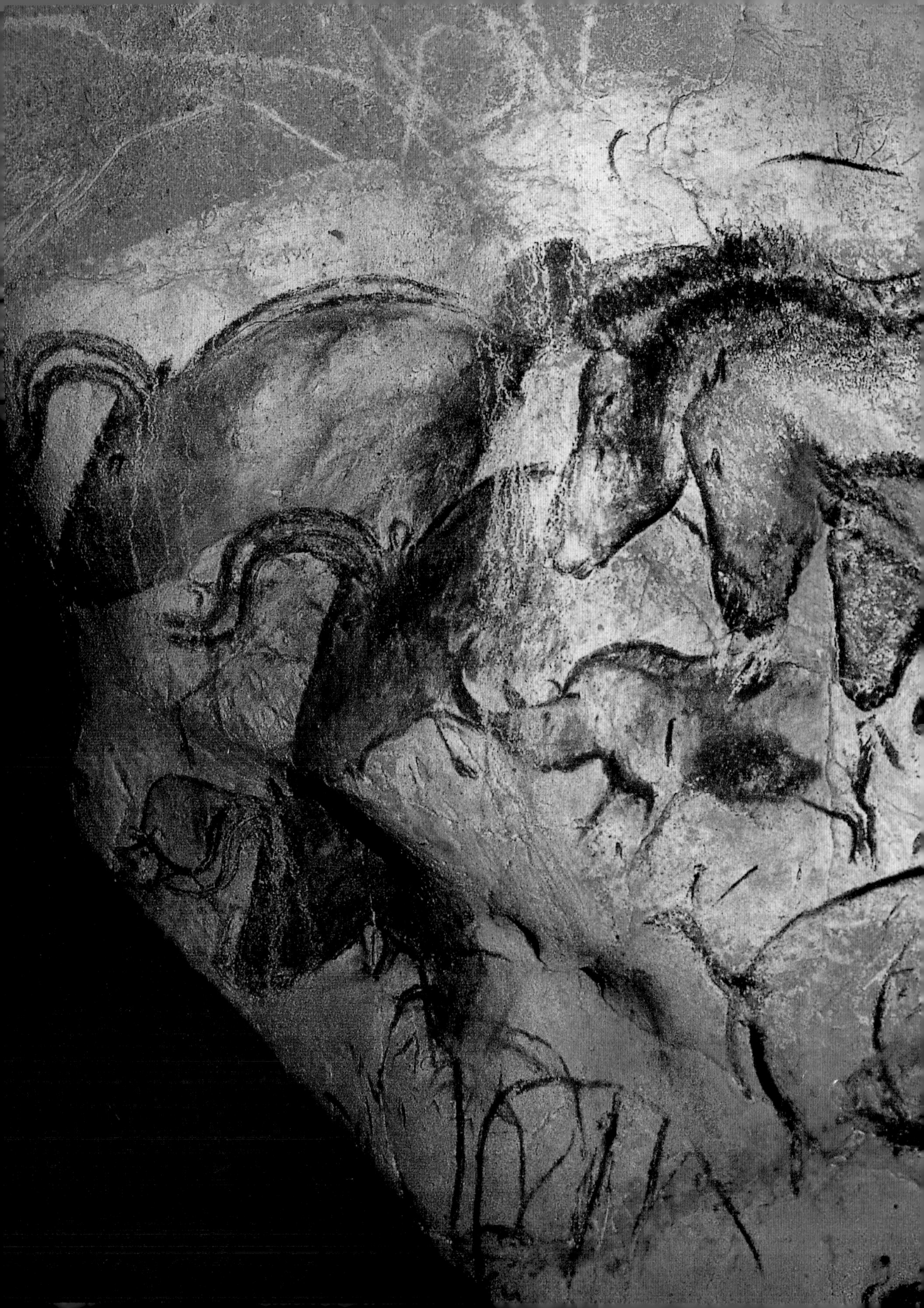

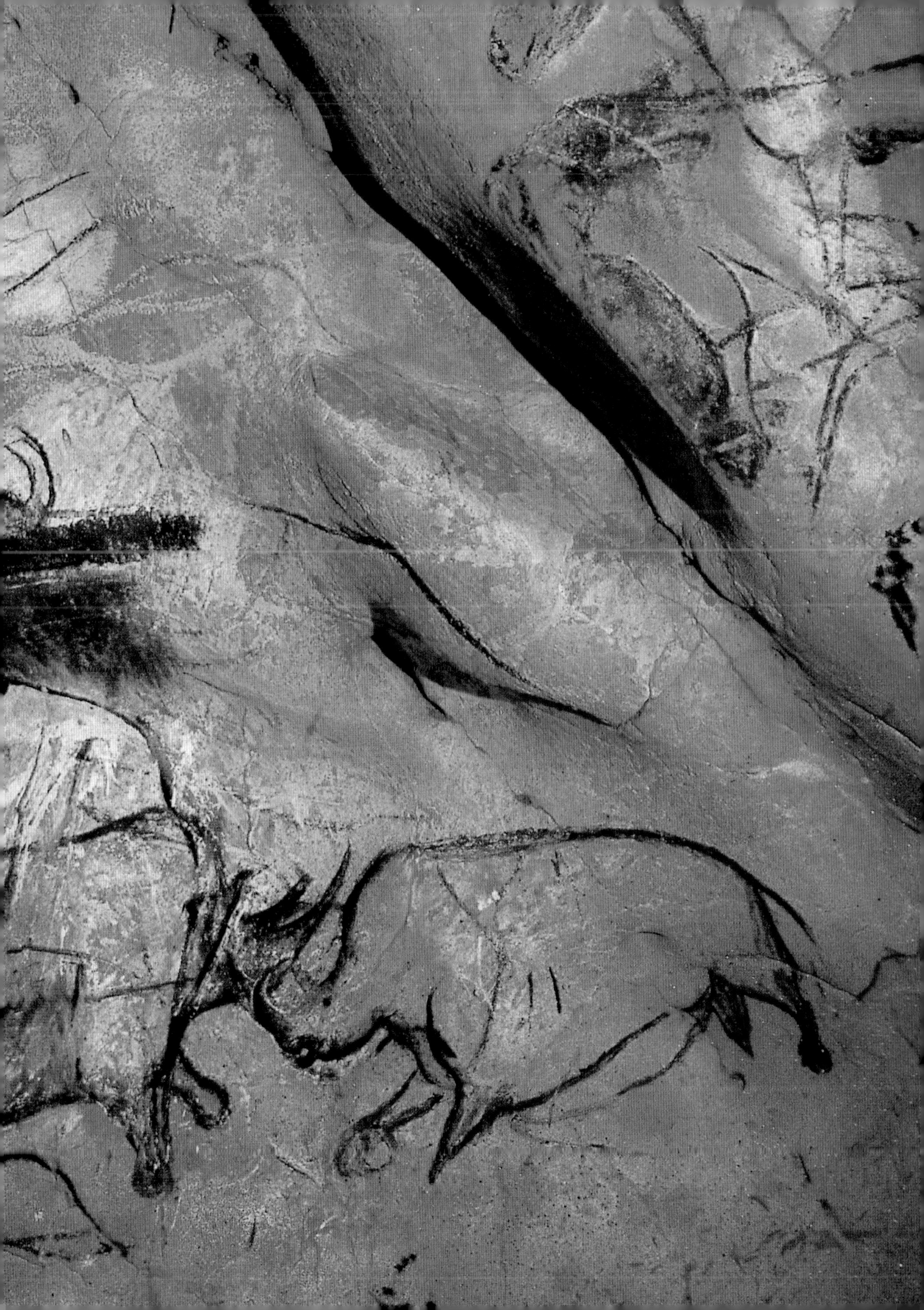

소한 한 번의 빙기를 거치면서 훼손되기도 하였다. 영국과 같은 일부 지역에 있는 흔적은 빙하의 확장에 의해 제거되거나, 빙하나 융빙수 하천으로부터 공급받은 퇴적물 속에 깊이 묻혔다. 어마어마한 양의 흙과 자갈의 이동과 퇴적이 왜 채석이나 채굴을 할 때에만 많은 화석들이 발견되는지를 설명해 준다. 동굴은 또 다른 화석의 저장고이다. 영국 북부의 빅토리아 동굴에서 확인된 지난 간빙기 동물의 화석은 12만 년 전 요크셔데일스(Yorkshire Dales)에 하마가 살았다는 사실을 알려 주었다.

지난 50만 년 전 간빙기에 유럽에서 살던 많은 동물들은 현재 아프리카에서만 발견되거나 혹은 완전히 멸종되었다. 현재 간빙기에 살고 있지만, 지난 50만 년 전의 간빙기와 다른 점은 당시의 동물들이 사라졌다는 것이다. 우리는 한때 어마어마하게 무리를 이루며 살던 동물군 중 멸종되고 난 나머지들과 함께 살고 있다. 멸종 위기는 유럽에만 해당하는 것이 아니며 실제로 미국이나 오스트레일리아에 비해 유럽에서 더 많이 살아남았다.

위 땅에 나있는 큰 구멍들은 거대한 나무늘보인 *Megatherium*의 발자국이다. 이 거대한 동물이 부드러운 퇴적물 위를 걸어 다니면서 생긴 큰 구멍은 사진에서 보듯이, 물이 고일 수도 있다. 발자국은 멸종된 생물체의 이동에 대한 관찰을 가능하게 하며, 걸음걸이, 걷는 속도 그리고 동물의 몸무게를 이 발자국에서 계산할 수 있다.

북아메리카

북아메리카를 2만 년 전으로 되돌린다면, 낙타, 네 종류의 코끼리[털매머드, 콜롬비아매머드, 마스토돈(mastodon) 그리고 곰포테르(gomphothere)], 재규어, 아메리카사자, 퓨마에 둘러싸인 모습을 보게 될 것이다. 오늘날에는 당시의 독특한 동물과 비교할 만한 것이 없다. 예를 들면, 키가 3m가 넘는 거대한 땅나무늘보, 자동차 크기와 비슷한 아르마딜로, 어깨 높이가 1.6m보다 큰 거대한 곰, 새끼 매머드를 사냥할 수 있는 검치호 등이다. 이 동물들은 무리 지어 생활했으며, 아메리카 대륙에만 고립되어 있지 않았다. 이들은 해수면이 낮은 시기에 베링 해협을 지나 아시아 북부로 건너가거나 파나마 지협을 거쳐 남아메리카로 가는 두 방향으로 이동하였다. 어떤 동물들은 반대 방향으로도 이동하였다. 털매머드와 들소가 지난 10만 년 전의 어느 시기에 베링 육교를 가로질렀다. 털코뿔소가 시베리아 북부에 있었으면서 북아메리카로 건너가지 않았다는 점은 의문스러운 부분이다. 아마도 베링 육교를 건넌 가장 유명한 여행자는 지난 빙기 끝 무렵에 건넌 인류일 것이다.

북아메리카의 동물상은 아메리카 대륙 전체에 걸쳐 다양하였을 것이며, 현재와 마찬가지로 플로리다에 서식하는 동물과 워싱턴 주나 애리조나에 서식하는 동물의 종은 서로 달랐을 것이다. 일부 동물들 즉, 루스코니땅나무늘보 등의 동물은 서식지를 북쪽으로 넓혔으며 남아메리카에서 멕시코를 지나 현재 미국의 영토까지 확장해 왔다. 반면 사향소가 살았던 가장 남쪽 끝은 캘리포니아이다. 식물상도 동물의 서식 범위를 결정하는 데 한 부분을 차지한다. 가지뿔영양과 하란땅나무늘보(3.6m의 키에 1,500kg 정도

거대한 나무늘보인 *Megatherium*속은 남아메리카 지역과 멀게는 텍사스 북부 지역에서도 발견된다. 모든 땅 나무늘보 중 가장 큰 것은 몸무게가 약 2,700kg 이상이지만, 큰 몸에도 불구하고 뒷다리를 쪼그릴 수 있었을 가능성이 크다. 앞발의 발톱은 나뭇잎을 먹기 위해 나무를 밀거나 당기는 데 이용되었다.

메가테리움	
속	Megatherium
종	Megatherium americanum
크기	2.1 m
시기	400만–1만 BP
분포	남아메리카 및 중앙아메리카

콜롬비아매머드는 아메리카에서 진화했다. 이 동물은 매머드 종 가운데 가장 큰 것으로 가장 긴 어금니를 가지고 있다. 가장 큰 콜롬비아매머드의 어금니에 대한 기록은 텍사스에서 발견된 것으로 길이가 4.9m이다.

나가는 나무늘보)는 평원에서 천천히 다니면서 풀을 뜯어 먹고 살았던 반면, 과거의 낙타는 숲 가장자리에서 서식하였다. 플로리다곰은 북아메리카 어디서도 찾아볼 수 없었으며, 코끼리처럼 생긴 마스토돈과 곰포테르는 초기에 많은 개체가 살았다. 이들은 빙기를 거쳐 가장 마지막까지 살아남았던 대표적인 동물로 아메리카 대륙은 이들의 마지막 본거지였다. 매머드는 북아메리카에 두 번 이동해 왔다. 콜롬비아매머드의 조상이 처음 이곳에 도착하여 진화했다. 그리고 빙하시대가 끝나가는 무렵에 털매머드가 베링 육교를 건넜다. 콜롬비아매머드는 모든 매머드 중 가장 크며 어깨 높이가 4m 정도이다. 온난한 기후에 살았다는 점을 비추어 볼 때, 때때로 이 동물이 고위도지방에서 살았다 하더라도 이들의 사촌인 극지방의 매머드만큼 털이 많지는 않았을 것으로

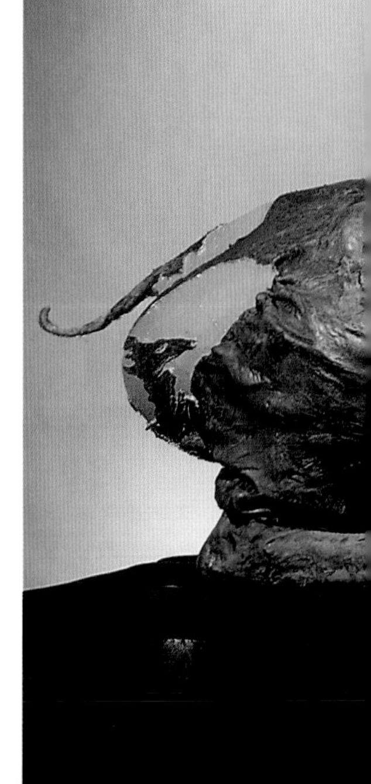

보인다. 매머드와는 달리 다른 동물의 서식 범위는 중앙아메리카와 남아메리카로 제한되었으며, 미국의 남동부, 즉 거대한 땅나무늘보와 곰포테르가 살던 플로리다 주변이 가장 북단에 있었던 서식지였다.

유럽에서 베링 육교를 통해 아메리카 대륙으로 건너와 매머드 스텝에 사는 동물군은 북쪽에서 살았다. 그곳에서의 생활은 모든 동물에게 가혹했으며, 식량을 찾고 짝을 짓고 서식지를 찾기 위해 싸우는 생활의 연속이었다. 디마의 이야기는 사체가 온전하게 남아 있을 수 있는 환경에 대해 초점을 맞추고 있다. 그러나 동물이 죽는 것은 노환, 질병으로 인해서만이 아니다. 블루베이브(Blue Babe)의 이야기는 들소의 생활에 대한 것으로, 매머드 스텝의 포식자와 먹잇감 간의 싸움 같은 또 다른 생활상을 보여 준다. 베이브는 스텝에 사는 들소로 약 8~9세 정도였다. 이 들소는 매우 두터운 지방층을 갖고 있으며 알래스카 스텝에서 여유로운 나날을 보내고 있었다. 3만

피부가 박제된 블루베이브는 수컷으로 스텝에 서식하던 들소다. 1979년 알래스카 영구 동토층에서 발견되었나. 피부에 나 있는 수많은 구멍과 긁힌 자국은 사자가 공격할 때, 그리고 사체를 뜯어 먹을 때 생겨난 것이다.

5,000년 전 초겨울의 어느 날 베이브는 소규모 사자 무리의 눈에 띄었다. 수컷 스텝들소는 혼자 살았던 것으로 짐작되며, 사자가 베이브에게 다가오는 것을 알려 줄 만한 동료 들소가 없었던 것 같다. 작은 하천 변에서 혼자 풀을 뜯어 먹던 베이브의 뒤를 앞발로 공격한 사자는 먹잇감의 균형을 무너뜨리려 했다. 그에 따라 베이브의 등과 다리에는 수많은 발톱자국이 났다. 사자 한 마리가 주둥이를 물었으며 결국 들소를 죽였다. 그 후, 사자는 사체를 갈라 뼈와 살을 먹어 치우기 시작했으나 이들의 축제는 얼마 가지 않았다. 알래스카의 추운 겨울이 들소의 몸을 얼려 단단하게 만들었다. 결국 들소의 시체는 버려졌다. 한 마리 사자가 마지막으로 먹으려 시도했다가 얼어붙은 베이브의 피부에 이빨 하나를 남겼다. 이러한 드라마는 스텝에서 1,000년 동안 이어져 왔으나 베이브는 특별했다. 과학적 연구에 도움이 되는 상세한 흔적은 대부분 부패하면서 사라지지만, 베이브는 빙하시대에 만들어진 미라였기 때문에 흔적이 고스란히 남았다. 베이브는 채광 작업이 있었던 1979년에 발견되었으며, 거스리(Dale Guthrie)라는 고생물학자의 연구 대상이 되었다. 베이브에 대한 여러 연구가 이어졌다. 이들은 연구 프로젝트가 끝남을 축하하며 베이브의 목살로 스튜를 만들어 먹었으며, 이것을 먹고 병에 걸리지는 않았다. 현재는 페어뱅크스의 알래스카대학 박물관에 피부 조각이 전시되어 있다.

베이브의 이야기는 포식자와 먹잇감 사이의 경쟁을 보여 준다. 미국에는 나무늘보, 산양, 가지뿔영양같이 먹잇감이 되는 동물들이 많다. 수많은 포식자들이 먹잇감을 찾아다녔다. 포식자에게 잡아먹히지 않을 수 있는 한 가지 전략은 몸집을 키우는 것이다. 심지어 가장 큰 포유류인 포식자일지라도 아주 큰 동물은 쉽게 공격하기 어렵다. 이는 현재 코끼리, 코뿔소, 하마의 전략이다. 북아메리카에는 4가지 유형의 코끼리가 존재했으며, 텍사스에서 남부 캘리포니아에 걸친 범위에는 루스코니땅나무늘보를 포함한 땅나무늘보가 있었다. 남쪽의 나무늘보가 더 크며, 플라이스토세 동안 북아메리카에 서식하는 동물 중 가장 컸다. 키가 6m가 넘으며 몸무게는 2,700kg 정도였다. 평화를 사랑하는 초식동물이었지만 이 동물은 손톱으로 무장하고 있었으며, 몸집이 거대하여 포식자의 공격에 끄떡 없었다. 그러나 큰 포유류의 경우 새끼가 더 위험하였다. 텍사스의 프레센한(Friesenhahn) 동굴 유적에서 수많은 어린 포유류와 검치호 새끼가 발견되었다. 이 고양이과 동물, 즉 호모테리움(Homotherium)은 2~4세 정도 되는 매머드를 먹잇감으로 삼았다. 이 나이의 매머드는 주변에 대한 호기심이 많고 부모를 떠난 지 얼마되지 않은 시기이기 때문이다. 현대에는 새끼 코끼리를 공격하는 동물이 없지만 호모테리움은 매머드를 공격했던 것으로 보인다.

포식자를 피하는 또 다른 방법은 현재의 아르마딜로처럼 보호 장비를 갖추는 것이

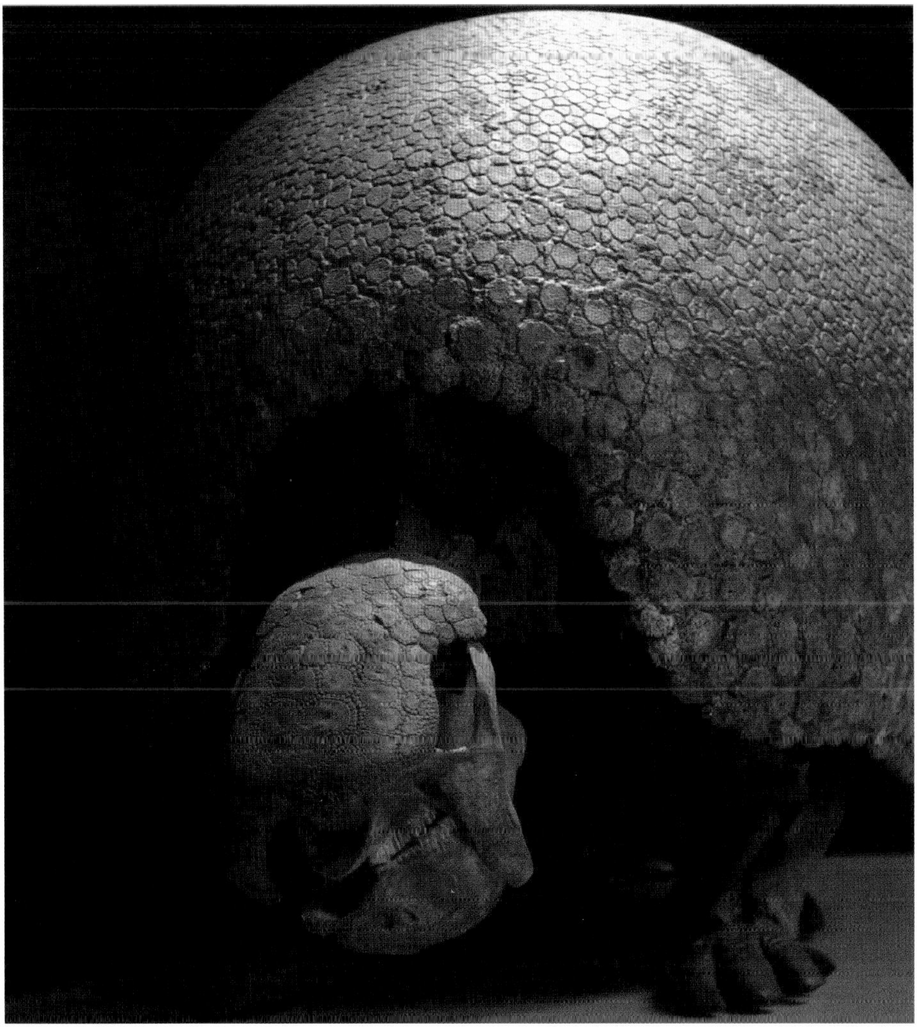

왼쪽 글립투돈은 느리게 움직이지만 수많은 골판으로 만들어진 등껍질로 자연 보호막을 완벽하게 구비하고 있는 동물이지만, 천적이 없지는 않았다. 글립토돈은 자기들끼리 싸우거나 때때로 큰 육식동물의 먹이가 되기도 하였다. 이들은 주로 남아메리카에서 발견되지만, 미국 남부 지역으로 확장하여 서식하였다.

아래 글립토돈의 방어용 꼬리. 글립토돈의 꼬리는 이들을 잘 보호해 주며, 어떤 것은 끝 부분이 곤봉 형태이다. 이는 빙어와 보호 그리고 먹이나 짝짓기를 위해 다른 글립토돈과 싸울 때 이용된다.

었다. 빙하시대 동안 보호 장비를 갖춘 동물은 아르마딜로보다 15cm 정도 더 긴, 거대한 글립토돈(glyptodon)으로 크기가 3m에 달하였다. 이보다 작은 동물 중 일부는 몸을 돌돌 말아서 스스로를 보호하기도 하며, 거북이처럼 불규칙한 모자이크 무늬의 딱딱한 껍질을 보유하는 것도 있었다. 이러한 글립토돈은 아늑한 갑옷 안에서 평화롭게 살지만, 공격적인 성향도 있었다. 이 동물에는 딱딱한 껍질뿐만 아니라 뼈가 모여 형성된 곤봉 모양의 꼬리가 달려 있었다. 이 무기는 방어하는 데 이용되기도 하지만, 울퉁불퉁한 곤봉 모양으로 추측하건대 글립토돈은 아마 암컷과 짝짓기를 하기 위해서 경쟁하거나 식량을 위해 싸우는 데 꼬리를 이용한 것으로 보인다.

이러한 동물들에게 공포감을 주는 포식자는 무엇이었을까? 북아메리카에는 아프리카 평지에 살고 있는 동물과 비교하여 덩치가 매우 큰 수많

이 스밀로돈의 그림은 검치호의 특성을 묘사하고 있다. 검 형태의 이빨은 매우 강력하며, 먹잇감을 공격하여 땅에 쓰러트리는 데 쓰이는 앞다리는 매우 튼튼하다. 또한 이 동물의 이름을 갖게 한 커다란 송곳니가 복원도에서 묘사되었다.

은 포식자가 있었다. 두 개의 이빨을 가진 검치호인 호모테리움과 악명 높은 스밀로돈(Smilodon)이 바로 그것이다. 이 동물들은 끈끈한 수렁에 빠진 동물의 냄새를 맡고 오는데, 캘리포니아의 란초라브레아(Rancho la Brea)의 타르 갱에서 100마리 정도가 발견되었다. 스밀로돈은 유럽에 있는 그들 조상과 마찬가지로 매복하여 사냥하는 동물이며, 사냥 방법은 나무와 바위에 숨어 있다가 빠르게 달려가 사냥감을 낚아채는 것이었다. 길이 17cm의 무시무시한 송곳니가 부러지지 않도록 조심하면서 사냥감에게 공격을 가했을 것이다. 왜냐하면 이 송곳니는 한번 부러지고 나면 다시 자라지 않기 때문이다. 어떻게 검치호가 먹잇감을 공격하고 죽이는 가에 관한 것은 고생물학자들 사이에서 논쟁 거리이다. 일부는 이 송곳니가 배를 가르는 데 이용되었으며 사냥감이 과다 출혈과 쇼크로 죽을 때까지 기다렸을 것이라고 주장하며, 일부는 검치호가 사냥감을 단단한 앞다리로 고정시킨 후 움직일 수 없을 때 송곳니를 이용하여 급소를 찔러 한번

속	Homotherium	Smilodon
종	H. latidens	S. fatalis
어깨 높이	1.1 m	1 m
시기	300만-1만 BP	160만-1만 BP
분포	아프리카, 유럽, 아시아	북아메리카 및 남아메리카

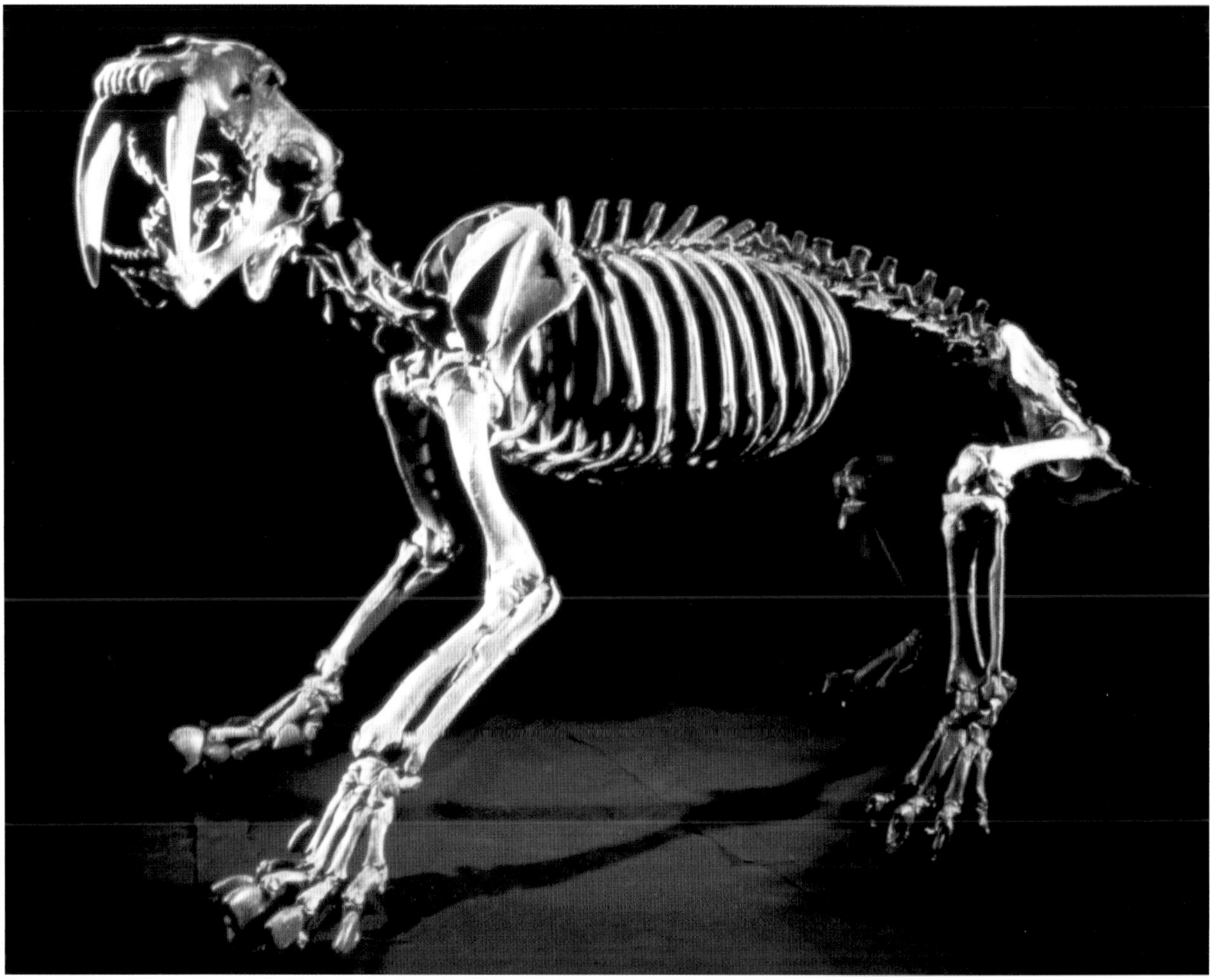

위 *Smilodon fatalis*의 뼈 수천 개가 캘리포니아의 란소라브레아 타르 유적에서 발견되었다. 이 뼈들의 대부분은 건강상 문제가 있는 것으로 나타났는데, 먹이사슬의 가장 최상부에 있는 동물들이 서식하기에 좋지 못한 환경이었거나, 병든 스밀로돈이 이미 죽었거나 죽어 가는 생물체를 먹은 것으로 보인다.

왼쪽 일반적인 검치호속은 빙하시대 동안 세계 곳곳에서 서식하였다. 이 호모테리움의 뼈는 중국에서 발견되었는데, 크고 날카로운 어금니, 먹잇감의 뼈에서 살을 발라내는 데 이용되었던 둥근 아치형의 앞니, 그리고 날카로운 송곳니 등은 모두 검치호의 전형적인 특성이다.

이리인 *Canis dirus*는 북아메리카와 남아메리카에서 발견된다. 현대의 회색 늑대보다 더 난폭한 이 동물은 기회주의적인 청소동물이었다. 캘리포니아의 란쵸 라 브레아의 타르갱에서 다수 발견되었다.

에 죽였을 것이라고 주장한다. 오늘날에는 이런 동물이 살고 있지 않아서 확실하게 알 수 없다. 다른 고양이과 동물은 유전자가 현재 살고 있는 동물과 가까워서 우리에게 친숙하다. 이들은 아메리카사자(매우 큰 형태의 아프리카사자), 재규어, 퓨마, 아메리카치타(현재의 치타와는 다소 다르며, 크기는 현재의 것보다 더 크다) 등이다. 하이에나는 북아메리카에서 빙하시대 중간에 멸종되었지만 무서운 늑대(크기가 크고 짤막하지만 어깨가 딱 벌어져서 다부진 형태의 회색늑대), 그리고 덩치가 큰 짧은얼굴곰이 하이에나의 역할을 대신했다. 짧은얼굴곰은 매우 공격적인 청소동물이며, 무리 지어 다니는 회색늑대에게는 이기지 못할지라도 단일 육식동물로부터 자신을 보호할 수 있는 능력이 있었다.

거대한 동물 중 잘 알려진 것으로는 캐나다에서 애리조나까지 북아메리카 전체에 서식하던 중간 크기의 샤스타땅나무늘보가 있으며 땅나무늘보 가운데 가장 작다. 이 생물의 몸무게는 135~545kg 정도이며, 미국 남부의 동굴에 수천 kg의 배설물을 남겼다. 애리조나의 램파트(Rampart) 동굴 유적에는 나무늘보의 배설물이 220m^2 정도 남아 있다. 이 배설물은 소중한 정보를 담고 있으며 연구자들이 수많은 자료를 추출하여 연구할 수 있게 한다. 이것도 매머드의 배설물과 같이 식물 파편과 화분을 포함하고 있어 나무늘보가 겨울과 초봄에 글로버말로와 선인장을 먹으러 이곳을 방문했다는 사실을 알려 준다. 이 식물 잔해에 대한 탄소 연대 측정 결과, 지난 빙기 말 약 3만 년 전, 나무늘보가 죽기 전에 동시에 이 유적지로 집단 이주했음이 밝혀졌다. 배설물이 주는 기쁨은 식생활 연구와 연대 측정으로 끝나지 않는다. 동굴에서는 샤스타땅나무늘보에게 기생하면서 사는 특별한 기생충을 포함하여 4가지 새로운 종의 위장 기생충이 확인되었다.

거의 모든 대형 포유동물은 마지막 빙기 말에 멸종되었다. 샤스타땅나무늘보가 애리조나로 이동한 후 이들은 더 이상 북쪽으로 이동하지 않았다. 이 지역에서부터 북쪽 지방까지 서식하던 마스토돈이나 글립토돈이 나무를 먹어 치워 삼림이 더 이상 보존되지 않았고 개활지로 바뀌었기 때문이다. 이러한 대형 초식동물의 멸종은 이들을 먹이로 삼는 동물들에게 크나큰 충격을 주었다. 검치호와 큰곰, 늑대가 연이어 멸종하게 되었다. 네 가지 유형의 코끼리들도 사라지게 되었으며 미국은 100만 년 만에 처음 코끼리가 없는 대륙이 되었다. 지금 남겨진 것은 우리에게 친숙한 동물들이다. 가지뿔영양, 아르마딜로, 들소는 최근 따뜻한 시기로 접어들면서 퓨마, 재규어, 회색늑대 그리고 인간들의 먹잇감이 되었다.

오스트레일리아 — 진화의 시도

오스트레일리아는 삼림이 우거진 대륙이었으나 1,500만 년 전에 점차 건조해지고 개활지가 늘어났다. 사구는 100만 년 전에야 겨우 생겨났다. 이는 오스트레일리아 동물군이 매우 큰 기후변화를 겪었음을 알려 준다. 외부와의 연결점이 적은 것은 새로운 종을 탄생시키는 데 기여했다. 사실 인류가 나타나기 전까지 3,500만 년 전 오스트레일리아가 바다로 분리된 이후 이곳에 도달한 대륙의 동물은 오직 쥐와 생쥐뿐이었다. 이들은 지난 500만 년 동안 세 번에 걸쳐 오스트레일리아로 이동해 갔다.

오스트레일리아의 상대적 고립성이 세계 다른 곳에서 멸종하였지만 이곳에서는 멸종하지 않은 유대류와 같은 동물에게는 이롭게 작용했다. 현재 오스트레일리아와 뉴기니에는 단공류(오리너구리, 바늘두더쥐 등)가 서식하고 있다. 이들은 최초의 포유류로 불린다. 다른 동물들은 태아를 몸속에서 키우는 데 반해 알을 낳기 때문이다. 그러나 이 알은 빨리 깨어나며 때때로 주머니 안에서 키우기도 하고, 몇 달 동안 어미가 새끼를 돌본다. 전체 포유류 중 두 종류만이 독성을 가지고 있으며, 그중 하나는 단공류이고 다른 하나는 땃쥐이다. 수컷 오리너구리는 개처럼 큰 동물

*Ornithorthynchus anatimus*는 오리 같은 주둥이를 가진 오리너구리로 유명한 동물이다. 이 동물은 세계적으로도 몇 안 되는 알을 낳는 포유류 가운데 하나이다. 오스트레일리아 동부에서만 찾아볼 수 있는데 하천 제방에 굴을 파서 살며 물속에서 동물들을 사냥한다.

도 죽일 수 있을 정도로 독을 뿜어낸다. 바늘두더지는 4종이 서식하고 있으며, 모두 등뼈를 가지고 있고 끈적한 혀로 개미, 벌레, 작은 곤충과 같은 먹잇감을 핥아먹는다. 매우 큰 바늘두더쥐는 몸길이가 1m 정도로 길며, 오스트레일리아 서부에서 화석으로 발견되었으나 머리는 발견되지 않았다.

오스트레일리아의 포유류는 외형이 이상하게 보인다. 주머니가 달린 짐승(유대류)과 알을 낳는 고슴도치 같은 것은 아직 다른 대륙에서 발견되지 않았으며, 태반 없이 분화하고 진화한 것으로 보인다. 인류가 처음 오스트레일리아에 도달했을 때, 땅굴을 파는 것부터 포식자까지 모든 종류의 동물들이 깡충깡충 뛰어다니며 주머니에 새끼를 키우는 것을 발견하였다. 주머니가 발달한 동물은 남아메리카에만 있었으며, 그레이트 아메리카 인터체인지 형성 시기 이후 멸종되었다. 따라서 오스트레일리아에 현재 살아 있거나 최근 멸종된 동물을 통해 유대류가 경쟁에서 우위를 점하기 이전의 과거를 살짝 엿볼 수 있다. 이것은 현재 오스트레일리아의 동물들이 진화되지 않았다는 것은 아니다. 분명히 이곳 동물들도 진화했다. 성년이 된 오리너구리는 뿔과 같은 부리

*Varanus komodoensis*는 코모도왕도마뱀으로 지구상에서 가장 큰, 살아 있는 도마뱀이다. 이들의 특성은 멸종된 거대한 오스트레일리아 도마뱀인 메길라니아에서 기원할 것이다.

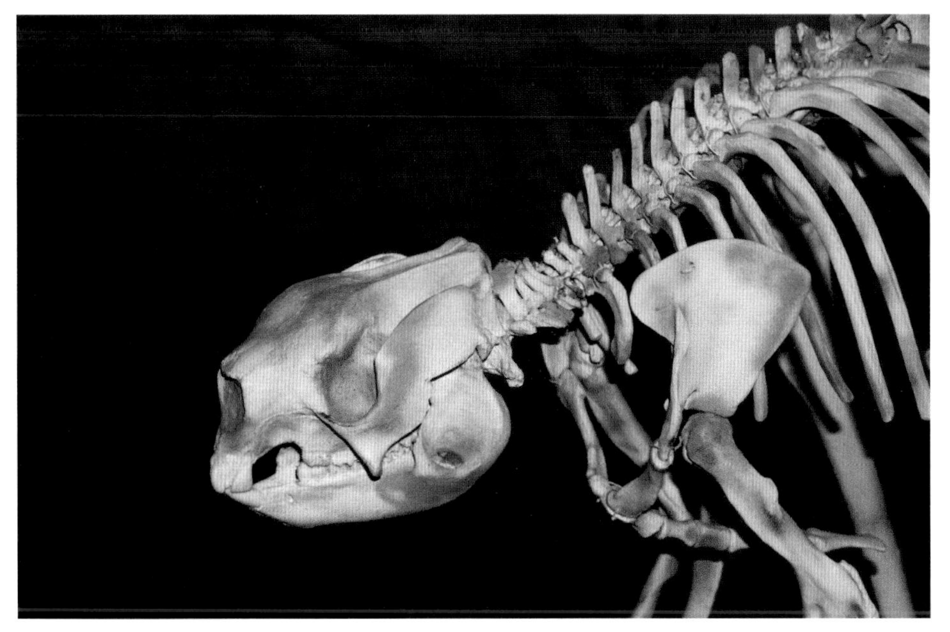

빙하시대에는 많은 다양한 유대류가 서식하였다. 이 *Sthenurus tindalei*의 뼈는 왈라비처럼 생긴 멸종된 동물로 오스트레일리아의 나라쿠트 부근 빅토리아 동굴에서 발견된다.

로 음식물을 씹어 먹었으며, 1,000만 년 전의 화석에는 이빨이 있었다. 대형 코알라는 현재 유칼립투스나무에 있는 코알라보다 몸집이 두 배였으며, 몇십만 년 전 회색캥거루와 웜뱃(wombat)은 초지에 빠르게 적응했다. 이는 오스트레일리아의 포유류가 정체된 상태로 있지 않았다는 것을 보여 준다. 기본적 생물상인 단공류 혹은 유대류라는 것은 그대로이지만, 이들도 시간의 경과와 함께 진화한 동물들이다.

오스트레일리아에는 큰 포식사인 검치호나 곰이 없고, 다른 대륙에 서식하는 동물 대신에 거대한 왕도마뱀류인 메갈라니아(Megalania)와 뱀인 워남비(Wonambi) 같은 큰 파충류가 있었다. 메갈라니아의 길이는 현재 가장 큰 바다악어(7m보다 몸길이가 더 길나)와 비슷하였으며, 몸무게는 작은 코뿔소와 거의 같은 1,900kg이었다. 무섭게 생긴 이 짐승 화석은 오스트레일리아 북부, 중부와 동부의 동굴과 하천 퇴적물에서 드물게 발견된다. 메갈라니아는 왕도마뱀류와 유전적으로 가까운 관계이며, 왕도마뱀류 가운데 가장 큰 것은 코모도왕도마뱀이다. 이 동물은 박테리아가 가득 든 입으로 사냥감을 문 후, 사냥감이 박테리아에 의해 죽을 때까지 기다렸다. 코모도왕도마뱀(그리고 메갈라니아)은 가까운 거리에 있는 사냥감 곁에서 매복한 후 뒤쫓아가 사냥하였다. 이 큰 왕도마뱀의 이빨은 매우 날카롭고 먹이를 자르기 쉬운 톱날 모양이어서, 턱 안에 들어가면 무엇이든 먹잇감이 되었다. 이 도마뱀의 식생활에 관한 직접적인 증거는 웜뱃의 이빨에서 발견된 메갈라니아의 갈비뼈를 통해 알려졌다. 두 번째로 무시무시한 파충류는 워남비였다. 이 뱀은 먹잇감이 죽을 때까지 온몸으로 옥죄어 부수었다. 이것의 길이는 5m 이상이었으며, 공룡과 함께 살았던 동물 중 가장 늦게까지 살아남았던 동물이지만

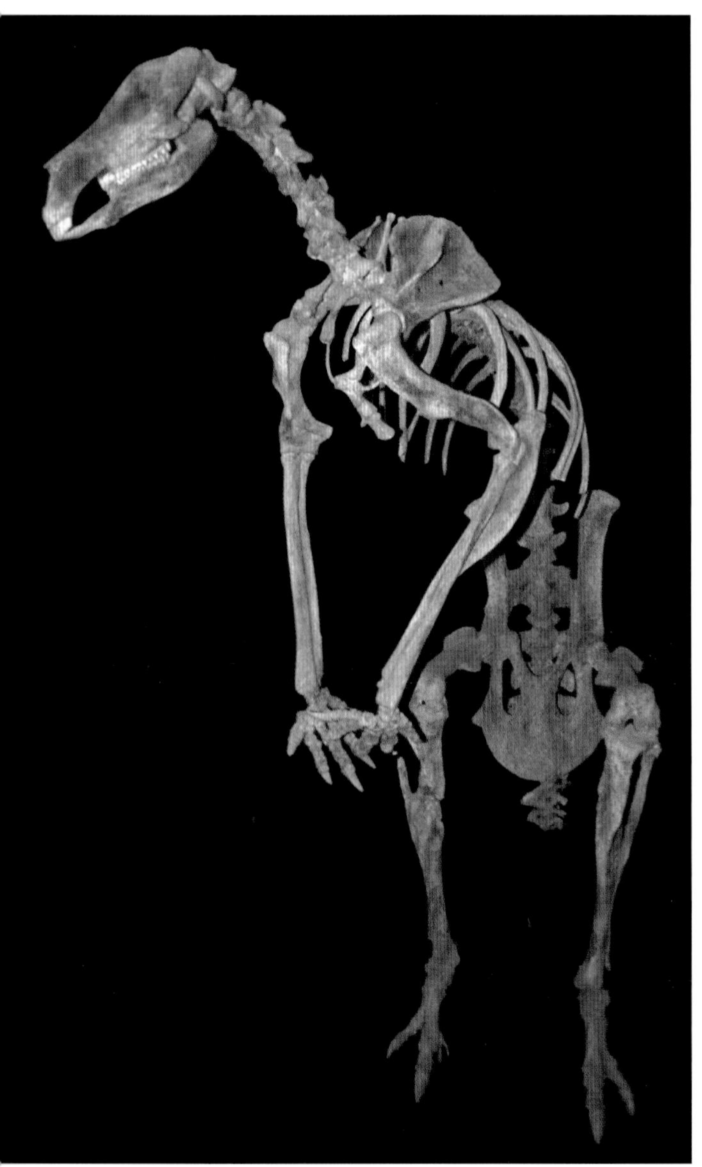

현재는 모든 대륙에서 멸종되었다. 이 지역에는 연한 풀을 먹고 사는 두 종류의 거대한 거북이가 있었다. 이 둘은 무거운 보호막과 머리 뒤의 뿔을 갖고 있으며, 꼬리의 모양은 곤봉과 같았다. 오스트레일리아에서 파충류가 최상위 포식자로 군림한 것은 이 동물들이 먹이에서 어떻게 에너지를 얻었는지를 암시하고 있다. 파충류는 포유류보다 칼로리를 적게 썼으므로 메갈라니아는 몇 마리의 먹잇감이면 충분하였지만, 포유류는 생명을 유지하기 위해 자주 먹어야 했다.

왼쪽 위 거대한 왈라비인 프로템노돈의 뼈. 프로템노돈에 속하는 일부 종들은 몸무게가 100kg 이상이다. 뼈는 명백히 왜 캥거루가 '매크로포드'(캥거루과 동물로 큰 발이라는 의미를 가진다)로 불리는지를 짐작케 해 준다. 이 동물은 몸무게를 지탱하는, 크지만 가늘고 발가락이 두 개인 뒷다리를 가지고 있다.

파충류가 특이하게 보였다면, 포유류 포식자는 더 특이하게 보일 것이다. 초식의 캥거루들이 사는 오스트레일리아에는 잡식성으로 진화한 다른 동물도 있었다. 몸무게가 70kg 정도인 프로플레오푸스(Propleopus)라고 불리는 것으로 현재의 딩고와 비슷하

왼쪽 *Thylacinus cynocephalus*는 테즈메이니아늑대로 붉은여우처럼 작은 개과 동물이다. 이 사진은 테즈메이니아늑대의 신체 특성을 보여 주며, 매우 길고 가느다란 꼬리, 짧은 다리 그리고 상대적으로 작은 머리를 갖고 있다. 또한 줄무늬 털 때문에 '테즈메이니아호랑이'로 불리기도 한다.

아래 가축이 태즈메이니아늑대의 공격을 받게 됨에 따라 100년 전에는 이 늑대를 죽이면 현상금이 수여되었다. 이 동물들은 사람들의 괴롭힘과 질병으로 인해 결국 멸종되었다.

며, 무엇이든 찾아내면 먹어 치웠다. 다른 포식자는 태즈메이니아호랑이나 태즈메이니아늑대(thylacine)이다. 이들은 개 정도의 크기인 육식동물로 유럽인들이 식민지로 오스트레일리아를 지배하던 지난 1936년에 마지막 한 마리가 죽었다. 멸종된 다른 동물과는 달리, 오스트레일리아 서부의 동굴에서 발견된, 죽어서 건조된 태즈메이니아늑대와 마지막까지 살았던 몇 마리의 늑대에 관한 영상을 통해 이 동물의 모양, 색깔 그리고 크기에 대한 좋은 정보를 얻을 수 있다.

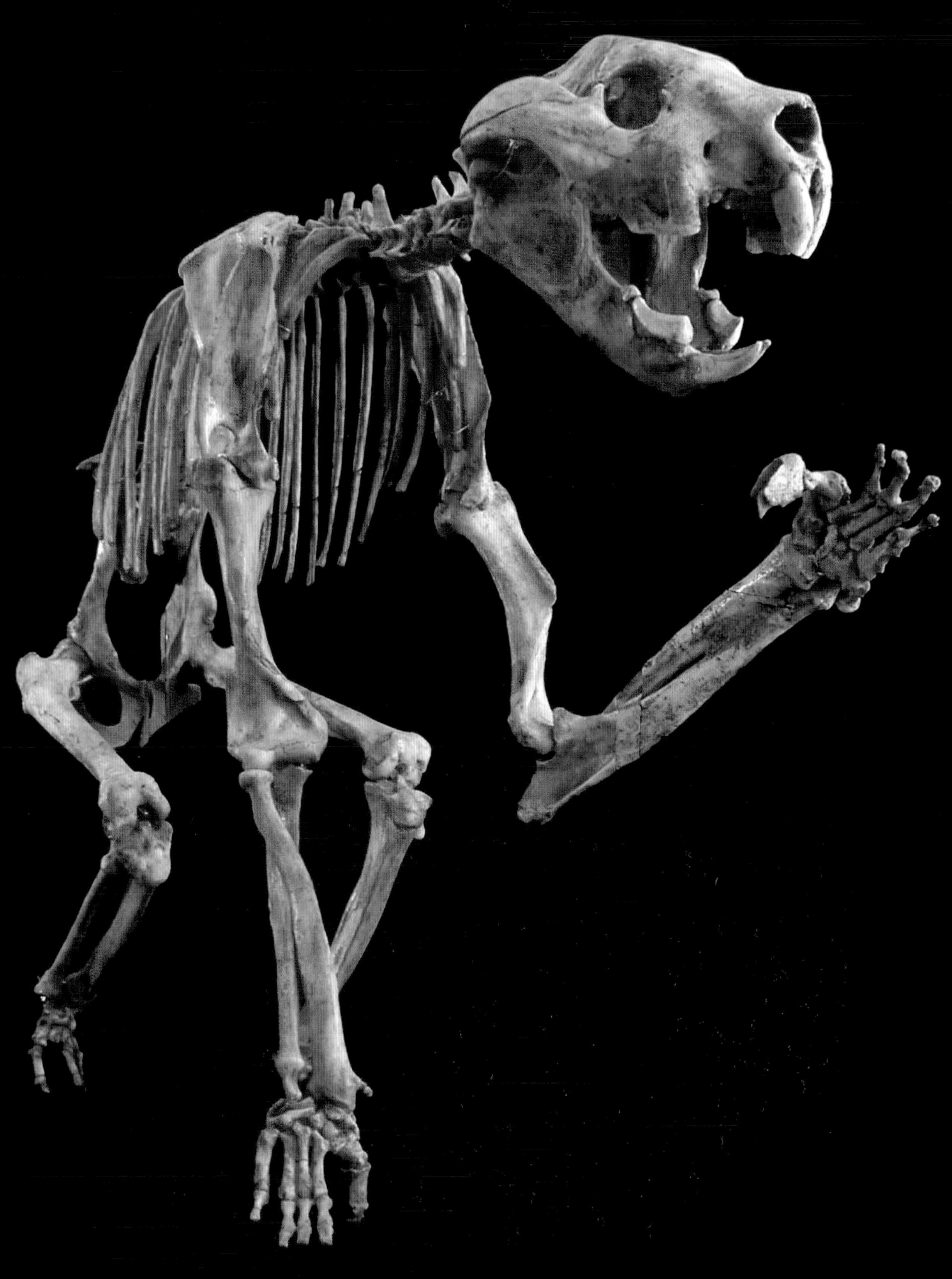

프로플레오푸스와 태즈메이니아늑대는 모든 먹잇감을 먹을 수 있었으나, 오직 한 종류의 포유류만이 순수한 육식동물로 진화했다. 이것은 유대목사자(marsupial lion)로 길이가 4cm 이상인 가위 모양의 어금니를 가지고 있었다. 앞발에 큰 발톱이 있으며 이 것을 이용하여 나무에 올랐다. 유대목사자는 먹잇감을 얇게 자를 수 있었다. 이빨은 자르는 데 매우 특화되었지만 뼈를 부수는 데는 사용하지 못한 것으로 보인다. 이 동물은 시체에서 고기를 정교하게 발라먹기 때문에 청소동물을 위한 고기는 거의 남겨두지 않았다. 메갈라니아는 유대목사자가 먹다 남긴 먹잇감에서 고기를 찾아 먹기도 하였다. 유대목사자가 오스트레일리아에서는 아메리카의 검치호와 같으며 고도로 진화된 육식동물로서 고기 자르는 능력이 진화되었다.

옆면 *Thylacolea carnifex*는 유대류의 특성을 가진 사자로 오스트레일리아에서 가장 큰 포식동물이었다. 섰을 때 어깨 높이는 70cm이다. 크고 날카로운 어금니는 이 뼈의 두개골에서 나타나는 특성이다.

아래 디프로토돈은 1838년 오스트레일리아에서 발견된 최초의 포유류 화석이다. 리처드 오웬(Richard Owen) 교수가 디프로토돈이라고 이름을 지었다.

그렇다면 여기서 언급한 육식동물들은 무엇을 먹잇감으로 삼았을까? 육식동물의 먹잇감인 오스트레일리아의 유대류는 세 가지 유형으로 진화되었다. 나무의 갈라진 틈에서 먹이를 찾는 작은 식충 동물, 곤충이나 식물을 먹는 깡충깡충 뛰어다니는 동물, 그리고 웜뱃과 같이 식물을 먹는 동물이다. 웜뱃 유형은 큰 몸집으로 진화하여, 거친 음식을 많이 먹어도 소화할 수 있었다. 오스트레일리아는 큰 동물이 사는 곳이 아니었으며, 다른 대륙과는 달리 빙하시대에 코끼리와 같은 크기의 동물이 없었다. 이곳에 사는 가장 큰 포유류는 디프로토돈(Diprotodons, 두 개의 앞니를 의미)이며, 비버보다 훨씬 큰 앞니를 가졌다. 최소한 4종류가 존재했던 디프로토돈은 플라이스토세에 살았던 것으로 알려져 있다. 그 중 한 종류가 큰 유대류 가운데 가장 큰 포유류였으며, 그 첫 번째 화석이 오스트레일리아에서 발견되었다. 이 동물은 길이 3m, 어깨 높이 2m이며, 오스트레일리아 중부에 서식했다. 오스트레일리아 동부에는 팔로체스테스(Palorchestes)가 풀을 뜯고 살았

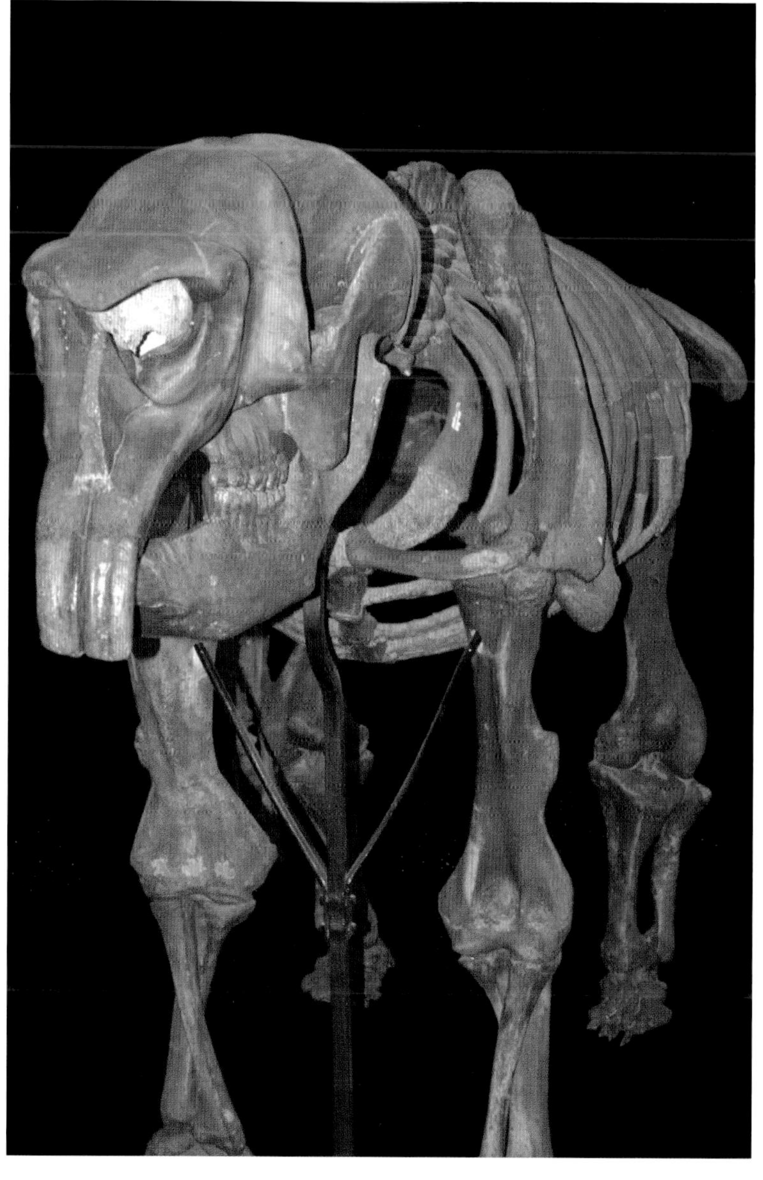

디프로토돈에 속하는 많은 동물들이 있었으나 모두 멸종했다. *Diprodon optatum*은 몸무게가 2,000kg 이상이며, 오스트레일리아에 서식하는 육상동물 중 가장 컸다. 부드러운 퇴적물에 남아 있는 털의 흔적은 그림에 묘사되어 있는 것처럼 많은 털로 덮혀 있었음을 보여 준다.

다. 이 동물은 큰 뒷발과 큰 발톱이 있는 앞발 때문에 땅나무늘보와 같이 생겼으며, 앞발은 나뭇가지를 당기거나 줄기 식물을 캐내는 데 이용하였다. 하천으로 둘러싸인 삼림지대에 서식하였던 유대목코뿔소는 코에 뿔이 있어서 붙여진 이름이며, 소처럼 어슬렁 걸어다니며 식물성 먹이를 찾아다녔다.

이들은 오스트레일리아에 서식하는 생물 중 일부만 예로 든 것이다. 그러나 마지막 빙기 말에 이런 동물들이 모두 멸종했다. 대륙이 분리되면서 3,500만 년의 진화가 끝난 것이다. 디프로토돈, 팔로체스테스, 유대목사자, 그리고 거대한 파충류는 멸종되었으며, 캥거루와 웜뱃은 그 개체수가 급속도로 줄어들고 있고, 단공류 동물만 온전하게 살아있다.

빙하시대 동물들의 죽음

각 지역으로 나누어 설명한 것처럼, 포유류 동물군은 매우 다양하며 오랫동안 서식했다. 현재는 상대적으로 소수의 동물들이 남았으며, 마지막 빙기가 끝날 무렵에 65%의 대형 포유류가 죽었다. 10만 년 전에는 적어도 8종류나 되던 코끼리가 이제는 두 종류만 남아 있다. 동물의 멸종이 모든 대륙에서 똑같이 나타난 것은 아니다. 아프리카와 유라시아는 10그룹 이하의 동물을 잃었으며, 남아메리카는 상황이 더 좋지 않아 대형 동물 중 최소 50그룹을 잃었다. 수많은 연구자들은 왜 현재 동물들이 많이 서식하지 않는지, 어떻게 주요 종들이 매우 짧은 시기만에 사라졌는지를 설명하려 하고 있다. 지난 5만 년 동안 있었던 이러한 두 가지 주요한 사건의 중심에는 현생 인류가 오스트레일리아와 남 · 북아메리카로 들어간 것, 그리고 지난 빙기 말에 있었던 급격한 기후변화가 있다.

현생 인류는 새로운 기술을 가지고 새로운 땅으로 진입했으며, 그 땅에는 이족 보행하는 현생 인류의 사냥 활동에 약삭 빠르게 대응하지 못하는 동물들이 살고 있었다. 다윈이 기술한 유명한 이 포식자는 갈라파고스 섬에 도달하여 총으로 매를 죽였고, 모자 장식으로 이용하기 위해 작은 새들을 죽였다. 모든 것을 설명하는 것은 아니지만 매머드나 마스토돈 혹은 큰캥거루와 디프로토돈과 같은 동물은 먹잇감을 잡기 위해 뛰는 데 드는 에너지 때문에 포식을 하지 않는다. 따라서 이들은 뛰는 법을 배우지 못했다. 현생 인류는 불을 사용하고 석기 기술을 발달시키면서 오스트레일리아와 같은 곳에서 식물에게 많은 영향을 미쳤다. 야생의 식물에 가해지는 불의 영향은 삼림을 초지로 바꾼다. 여기에 빙하시대 동안 일어나는 기후변화가 더해지면서 초지는 더욱 확대되었다.

미지막 빙기 말에 있었던 매머드, 띵나무늘보 그리고 디프로토돈과 같은 대형 동물의 멸종은 일반적인 현상이었다. 반면에 생쥐와 다른 소형 포유류는 피해가 적었다. 대형 포유류는 성장하고 번식하는 데 오랜 시간이 걸린다. 포식자가 어리거나 덜 성숙한 새끼를 사냥감으로 삼을 경우, 대형 포유동물의 새끼는 사냥에 취약했음을 의미한다. 모든 동물이 인간의 영향에 의해 멸종당한 것은 아니다. 그들은 기후변화로 점차 건조해지고 서식 환경이 변화하면서 이미 취약해져 있었다. 인간의 영향은 많지 않았고, 아마도 굶주린 인간들의 출현이 티핑 포인트가 되었을 수 있다.

한편, 1만 년 동안의 빠른 기후변화는 식생을 크게 바꾸어 놓았다. 이러한 시기의 환경이 불안정해졌으며, 덩치가 큰 동물은 식량을 꾸준히 충분하게 공급받지 못했을 것이다. 동물들은 또 다른 이유로도 사라졌다. 영양은 기후가 따뜻한 북쪽으로 서식지를 옮겼기 때문에 프랑스에서 사라졌다. 북아메리카의 땅나무늘보와 마스토돈같이 따뜻한 기후에 적응했던 포유류가 적응력을 잃고 멸종된 것은 설명하기가 어렵다.

논란의 여지가 있지만, 한 가지 사실은 분명하다. 이전 빙기 때에는 대형 동물군이 살았으나 계속해서 살아남지는 못했다는 것이다. 그리고 마지막 빙기와 이전의 빙기가 다른 점은 모든 대륙으로 현생 인류가 도달했다는 것이다. 과거에 살았던 동물들은 간빙기 환경 때문에 적은 개체수만이 변화하는 환경에서 살아남았으며, 이들은 생태적 피난처에서 일어난 인간의 사냥 활동에 취약했을 것이다. 이러한 사냥 활동이 이들의 멸종을 더욱 앞당겼을 가능성이 있다. 대형 포유류, 즉 직선형 어금니를 가진 코끼리는 다른 동물들을 이해할 수 있는 생태 구조를 제공하기 때문에 '중심 종'으로 불린다. 코끼리는 다양한 식물이 자라는 삼림에서 서식하며 배설물을 생산한다. 배설물에는 곰팡이나 곤충이 서식하기도 한다. 코끼리의 내장에는 박테리아와 기생충이 서식하며, 피부는 거기에 붙어 있는 진드기와 벼룩을 상당히 많이 옮긴다. 코끼리와 같은 한 동물의 멸종은 이러한 작은 영역에서부터 전 생태계에 영향을 미치며, 많은 다른 유기물들이 그들의 서식처를 잃기도 하고, 일부는 먹잇감을 잃을 수 있다.

수천 년의 세월 동안 많은 동물들이 멸종했으며, 살아남은 동물과 식물은 함께 진화해 왔다. 이러한 사실을 고려해 볼 때, 동물과 식물의 상호작용은 살아남은 식물상과 동물상에 얽힌 또 다른 특성을 밝혀낼 수 있을 것이다. 가지뿔영양은 시속 60km로 달릴 수 있으며, 현재 아메리카 대륙에 서식하는 포식자보다 빠르다. 이것은 톰슨가젤이 오늘날 치타로부터 달아나는 것처럼, 아메리카치타와 같이 발이 빠른 대형의 고양이과 동물을 이기기 위한 전략으로 발달한 것이다. 중앙아메리카에는 매년 많은 양의 과일을 생산할 수 있는 숲이 있지만, 너무 많이 흩어져 있어서 국지적으로 서식하던 미국산 돼지와 아구티(aoutis)는 이를 다 먹을 수 없었다. 이것은 나무의 에너지 공급이 비효율적이어서 동물들이 섭취하지 않게 된 하나의 예시일까? 아니면 곰포테르, 땅나무늘보 혹은 대형 동물이 이 과일을 먹고 원래의 나무에서 멀리 떨어진 곳에 똥을 배설하면서 과일을 생산하는 데 일조했을까? 열대 아프리카에 있는 코끼리가 과일을 먹는 형태와 비교해 보면 후자가 더 그럴 듯하다.

모든 동물들이 아메리카와 오스트레일리아에 계속 살아남았다면, 오늘날 아프리카 사파리에 관광을 가는 것과 같이 이 두 대륙은 영화 제작자나 여행가들에게 상당히 매력적일 것이다. 이들의 멸종 이유가 무엇이든 모든 동물이 여전히 존재한다면 세상은 어떻게 다를지 상상해 보는 것도 흥미로운 일이다. 이러한 현실에서 생기는 문제점은 우리가 오늘날의 대형 동물군을 보존하려고 애쓰면서 빙기 동안 존재했던 8종의 코끼리 중 2종만 살아남았다는 사실에 대해 이들의 멸종이 인간 때문이라는 양심의 가책을 느끼고 있다는 것이다.

빙하시대가 끝나는 무렵에 많은 대형 포유동물이 멸종되었다. 비록 오스트레일리아와 미국보다는 유럽과 아시아가 환경 변화에 영향을 덜 받았지만, 환경은 모든 대륙에 서식하던 동물들에게 영향을 미쳤다. 환경 변화가 모든 동물들에게 똑같이 영향을 미친 것은 아닌데, 설치류나 작은 동물들은 살아남은 반면 대형 포유동물들의 상당수는 엄청난 충격을 받아 사라졌다. 특히 남아메리카에서만 50종이 멸종되었다.

예스터데이카멜
동굴곰
털매머드
대한 땅나무늘보
검치호
털코뿔소
큰뿔사슴
거대한 캥거루
유대류사자
노토운굴라타
디프로돈
짧은얼굴캥거루
거대한 짧은얼굴캥거루

7
빙하 이후

지질학자들은 빙하시대의 마지막 빙기에서부터 1만 년 전후까지를 홀로세(Holocene)라고 부른다. 여기서 'holos'는 그리스어로 '완전한'을 의미하고 'kainos'는 '최근', 홀로세는 '완전한 최근'을 의미한다. 이 구분은 완전히 인위적이다. 지금까지 다른 빙기의 종료 흔적을 보지 못하였지만, 우리는 간빙기에 살고 있다. 자연적인 질서에서는 언제가 될지는 몰라도 인위적으로 발생한 온난화가 분명히 정상적인 빙기-간빙기의 주기를 완전히 틀어지게 할 것이다(8장 참조).

앞면 식량 생산은 빙하시대 후의 중대한 혁신이었다. 이 터키인 가족 같은 수백만의 농부들은 오늘날 여전히 자급자족 농업을 행한다.

빙하시대의 마지막 한랭기가 약 1만 5,000년 전에 끝났을 때, 그 뒤를 이어 광범위한 전구적 온난화가 나타났고, 이어서 기원전 1만 950년경에 갑작스럽게 빙기와 비슷한 상황으로 바뀌었다. 지질학자들에게 '영거 드리아스(Younger Dryas, 산지의 꽃에서 이름 붙여짐)'로 알려진 1,100년 동안의 갑작스런 한파는 약 5,000년 전까지 지속되어 오다가 온난한 환경이 시작되면서 갑자기 사라졌다. 이후 기후가 약간 한랭 건조해지면서 사하라 사막이 대규모로 확대되었다. 오늘날에는 산업혁명 이후에 대기로 방출된 화석 연료가 이런 한랭한 추세를 뒤바꾼 것처럼 보인다. 기후는 영거 드리아스기 말 이래로 비교적 안정적이었지만, 지난 1만 년 동안에 걸쳐서 끊임없는 낮은 진동과 함께 변화하였다. '본드 이벤트(Bond events)'로 알려진 이런 진동은 빙하시대의 '단스고르-외슈거 주기'와 비슷하며(4장 참조), 매 1,500년마다 발생하였던 것 같다. 그것은 그린란드 해에서 심층수 생성이 갑자기 종료된 것과 동남아시아에서 몬순이 갑자기 중단된 것과 관련 있는 짧은 한랭 기간이었다. 기원전 2200년의 본드 이벤트는 이집트와 메소포타미아, 아나톨리아, 그리스, 이스라엘, 인도, 아프가니스탄, 중국 등을 포함하는 여러 유라시아 지역의 고대 도시에 상당한 영향을 미쳤다고 알려져 있다. 마지막 본드 이벤트는 간혹 '소빙하기(Little Ice Age)'로 언급되는 시기였으며 북부 유럽인들에게 미친 영향이 컸다(204쪽 참조).

마지막 빙기 이후에 발생하였던 극단적으로 온난한 세기 동안에 수렵·채집인 사회는 전 세계에 걸쳐서 현대적 기준으로는 도저히 상상할 수 없는 환경 변화와 싸워야 했다. 당시의 환경 변화는 대략 90~120m의 해수면 상승(다음 세기에 0.3~0.8m 상승할 것이라는 예측과 비교해 보면 그 규모를 짐작할 수 있다)과 대부분의 유럽과 유라시아의 일부에서 나타난 급속한 숲의 확장, 알래스카와 시베리아를 잇는 육교의 단절, 북아메리카와 스칸디나비아 그리고 알프스 빙상의 빠른 감소 등을 포함하였다. 인류 사회는 세계 도처에서 이런 환경 변화에 놀라울 정도로 적응력을 발휘하였다. 그들은 완전히 새로운 형태의 농업과 가축 사육을 시작하기 전 단계로, 강화되고 전문화된 식량 탐색을 통하여 삶의 방식을 변화시켰다. 당시 사람들은 인류 최초로 스스로 자신의 식량을 생산하기 시작하였다. 지난 1만 년 동안에 우리의 생존은 거의 전적으로 농업에 달려 있었으며, 인구 증가와 정교해진 문명의 유지를 위해서는 보다 높은 수준의 식량 생산이 필요하였다. 역사의 모순 중 하나는 오늘날 우리의 생존에 필수적인 농업에 위협이 되는 지구 온난화가 인류의 무모한 성장 추구와 낭비하는 생활 방식에 의해서 나타났다는 것이다.

마지막 짧은 한랭기

한랭기로 알려진 영거 드리아스기는 북아메리카 빙상이 후퇴하면서 흘러내린 융빙수로 형성된 매니토바(Manitoba)와 미드웨스트(Midwest)의 위쪽에 있는 거대한 빙하호인 애거시(Agassiz) 호가 무너지면서 발생하였다. 수억 리터의 담수가 북대서양으로 쏟아지면서 고밀도의 염수 표면을 가로질러 덮쳤다. 이것은 그린란드 남쪽 멀리에서 멕시코 만류의 자연적인 침강 속도를 갑자기 늦추거나 멈추게 했을 수 있다. 유럽은 한 세대 정도 거의 북극 환경에 가까운 상황에 빠졌다. 북아메리카에서도 같은 고통을 겪었다. 남서부 아시아의 대부분 지역에서는 극심한 가뭄을 겪었다. 11세기가 지난 후에 대서양과 멕시코 만류는 담수 효과를 흡수하였고 멕시코 만류는 다시 한 번 세력을 키웠다.

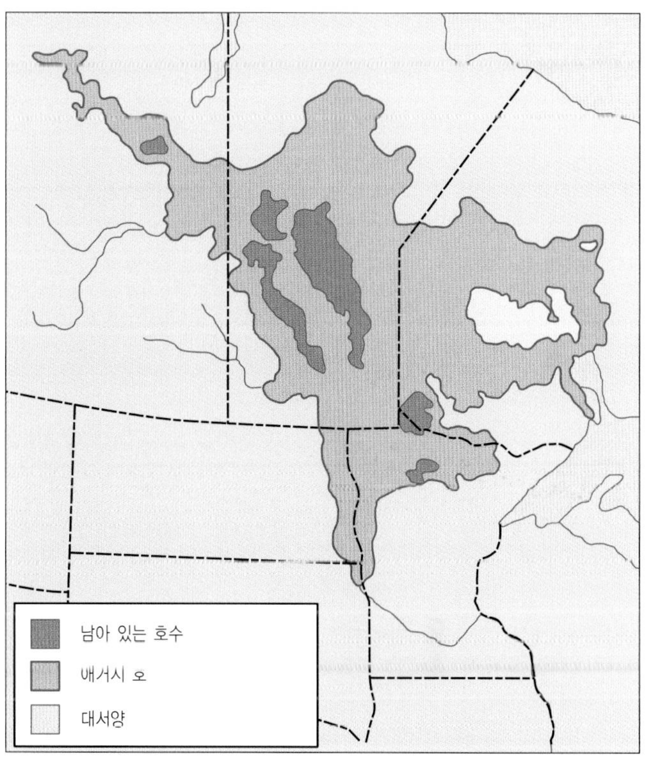

빙하호인 애거시 호는 마지막 빙기의 말에 거대한 로렌시아 빙상이 급격하게 녹으면서 오늘날 캐나다 중앙과 미국 미드웨스트 북쪽에 상당히 크게 형성되었다. 기원전 1만 2000년에 불어난 물은 1,100km에 걸쳐 후퇴하는 빙상으로 출렁거렸다. 남쪽으로 확장하는 빙하는 오늘날 세인트로렌스 계곡으로 흐르는 애거시 호의 물을 막음으로써 반도를 형성했다.

대규모의 지구 온난화는 지표면의 환경을 영거 드리아스기 전후의 상태로 바꾸어 놓았다. 스칸디나비아와 알프스를 덮고 있던 빙상이 후퇴하였으며, 빙상으로 덮여 있던 캐나다가 서서히 모습을 드러냈고, 해수면은 불규칙하였지만 전 세계에서 빠르게 상승했다. 빙하시대 말기의 해수면은 현재보다 약 120m 정도 낮았다. 기원전 1만 500년에 전 세계에서 해수면이 약 20m 상승했다. 그리고 겨우 1,000년 동안에 24m의 갑작스러운 상승이 있었고, 기원전 9000년경에 다시 약간의 상승이 있었으며, 기원전 8500년과 7500년 사이에도 28m 상승했다.

빙상이 후퇴하면서 스칸디나비아와 북아메리카에 인류가 정착할 수 있는 새로운 땅이 만들어졌지만, 기원전 9000년경의 해수면 상승은 알래스카와 시베리아 사이의 베링 육교를 잘라 놓았다. 현재 북해 남쪽의 평평한 육지는 사라졌고, 영국은 기원전 6000년경 대륙에서 분리되었다. 동남아시아에서 분리된 거대한 대륙붕은 해수면 상승으로 태평양 아래로 사라졌다. 북아메리카 해안을 따라 길게 뻗어 있던 해안 평야도 사라졌다.

전 세계에 걸쳐서 빙하시대 말기의 수렵 · 채집 인구는 새로 드러난 지역에 정착하거나 좀 더 높은 곳으로 옮겨갔다. 태즈메이니아 같은 곳에서는 사람들이 근대까지도 완전히 고립된 상태에서 살고 있다. 1,000년간 이어진 온난화는 세계 도처에서 인간 사회의 주요한 변화를 만들었다.

유라시아

빙하시대 말기의 온난화는 빠르고 불규칙적이었지만 거의 과거의 상황과 다르지 않았다. 수천 년 동안 사람들은 순록의 이동과 봄과 가을에 연어의 이동을 따라서 삶을 계획했고, 짧은 성장기 동안에 식물성 식량을 얻었다. 사람들은 삶의 리듬을 새로운 현실에 맞추어 갔다. 순록 떼는 기온 상승으로 줄어들기 시작한 툰드라의 북쪽으로 이동하였다. 일부 집단은 이동하는 순록 떼를 쫓아서 발트 해로 바뀌게 되는 남쪽의 개활지로 이동하였다. 그들의 생활 방식은 이동식이었고, 호수나 강 골짜기를 기반으로 삼았다. 일부 부족은 순록이 봄과 가을에 이주할 때 매복하여 활과 화살을 사용하면서 호수 주변과 좁은 계곡에서 수십 마리씩 사냥하기도 했다.

다른 집단은 프랑스, 독일, 스페인에서 곧 숲으로 바뀌게 될 지역에 정착하였다. 온난한 기후가 당시의 사냥터에 극적인 환경 변화를 가져왔다. 즉 소나무와 자작나무가

수백 마리의 북아메리카 순록이 캐나다 북부에서 북쪽으로 이동했다. 빙하시대 수천 년 동안 거대한 순록과 북아메리카 순록 떼가 툰드라로부터 남북으로 이동했다. 짐승이 살찌고 건강한 상황에서의 가을철 이동은 사냥꾼들에게 빙하시대와 그 후에 이동하는 동물의 뿔, 지방, 가죽, 고기 그리고 다른 부산물을 수확하기 위한 최적의 시기였다.

골짜기와 평원으로 확대되었고, 참나무와 다른 나무들도 로마 시대와 중세에 걸쳐서 농부들이 베어 낼 때까지 서서히 유럽을 덮으면서 태고의 숲을 만들었다. 온난화가 진행되면서 빙하시대 말기에 낯익었던 매머드와 털코뿔소, 스텝들소가 사라졌다. 이제 사냥꾼들은 붉은사슴, 희귀한 거대 숫사슴, 야생 돼지와 같이 좀 작거나 중간 크기인 삼림 동물에 관심을 갖게 되었다. 동시에 새나 물고기, 식물성 식량이 사람들의 식생활에 훨씬 더 중요한 역할을 했던 것으로 추정된다.

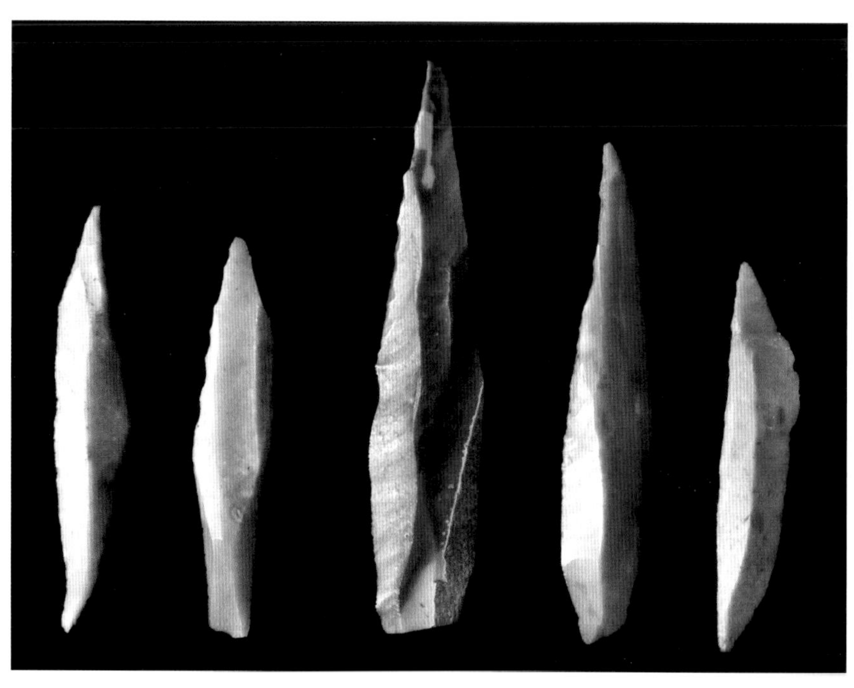

영국 노퍽(Norfolk)의 켈링히스(Kelling Heath)에서 발견된 중석기 시대의 부싯돌 잔석기. 아주 작은 촉은 사냥감을 죽이기 위한 치명적인 미늘을 만들려고 창과 화살에 붙여졌다.

사냥감의 크기가 작아지면서 여러 지역에서 대부분의 도구와 무기가 뿔과 뼈에서 나무로 변했다는 점을 제외한다면, 사냥 기술의 급격한 변화는 나타나지 않았다. 서유럽의 마들렌 문화 사람들과 동시대에 살았던 동쪽 지역의 사람들은 일찍이 좀 더 정교하고 가벼운 무기를 발전시켜 왔다. 증거가 확실하진 않지만, 그들도 활과 화살에 의지했을 것으로 보인다. 이미 상당히 예리한 돌 미늘로 무장된 가벼운 사냥 도구가 사용되었고, 점차 온난해지면서 사냥의 주요 목표가 순록이나 사이가산양 같은 무리 동물에서 종종 숲속의 빈터와 가장자리에서 잡히는 개개의 동물로 바뀌었고 가벼운 무기가 점점 더 중요하게 되었다. 이제 사냥꾼들은 함정과 올가미를 사용하였고, 화살은 나무에서 나무로 몰래 쫓아다니며 혼자 다니는 동물을 사냥할 때 사용하였다. 모든 종류의 새가 식량 자원으로서 중요해졌고, 물새는 그물과 덫으로 잡았으며 다른 새들은 아주 작은 돌로 된 가벼운 화살을 쏘아서 잡았다.

그로부터 1,000년이 지나면서 활과 화살이 진가를 발휘하기 시작하였다. 창과 화살의 치명적인 촉과 미늘로 사용된 작은 부싯돌 잔석기를 제외하면, 급격한 도구의 변화는 거의 없다. 사냥꾼들은 다양한 사냥 도구를 많이 만들었다. 형태가 다듬어진 아주 작은 찌르개와 작은 부싯돌 날의 미늘을 만들었으며, 그 다음에 만들어 놓은 석기에 'V' 자형 홈을 새기고 나무로 만든 창에 석기를 고정시키기 전에 더 두꺼운 맨 아래 부분을 잘라냈다. 잔석기만으로는 인류 사회의 포괄적인 이미지를 전달할 수 없다

('Mesolithic' 이란 말은 중석기 시대로 그리스어 mesos의 '중간'의 의미와 lithos의 '돌'이라는 의미에서 왔으며, 종종 중석기 사회를 가리키는 용어로 사용된다). 보존된 무기들은 외견상이나 문화적으로 모든 종류의 공예품을 나무에 크게 의존하는 빈약한 인간 사회였다는 잘못된 인상을 줄 수 있다. 지난 세기 3/4 이상의 고고학자들은 농업 등의 혁신이 유럽 역사를 변형시키기 전인 '틈(hiatus)' 이란 의미로 후빙하시대를 논의하였다. 진실은 늘 가까이에 있다. 인간들은 어디에서든지 빠르게 변화하는 환경과 온난한 경관, 드문드문 널려 있는 다양하고 새로운 식량 자원에 능숙하게 적응했다. 특히 그들은 호숫가나 강둑과 새로 형성된 해안선을 따라 드러난 숲의 빈 공간에 정착하였다.

카르파티아(Carpathian) 산지를 통과해서 흐르는 강이 있는 다뉴브 철문. 수렵·채집인 그룹은 레펜스키버(Lepenski Vir)와 같은 영구적인 거주지에서 야영을 하면서 수천 년 동안 물고기와 사냥감을 잡아먹으며 살았다. 이런 유적지는 기원전 6500년경의 것으로 추정된다.

빙하시대 말기에 인구가 가장 밀집되었던 지역은 깊은 계곡이었으며 상대적으로 사냥감의 종류가 다양하고 음식이 풍부하였다. 유럽 중앙의 프랑스 베제르(Vezere) 계곡과 다뉴브 계곡이 그런 예이다. 오늘날 인구가 가장 밀집되었던 지역은 강을 따라 발견되며, '다뉴브 철문(Danube's Iron Gates)' 같은 전략적 지역과 강꼬치고기같이 물고기가 풍부한 담수호 지역을 따라 분포한다.

대륙붕을 침수시킨 급격한 해수면 상승으로 나타난 가장 큰 변화는 하구를 범람시키고 유속이 빨랐던 대부분의 강이 느린 샛강으로 바뀌었다는 것이다. 해수면 상승은 대서양 해안의 하구와 북해, 그리고 발트 해의 해안을 따라 다양한 종류의 물고기와 조개류가 풍부한 비옥한 연안 환경을 만들어 냈다. 발트 해는 원래 스칸디나비아 빙상이 후퇴하면서 형성된 빙하호로 만들어졌지만, 결국에는 스카게라크(Skagerrak)를 통하여 대서양과 합류하면서 염분이 섞인 바다로 바뀌었다. 이미 기원전 8000년에 발트 해안을 따라 정착한 수렵·채집인 무리들이 조개류를 모으고, 미늘이 달린 사슴뿔, 뼈, 나무창으로 강꼬치고기와 다른 종류의 고기들을 잡았으며, 얕은 물에서는 덫과 섬유질 그물로 물고기를 잡았다. 점차 적은 영토를 개척한 마글레모세(Maglemose)와 이후 에르테뵐레(Ertebølle) 사회는 보다 영구적인 거주지에서 많은 시간을 보냈다. 또한 보다 복잡한 환경과 식량 증가에 대한 경쟁을 반영하는 세련된 사회제도를 발전시켰다. 뿐만 아니라 집단 간의 싸움에 관한 증거도 늘었으며, 그 예로 공동묘지에 묻힌 시신에 단단히 박혀 있는 창의 끝부분이 발견되었다.

왼쪽 물고기의 신을 신화적 존재로 묘사하기 위한 것으로 추측되는 레펜스키버의 두상 조각. 조각은 가옥의 토대 위에 놓여 있다.

발트 해 연안과 같은 경우에 오늘날 사람들은 나무 열매와 연어처럼 지역적으로 풍부하고 예상 가능한 자원을 집중적으로 개발하면서 살아간다. 언어와 사냥감의 이동, 히코리 열매 수확과 같은 계절적인 현상은 단기간에 많은 양의 식량을 수확하는 것뿐만 아니라 나중에 사용하기 위한 저장과 가공을 필요하게 하였다. 저장 기술은 중요한 의미를 갖는다. 수천 마리의 고기가 태양이나 불을 사용하여 선반 위에서 말려졌고, 도토리와 야생 곡물 수확물은 훗날을 위해서 진흙 술부늬 바구니에 보관되었다. 저장의 개념에 관해서는 새로운 것이 없다. 예를 들어, 훨씬 이전에 큰 짐승을 잡았던 사냥꾼들은 겨울을 넘기고 고기를 먹기 위해 말리거나 그것을 두드렸다. 그러나 이동이 더 이상 실용적인 전략이 아니게 되고, 정착성이 강화된 거주지에 대규모 저장 시설이 나타났다는 점은 새로웠다. 후빙하시대의 수렵·채집인들은 창고의 이용과 사냥감, 식물과 여러 수중 자원에 대한 상세한 계절 지도를 이용하면서 단기간의 기후변화와 계절변화로 나타나는 주기적인 식량 문제를 해

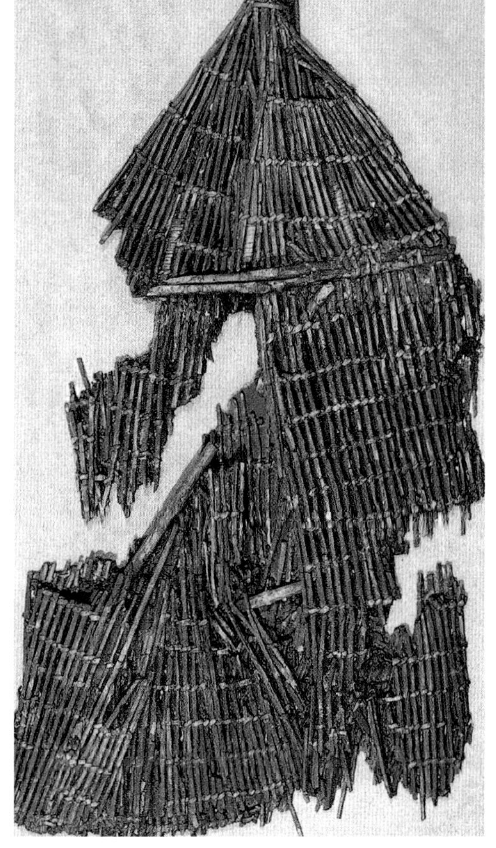

덴마크 리틀가납스트럽(Little Knabstrup) 유적의 나무로 만든 어량. 어량 조각은 갈대와 함께 묶여져 있다. 제작자는 기원전 5000년 말의 에르테뵐레(Ertebølle) 문화에 속한다.

결하였다. 동시에 그들은 주식이 부족한 경우에 식사 대비책의 한 방법으로 영양분이 부족한 식량까지 식생활을 확대하였다.

서남아시아

마지막 빙하시대에 소수의 수렵 · 채집인 무리가 지중해의 동부 해안에서 먼 내륙의 넓은 지역까지 사냥 범위를 넓혔다. 이 사람들은 고고학자들에게 '케바라인(Kebarans)'이라고 알려져 있으며, 숲으로 우거진 환경과 반건조 환경을 개척하였다. 그들은 전적으로 사막가젤과 같은 동물을 식량으로 이용하였기 때문에 여름철에는 고지대로 이동하였을 것이다.

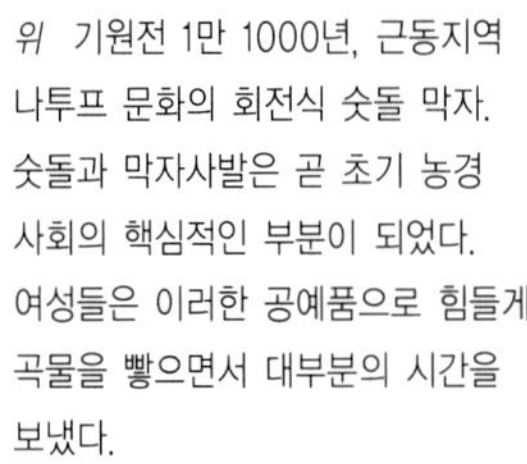

위 기원전 1만 1000년, 근동지역 나투프 문화의 회전식 숫돌 막자. 숫돌과 막자사발은 곧 초기 농경 사회의 핵심적인 부분이 되었다. 여성들은 이러한 공예품으로 힘들게 곡물을 빻으면서 대부분의 시간을 보냈다.

기원전 1만 3000년경 서남아시아 여러 곳에서의 기온 상승은 환경과 식생을 크게 변화시켰다. 마지막 빙하시대에는 야생 엠머밀과 보리, 참나무, 아몬드, 피스타치오나무같이 온난한 기후에 적합한 식생은 현재 해수면보다 낮은 피신처에서만 서식하였다. 이런 사질토 지역에서는 야생 곡물 수확량이 빈약하였다. 이런 식물과 나무 종은 홀로세의 기온 상승으로 일찍이 점토가 있는 수확량이 풍부한 고지대에서 대량 서식하였다. 새롭고 조밀한 야생 곡물은 단기간의 기후변화(예를 들면, 계절변화 등)에 잘 견디면서 오랜 기간 동안 매년 수확할 수 있었다. 그중 많은 종류가 오늘날 주로 소비되는 식량 식물로 바뀌었다. 이런 사실은 그들의 정착지가 더 계절적이고 점점 더 건조해지는 기후에 필수적이었던 석기 도구인 막자와 사발, 저장을 위해 종자 수확 과정에서 사용되는 도구들이 함께 발견되는 것을 통해서 확인할 수 있다.

지중해 구릉지의 풍부한 곡류와 견과류가 최적의 장소에 자리 잡을 때까지 보다 강력한 수렵 · 채집 전략과 보다 정주적인 정착지를 발달시키고, 급속한 영역 확장 등을 고무했다. 일반적으로 '나투프(Natufian)' 문화로 알려진 새로운 사회가 구릉지의 케바라(Kebara) 문화에 뿌리를 두고 발생하였다. 이곳에 야생 곡류와 견과류를 생산하는 나무들이 서식하고 있었다. 더 넓은 지역이 해안 평야나 초원의 계곡과 구릉지 경계에 가까웠고, 이중 일부는 전략적으로 좋은 석기를 만들 수 있는 곳에 위치하였다. 이러한 정착으로 나투프인은 봄철의 곡류를 이용할 수 있게 되었고, 그 후에 견과류를 수확할 수 있게 되었다. 저지대에서는 사냥감이 번성하였고 구릉지 위 숲 지대에는 견과류가 번성하였다. 이동 생활을 하던 조상과 달리 나투프인은 봄철 곡류의 이용으로 여러 달 동안 다양한 음식을 즐겼고, 고도가 높은 곳에서 견과류가 천천히 익었을 때 사면을 따라서 견과를 수확했다. 가젤 사냥은 사냥감 몰이와 매복, 집단 사냥 등으로 이웃 공동체가 협력하면서 1년 중 특정 계절에 중요하게 되었다.

옆면 이스라엘 메아롯(Meárot) 와디 유적의 나투프인 무덤. 동굴 안은 네안데르탈인과 1만 년 전으로 추정되는 나투프 문화 수준의 초기 정착민이 들어 있다.

기원전 1만 500년경 나투프 시대의 끝 무렵, 이 지역 인구 밀도가 이전 시대보다 상당히 높아졌다. 나투프 사회는 새롭고 더 복잡한 사회 질서의 흥미로운 일면을 보여주었다. 나투프인들은 시체를 묘지에 묻었고, 이는 그들 사회에 대한 풍부한 정보를 제공하고 있다. 이곳에는 명확한 사회 계층의 흔적이 남아 있다. 뿔조개류로 만든 장식품같이 일반적이며 꾸준하게 반복되는 상징적 유물은 일부의 무덤에서만 발견되는 한편, 돌사발과 같은 정교한 부장품은 아이들을 포함한 특정 개인의 무덤에서만 발견되어 사회적 차이에 대한 몇 가지 유형을 강하게 암시한다. 이런 사회적 계급은 잉여 식량의 재분배와 더 큰 정착 공동체 내의 질서를 유지하기 위하여 필요하였던 것 같다. 또한 무덤을 덮는 석판과 의식에 관계가 있는 것으로 보이는 모르타르 비석은 지배 영역이나 숭배하는 조상의 땅의 경계를 표시하는 용도로 사용되었던 것으로 추측된다.

다시 한 번 유럽이 거의 빙기에 가까운 상황으로 접어드는 동안, 1,100년간의 영거 드리아스기가 서남아시아에 심각한 가뭄을 가져왔다. 기원전 1만 1000년 이후 나투프인은 인구가 팽창하던 시기에 더 건조한 기후환경과 직면하였다. 가뭄이 계속 이어지면서 지중해 지역에 곡류 서식지가 감소하였고, 고지대에서의 생산성이 높아졌다. 이 시기에 나투프인은 영구적으로 물을 구할 수 있는 곳에 정착지를 잡아야 했다. 고도가 높고 멀리 떨어진 곳에서 곡류와 견과를 수확해야 하는 상황은 어쩔 수 없는 현실이었다. 이러한 상황은 초기 농업의 중대한 발전을 입증하는 데 도움을 주었다.

나투프인이 기원전 1만 년에 야생초를 채취하기 위해 사용한 뼈 낫 손잡이. 이스라엘 카멜(Carmel) 산의 서쪽 사면 케바라(Kebara) 유적지에서 발견되었다. 손잡이에 한 줄로 날카롭게 늘어선 부싯돌 날은 효율적으로 쉽게 벨 수 있게 해 주었다.

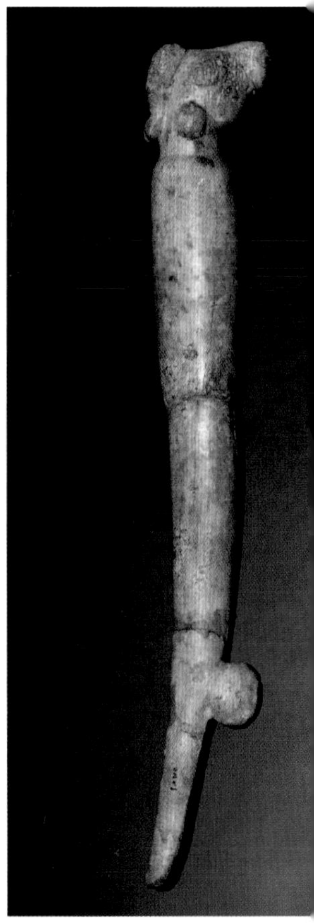

최초의 농부

사람들은 복잡한 수렵·채집인 사회에서 살아가면서 감소하는 주식 문제를 어떻게 해결하였을까? 사람들은 2,000년간 곡류 식물과 밀접하게 살아오면서 식물을 키우기 위해서 무엇이 필요한지에 대해 상당히 인식하게 되었을 것이다. 당시 사람들은 야생 밀과 보리가 감소하는 것을 막으려고 인위적으로 적당한 규모의 곡류를 심어서 미래의 불확실성에 대비하려고 노력하였다.

이것이 바로, 농업과 가축 사육이 인류 사회로 진입하는 순간이었다. 사람들은 낫을 사용하거나 뿌리째 뽑으면서 호밀과 같은 야생 곡류를 키우기 시작하였다. 당시 농부들은 야생 목초의 경작 상황에 대해서 완전히 새로운 '선택적 압박'을 가하기 시작했다. 이 새로운 선택적 압박은 레반트 회랑(Levant Corridor)이라고 불리는 서남아시아의 좁은 지역에서 처음 발달하였고, 북부 다마스쿠스 분지에서 저지대인 예리코(Jericho) 계곡까지 40km에 달하던 영역은 유프라테스 계곡까지 확대되었다. 이 회랑은 원래 주거지에서 물이 풍부한 하천이나 호수가로 야생 곡물을 이동시킬 수 있을 만큼

물 공급이 충분하고 지하수위가 상대적으로 높았다. 반지하 거주지에 정주하던 마을에서 갑자기 진흙집으로 지은 농촌 마을로 바뀌는 시기인 기원전 1만 년경 사냥과 채집에서 농업으로의 급격한 변화를 연대기적으로 기록하고 있는 유프라테스 계곡의 아부후레이라(Abu Hureyra) 둑은 외알밀과 호밀 재배의 본거지가 되었다. 이곳의 주민들은 1,000년이 지난 후 양과 염소의 무리를 키우게 되었다. 영거 드리아스기가 끝날 무렵, 새로운 경제 체제가 서남아시아를 통해 삽시간에 세상으로 널리 퍼졌다.

요르단, 예리코의 석고 두개골. 이러한 유물은 조상 숭배 의식과 관련된 것 같다.

이때는 인류 사회가 마을에 정착하는 변화의 시기였다. 이어서 조상들을 기념하는 성지인 터키 중심부의 차탈휘위크(Çatalhöyük)처럼 유명한 성 취락과 더불어 큰 마을, 심지어 요르단의 예리코와 처럼 작은 도회지도 들어섰다. 농업은 초자연적인 세계의 힘과 현실 세계를 영적으로 긴밀하게 연결해 주던 토지와 새로운 관계를 맺게 하였다. 같은 시기에 생필품의 교역 증가로 친족과 이웃 공동체 간의 관계가 더욱 중요해졌다. 특히 나일 계곡과 메소포타미아의 남부와 같이 상당히 비옥한 지역에서 농업 인구가 빠르게 증가했다.

중국 양쯔 강 계곡의 벼 재배. 기원전 6000년 이전에 초기 쌀 재배의 중심지였다.

영거 드리아스기의 가뭄은 농업의 출현에 큰 역할을 하였다. 이는 혁명적인 발명이 아니라 친숙한 삶의 방식을 유지하기 위해 나타난 가뭄에 대한 논리적 반응이었을 것이다. 곡물의 유전적 변화와 동물의 가축화는 이 새로운 경제 체제가 서남아시아의 광대한 지역에 걸쳐 수렵과 채집을 대체하였다는 점에서 매우 급격하면서도 성공적이었다. 농업은 기원전 6000년경 유럽으로 퍼졌고, 소떼는 그 후 다소 습한 사하라로 이동하였다.

농업은 여러 지역에서 다양한 시기에 각각 독자적으로 시작되었다. 최소한 기원전 6000년경에 인도의 인더스 강 계곡, 거의 같은 시기에 중국의 북부, 기원전 7000년경 양쯔 강 계곡의 쌀 경작 등이 그런 예이다. 이 모든 지역에서 사람들은 야생초를 싹트게 하는 방법을 깨달았으며, 그들은 수천 년 동안에 걸쳐서 그런 것을 수확했다. 당시 사람들은 건조한 환경이 계속되고 인구가 증가하면서 그들이 채집하던 작물을 경작하기 시작했고, 곧 전업 농부로 바뀌어 갔다.

와이오밍 주 파슨(Farson)의 팔레오 인디언 도살 유적지에 있는 들소 두개골에 박힌 투사촉.

남 · 북아메리카

세계의 기후가 온난해지면서 남 · 북아메리카의 경관이 극적으로 변화했다. '다양성'만이 이 엄청난 변화를 설명할 수 있었다. 무성한 범람원, 거대한 사막, 풀로 덮인 초원, 몇 마일 밖의 침엽수림과 활엽수림처럼 국지적으로 환경의 다양성이 나타났다.

전반적으로 미국의 서부와 남서부는 건조해졌고, 동쪽 해안과 중서부 대부분에 숲이 우거졌다. 플라이스토세의 커다란 포유류는 대부분 멸종했지만, 들소는 특히 고지대에서 주요 식량 자원의 역할을 하였다. 온난한 기후가 서부의 건조한 환경을 초래하였고, 이것은 물이 줄고 강수의 계절성이 뚜렷해졌으며, 낚시나 채집에서 사람들 사이의 전문화가 나타났음을 의미한다.

북아메리카의 인구는 여전히 개개의 수렵자 무리들로 흩어져 있었다. 여러 지역의 위치로 볼 때, 당시 사람들은 대부분의 시간을 작은 가족 집단으로 살면서 큰 사냥터를 개척하는 데에 소비하였다. 그들은 강가나 유실수가 있는 적당한 곳을 찾아 여름철 몇 주 동안 이웃과 함께 모여 살았을 것이다. 처음에는 돌아다닐 빈 영토가 많았을 것이다. 이윽고 자연적인 인구 증가와 경작지의 낮은 이동성으로 이동이 제한되었을 것이다.사냥꾼들은 구대륙의 사람들처럼 이제 더 작은 포유동물 특히 하얀꼬리사슴에 관심을 기울였다. 또한 사람들은 불가피하게 식물과 새, 연체동물 그리고 물고기를 포함한 대안 식량 자원을 찾아 나서기도 하였다. 이전 시대부터 아메리카 원주민들은 야생 식물성 식량에 대한 전문 지식을 발전시켰으며, 그것은 후대에 야생 목초와 덩이줄기를 경작하는 데 영향을 미쳤다. 기원전 2000년 이후의 많은 집단, 특히 중서부 계곡의 사람들은 한 해에 여러 달 동안 야영지에서 생활하였다. 이런 야영지는 그들의 영역을 확대시키는 역할을 하였으며 정기적으로 이용하는 외부 정착지로 개발되어 갔다.

홀로세 동안 북아메리카 환경의 다양성으로 비교적 제한된 좁은 지역에 정착과 대규모의 인구 증가가 나타났다. 이것은 우연이 아니었으며, 이들 지역 중 특히 중서부와 남동쪽의 계곡 및 남서부는 사람들이 토착 식물의 경작에 의존하였던 지역이다.

중앙아메리카와 남아메리카에서 사냥과 모든 종류의 야생 식물을 식량으로 이용하기 위한 채집이 강화되었다. 이는 빙하시대 이후 대형 동물의 멸종과 새로 나타난 더 온난하고 건조해진 기후 조건에 대한 반응으로 나타난 것이었다. 목초와 먹을 수 있는 모든 종류의 뿌리는 인간의 영양에 점점 더 중요한 역할을 하게 되었다. 이런 현상은 파나마와 아마존 유역 같은 열대우림에서뿐만 아니라 건조하고 더 개방된 환경과 고도가 높은 안데스에서도 마찬가지였다.

아메리카 원주민들은 토착 식물을 상당히 다양하게 재배했으며, 여기에는 옥수수[중앙아메리카의 열대 저지대 토착종인 테오신트(teosinte)에서 유래]와 콩, 카사바나 감자와 같은 작물의 뿌리가 포함되었다. 가축 사육은 구대륙과 달리 좀 늦게 시작되었다. 작물 재배는 지나친 채집으로 야생 식물의 선택적 압박을 받아 중앙아메리카 및 남아메리카의 열대와 아열대지역에 있는 수렵 · 채집인 사회에서 시작되었다. 기원전 5000년경 이전에 최초의 식물이 재배되었다. 그 시기 이전에 중앙아메리카와 남아메리카 토착민들은 거의 필수적이라 할 정도로 모든 종류의 식물에 관해 놀랄 만한 지식을 갖고 있었으며, 다양한 식물을 재배하기 시작했다. 작물 재배는 식량 수요의 증가와 변화하는 환경에 직면하여 전통적인 삶의 방식을 보전하기 위한 수단이 되었다. 아마도 호박이 처음으로 재배된 식물일 것이며, 점차 안데스 산지의 감자, 옥수수와 콩으로 이어졌다. 농업은 구대륙에서와 같이 약 2,000년 동안 다양한 환경 속에서 신대륙 전체로

위 옥수수는 남아메리카의 건조 지역과 아마존 유역 그리고 안데스 북부를 포함하여 곧장 세인트로렌스 강으로 연결되는 중앙아메리카까지, 콜롬비아의 발견 이전에 살던 농부들의 주요 작물이었다.

엘리자베스 1세 시대의 화가 화이트(John White)는 16세기 말 두 알곤킨족 버지니아 원주민의 저녁 식사를 묘사했다. 동년배의 식민지 주민인 헤리엇(John Heriot)은 원주민에 대해 글을 썼다. "그들은 자연에 힘을 가하지 않아서 식사와 마실 것이 상당히 수수했고 그로 인하여 장수했다. 나는 우리가 그들의 방식을 따를 수 있기를 바란다."

빠르게 퍼져 나갔다.

유럽인들이 아메리카 대륙에 도착했을 당시 옥수수는 세인트로렌스 강을 따라서 아메리카 남서부의 푸에블로족 사회에서부터 이로쿼이족 마을까지 중앙아메리카와 남아메리카 전역에서 재배되고 있었다. 즉, 옥수수는 온갖 온난한 환경에서 거의 모든 토착 아메리카인 사회의 기본적 식량이었다.

문명의 출현

기원전 1만 5000년경 티그리스와 유프라테스 강은 현재의 하구에서 남쪽으로 800km 떨어진 오만 만으로 흘렀고, 페르시아 만은 메마른 땅이었다. 기원전 1만 2000년 이후 세계의 여러 지역에서 급격히 해수면이 상승하여 기원전 6000년에는 현재 해수면보다 약 20m 낮았으나 기원전 4000~3000년 사이에는 현재 해수면보다 2m 정도 높아졌다. 해수면 상승으로 페르시아 만에 하상 충적토가 쌓여 삼각주가 남쪽으로 서서히 발달하였고, 후면의 호수와 습지에 담수가 남게 되었다. 수렵·채집인과 농부는 수천 년 동안 비옥한 저지대에서 물고기와 사냥감, 식물성 식량에 의지하면서 살아왔다.

기원전 6000년 이전의 메소포타미아 남부에 있던 마을은 50~200명의 인구를 유지하였다. 기원전 6000년경에 인구가 증가하기 시작하면서 사람들은 훨씬 더 큰 도회지에서 살게 되었고, 그 외 대부분의 경관에서는 거주지를 전혀 볼 수 없었다. 기후가 변화하는 동안 다른 지역에서 일부 부족한 식량과 물품을 채우기 위해서 이웃 사회와의

화이트(John White)의 알곤킨족 마을 그림을 보면 가옥과 의식 절차를 나타낸 건축물, 주거지에서 자라는 옥수수 밭이 보인다. 화이트는 아메리카 원주민의 일상을 이상적인 경관으로 묘사했다. 이것은 종종 난폭하며, 파벌로 나뉜 현실을 반영하지 않았다.

기원전 4000년 전의 도시와 후에 수메르인의 상업적 · 종교적 중심지였던, 메소포타미아 우루크(Uruk) 중앙 구역의 항공 사진

관계가 강화되었다. 1,000년 동안 메소포타미아에 여러 개의 큰 도시가 생겨났다. 이러한 변화는 메소포타미아인이 경관을 심하게 바꾸면서 발생하였다. 해수면 상승으로 자주 거주지를 옮겨야 했으며 강수량은 더 불규칙해졌고, 환경도 건조해져서 농업 인구는 혼란에 빠졌다.

기원전 4000년 중반 이래로 기후와 지형이 안정되었지만, 강수는 오늘날보다 부족하여 메소포타미아 남부의 농부들은 매년 유프라테스와 티그리스 강의 홍수량에 의존하였다. 이에 따라서 조직적인 관개 농업이 중요해졌고, 건조하지만 비옥한 토양으로 물을 우회시키는 소규모의 운하 체계가 빠르게 발달하였다. 농업의 발달로 훨씬 더 많은 인구를 부양할 수 있게 되었지만, 집약적인 노동력도 필요하게 되었다. 농촌 사람들은 여기저기 흩어져 있는 작은 공동체를 떠나서 보다 적합한 지역으로 이동하였다. 그들은 대규모 관개 체계를 개발하였고, 새로운 사회경제의 기반 시설을 만들어 갔다. 얼마 후인 기원전 3100년 경, 수메르 문명 등 세계 최초로 글을 읽고 쓸 수 있는 문명 도시가 등장하면서 인구적으로나 사회적으로 새로운 질서가 발달하였다.

도시와 문명은 곧 다른 곳에서도 나타났다. 기원전 3100년에는 이집트에서, 기원전 2600년에는 인더스 계곡과 중국 북부에서 문명이 등장하였다. 모든 산업화 이전 단계의 사회는 일반적으로 비슷한 특징을 보여 준다. 즉, 강력한 중앙 집권화, 인구가 밀집된 도시와 함께 계층화된 정부, 사회의 계층화, 이득을 얻기 위한 수많은 노동, 사회의 중심지 등이다. 장기적으로 사회적 복잡성의 증가 경향은 남・북아메리카에서도 나타났다. 기원전 3000년에는 페루의 해안에서도 문명이 등장하였고, 다음 10세기

기원후 10세기의 대부분 동안 강력한 영역을 관장했던 티칼(Tikal)이라는 마야 도시 중앙 구역. 마야 문명은 기원전 10세기부터 16세기 초 스페인 정복 때까지 지속되면서 중앙아메리카의 저지대에서 번창했다. 10세기에, 남부 저지대의 마야 문명은 붕괴되었다. 티칼, 코판(copán)과 같은 대도시는 가뭄과 지나치게 압박을 받은 환경의 결과 자체적으로 붕괴되었다.

동안 중앙아메리카와 남아메리카의 넓은 지역으로 퍼져 나갔다. 결국 중앙아메리카의 마야, 톨텍, 아즈텍, 안데스의 모체, 티와나쿠, 잉카 등 정교한 문명의 발달로 이어졌다.

좀 더 최근으로 오면서 우리 선조는 규모는 작지만 중요한 기후변화를 경험하였다. 로마 시대의 온난하였던 수세기는 로마인들이 서부 유럽의 대부분을 그들의 군사와 도시를 유지할 수 있는 광활한 곡창 지대로 바꾸게 하였다. 800~1250년경의 소위 '중세 온난기(Medieval Warm Period)' 는 수년 동안 서부 유럽에 여름철의 높은 기온과 긴 가뭄, 풍부한 수확량을 가져다 주었다. 여전히 주민들은 수확 후 다음 수확까지 최저 생활 수준에서 살고 있었지만, 중세의 인구가 증가하고 불모지가 생산지로 바뀌면서 수천 ha의 삼림이 제거되었다. 잉글랜드 중부에서는 포도밭이 번성했고, 노르웨이에서는 곡물이 자랐다. 유럽 북부에 적절한 빙하 환경이 조성되면서 노르웨이 선원들이 아이슬란드와 그린란드를 식민지화하고 정기적으로 래브라도 해를 건너기 쉽게 되었다. 그러나 아메리카에까지 온난한 세기가 나타난 것은 아니었다. 북아메리카 서부에서는 장기적인 가뭄이 이어졌다. 마야 문명은 계속되는 심각한 가뭄으로 일부 붕괴되었다.

미국 남서부에 있는 푸에블로 보니토(Pueblo Bonito)는 9세기에서 12세기 사이에 북아메리카 인디언에 의해 지어진 대저택이면서 시카고 협곡의 푸에블로 중 가장 큰 것이다. 이것은 에워싸인 광장과 지하 의식 회의실 또는 키바(북아메리카 푸에블로 인디언의 지하실 큰 방, 그림의 원형 구조)가 많은 세대 동안 주요 의식의 중심이었다. 푸에블로 조상의 일부는 12세기의 장기간 가뭄으로 카코 협곡을 떠났다.

대부분의 동태평양에서 건조한 라니냐(La Niña)와 같은 상태가 계속되었다. 몽골과 아프리카 동부에서는 가뭄이 나타났다.

14세기 동안 '소빙하기(Little Ice Age)'의 시작과 함께 기후 조건은 한랭하고 불안정해졌으며, 유럽에서는 폭풍이 증가하였다. 7년 동안의 여름철 호우와 수확량 부족으로 농민 150만 명이 목숨을 잃었다. 북해에서의 폭풍 해일과 돌풍은 14~15세기 동안 저지대에서 수천 명의 목숨을 앗아 갔다. 태양 흑점 활동이 감소하는 시기인 마운더 극소기(Maunder Minimum)에 해당하는 17세기 후반에 소빙하기의 절정기가 나타났다. 템스 강이 얼고 축제 마당이 얼음으로 덮였다. 이런 모습이 소빙하기 주요 사건의 일면이 되었다. 더 한랭하고 불안정한 세기가 네덜란드와 영국에서 최초로 뿌리를 내린 농업혁명과 더불어 산악빙하에서 중요한 변동을 보여 주었다. 프랑스 대부분 지역을 제외하면, 기근은 감소하였다. 프랑스는 흉작으로 식량 부족을 겪었으며, 이것은 프랑스 혁명의 원인이 되었다.

19세기 중반으로 접어들면서 세계는 인간이 야기하는 지구 온난화가 기후 공식을 변화시키는 새로운 시대로 진입하였다. 마슬린(Mark Maslin)이 8장에서 언급할 것처럼 대기 중 온실기체 증가로 전구 평균기온은 지난 150년 동안 0.75℃ 상승하였고, 해수면은 22cm 상승하였다. 우리는 지구 온난화의 영향이 강화되고 중요해지면서 급격하게 위협적인 미래로 진입하고 있다.

최근까지 홀로세는 상대적으로 안정된 기후 상태였지만, 영하의 기온과 강수량 변화가 인간 사회에 큰 영향을 미쳤다. 그런 변화는 농업 발달과 가축 사육, 세계 최초의 문명 등장에 영향을 미쳤다. 19세기 동안 엘니뇨에 의해 촉발된 몬순의 약화는 단기간의 기후 사건도 인간 사회에 큰 혼란을 초래할 수 있다는 것을 보여 주었다. 지난 세기 동안 열대 지방의 농부 중 2,000만~3,000만 명이 기근이나 그와 관련된 질병으로 목숨을 잃었다. 역사든 인간 사회든 아무리 복잡한 것도 기후변화 앞에서는 속수무책이다. 우리의 거대 도시가 우리의 통제 밖에 있는 기후의 힘에 난공불락이라고 생각한다면 큰 착각이다.

네덜란드 화가 혼디우스(Abraham-Danielz Hondius, 1625~1695)가 얼어붙은 템스 강의 풍물 장터 풍경을 그렸다. 소빙하기는 특히 17세기 말 동안 얼어 있는 템스 강을 통해 잘 드러난다. 즉흥적으로 열린 추운 날씨의 풍물 장터는 얼어붙은 강에서 다양한 오락거리를 즐기게 하였다. 템스 강의 뱃사공은 이러한 한파 때문에 상당히 힘들어 했지만, 그들은 수익성 있는 풍물 장터를 만드는 데 중요했다.

8
미래는 더워질까, 추워질까

지난 250만 년 동안 대빙하시대가 성쇠를 거듭하였다. 전구 기후는 오늘날과 비슷하거나 약간 더운 상태에서부터 북아메리카와 유럽 대부분에 3km 두께의 빙상을 만들었던 완벽한 빙하작용까지 순환되어 왔다. 지금까지 알아본 것처럼, 이런 빙하시대의 주기는 일차적으로 태양에 대한 지구 궤도의 변화에 의해 일어났다. 세계는 지난 250만 년 중 80% 이상을 현재보다 더 한랭한 상태에서 보냈다. 인류는 지금 온난한 시기인 간빙기에 살고 있으며, 미래 언젠가는 다음 빙기로 돌입할 것이다. 그러나 오늘날 신문에서는 지구 온난화에 대한 머리기사가 인기를 누리고 있다. 이 장에서는 우리가 왜 현재 임박한 빙하작용보다 오히려 인간이 초래한 지구 온난화에 직면하게 되었는지를 설명할 것이다. 아이러니하게도 우리는 지구 온난화의 공포를 1980년대 후반까지도 인식하지 못하였다. 이 장에서는 과거 빙하작용으로 만들어진 '빙하' 유산이 지구 기후를 화석 연료의 연소에 의한 이산화탄소에 민감하게 만든 이유를 설명할 것이다.

우리는 매초당 1억 7,000만kg의 석탄과 12억 5,200만 리터의 가스 그리고 11만 692리터의 오일을 태운다. 이것은 산림 벌채와 결합되어 매해 18억 톤의 이산화탄소를 우리의 대기로 내보낸다.

왜 지구 온난화에 대한 인식이 늦어졌을까?

다음 빙기에 대한 두려움이 어떻게 지구 온난화를 인식하지 못하게 했을까? 미국물리학연구소의 물리학역사센터장을 맡고 있는 웨어트(Spencer Weart)는 이산화탄소 농도의 증가와 잠재적인 지구 온난화에 대한 모든 과학적 사실이 1950년대 후반부터 1960년대 초에 수립되었다고 주장하였다. 그는 정치적 냉전 환경이 지구 온난화에 대한 여러 가지의 기본적인 연구가 완성되도록 이끌어 준 지구과학 기금을 만드는 계기가 되었다고 하였다. 1959년 플래스(Gilbert Plass)는 과학 잡지인 『과학 아메리카(*Scientific American*)』에 금세기 말까지 전구 기온이 3℃ 정도 올라갈 것이라는 논문을 발표하였다. 잡지의 편집자는 공장에서 뿜어져 나오는 석탄 연기 사진과 함께 "인간은 매년 수십억 톤의 이산화탄소를 대기로 내보내면서 자연적인 균형을 망가트렸다."라는 제목을 내보냈다. 이것은 우리 모두가 1980년대 후반부터 보아왔던 수많은 잡지 기사와 텔레비전 뉴스, 다큐멘터리 등의 공통된 내용이었다. 1950년대 후반에서 1960년대 초에 받아들여져서 자리 잡은 지구 온난화의 과학과 1980년대 후반에 갑작스럽게 실제로 닥친 지구 온난화의 위협 사이의 시간적 지연은 일부분 곧 닥칠 수 있는 빙기에 대한 두려움 때문이었다.

앞면 미래 기후변화는 몇몇 세계의 가장 장대한 서식지를 위협한다. 벌써 온난화로 얼음이 녹기 시작했기 때문에 대부분의 위험은 북극과 남극에 있다. 이미 수천 종이 멸종하였고 북극곰과 같은 상징적인 동물을 포함하여 더 많은 종이 멸종에 가까워지고 있다.

다음 빙기에 대한 우려는 육지 기온과 해수면 온도를 사용하여 계산한 전구 연평균 기온 자료 세트 때문이었다. 1940년부터 1970년대 중반까지 전구 기온 곡선은 전반적인 하강 경향을 가졌던 것으로 보인다. 이것은 지구가 다음 빙기로 들어가고 있다는 것인지에 대한 수많은 과학자의 논의에 자극제가 되었다. 이런 두려움에는 1970년대에 지구의 기후가 과거에 얼마나 변동하였는지에 대한 인식이 증가한 것이 일부 영향을 미쳤다. 최근에 생겨난 고해양학의 새로운 실험 자료가 심해 퇴적물을 통해 지난 250만 년 동안 최소한 32번의 빙기-간빙기의 주기가 있었다는 것을 입증하였다. 이런 연구는 시간 해상도가 낮아서 빙하시대가 얼마나 빨리 왔다가 갔는지, 얼마나 규칙적이었는지는 추정할 수 없었다. 그것은 많은 과학자와 매스컴이 1950년대와 1960년대의 과학적인 의외의 새로운 사실을 무시하고 지구의 냉각을 이야기하게 하였다. 폰테(Lowell Ponte, 1976)는 다음과 같이 요약하였다.

> 1940년대 이후로 북반구는 급속히 냉각되었다. 미국에서 그 영향은 모든 도시가 거대한 손에 의해 북극으로 100마일 더 가까이 옮겨진 것과 같았다. 1975년 국립과학학술원(National Academy of Science)은 이런 냉각이 계속된다면 어쩌면 다음 대빙하시대의 시작을 목격할 수 있다고 경고하였다. 상상컨대 우리 중 몇몇은 미국과 유럽 북부에서 연중 계속되는 거대한 설원을 보면서 살지도 모른다. 10년 이내에 우리 일생의 세계적인 대기근을 볼 것이다. 1970년 이래로 북아프리카와 아시아에서 한랭화하는 기후에

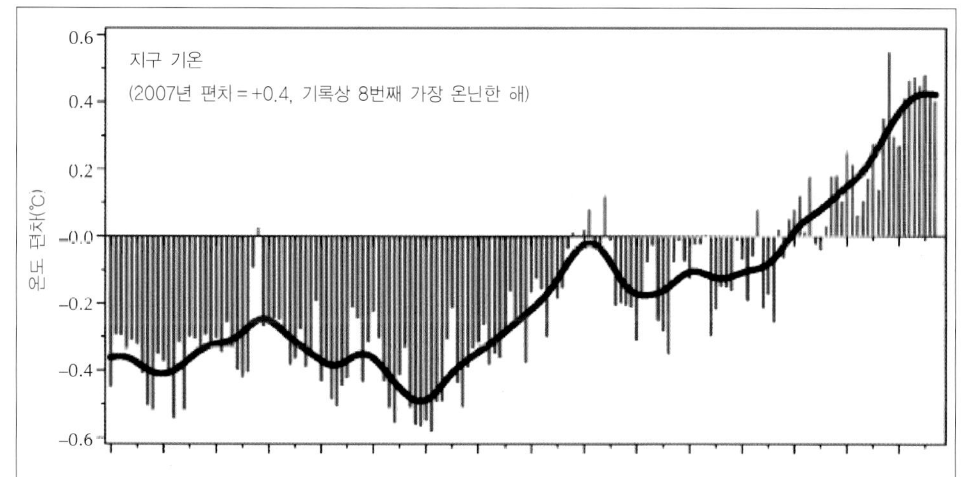

왼쪽 지난 150년 동안 지구는 0.75℃ 이상 더워졌다. 기록상 가장 더웠던 12번의 해는 최근 13년 안에 나타났으며, 2005년에 가장 더웠고 1990년, 2002년, 2003년, 그리고 2004년에 각각 두 번째, 세 번째, 네 번째 그리고 다섯 번째로 가장 더웠다.

의해 발생한 홍수와 가뭄 때문에 50만 명의 인구가 굶주려 왔다.

1980년대 초에 전구 연평균기온 곡선이 상승하기 시작하면서 전구 냉각 시나리오가 의문시 되기 시작하였다. 1980년대 후반에는 전구 연평균기온 곡선이 가파르게 상승하여 지구 온난화 이론이 한창 진행되었다. 흥미로운 것은 지구 온난화에 대해 가장 큰소리로 지지한 사람들 중에 몇몇은 임박해 오는 빙하시대에 대해 우려하게 히였던 사람이라는 것이다. 1976년 『발생론적 전략(*Genesis Strategy*)』에서, 슈나이더(Stephen Schneider)는 지구 냉각 경향이 시작되었다고 강조하였다. 그는 현재 지구 온난화 옹호자의 한 사람이다. 1990년에 그는 "변화[온난화]의 속도는 내가 이런 변화에 대해 생태계의 잠재적인 대변동이라고 부르는 것을 주저하지 못할 정도로 빠르다."라고 말하였다.

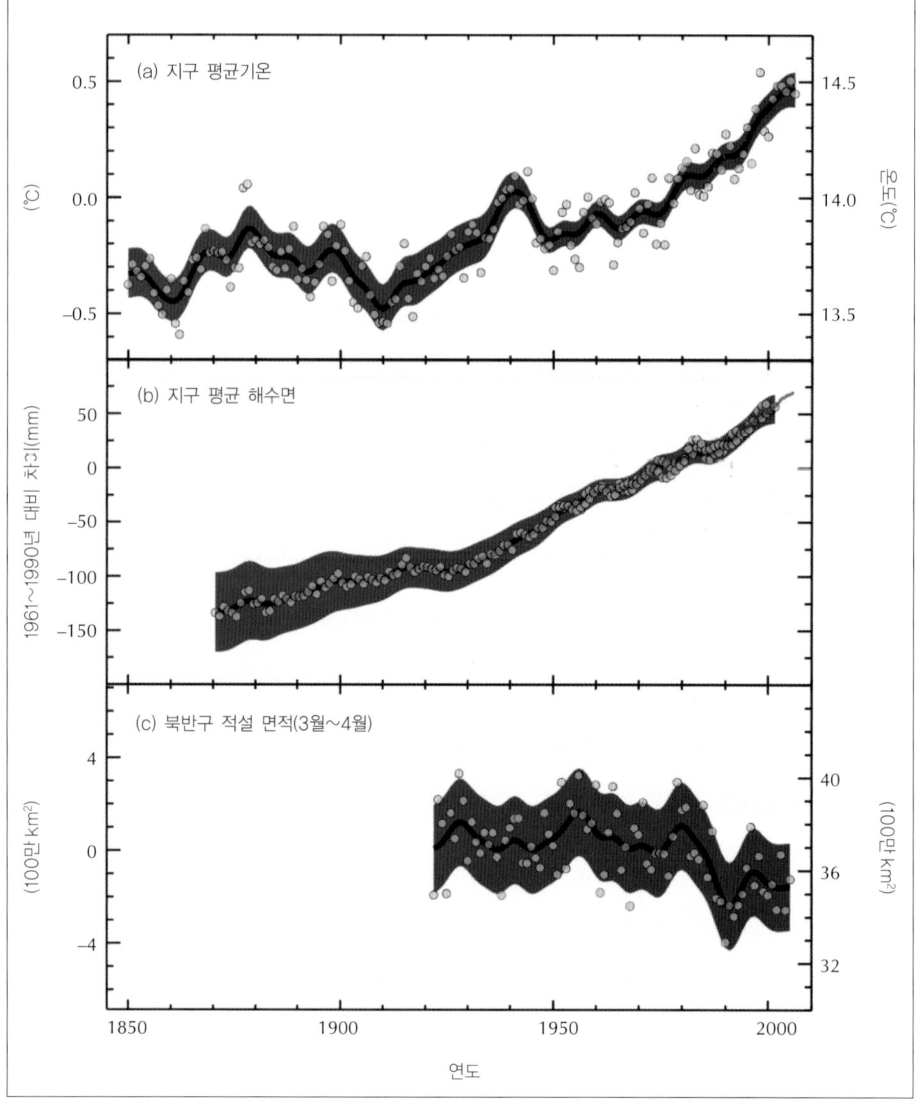

2007년 기후변화에 관한 정부 간 협의체(IPCC) 보고서는 최근 150년간을 포함한 모든 기후변화 자료를 집계하였다. 이 자료는 0.75℃ 이상의 기온 상승 (a), 적어도 22cm의 해수면 상승 (b) 그리고 북반구 적설의 300만km²의 감소를 보여 준다.

이런 전환은 1989년 그리빈(John Gribbin)의 책 『핫하우스 : 온실효과와 가이아(*Hothouse Earth: The Greenhouse Effect and Gaia*)』에서 깔끔하게 묘사되었다.

> 1981년에 한걸음 뒤에서 1880~1980년의 기록을 여유롭게 보는 것이 가능해 졌다. 이 수치는 1987년에 말끔한 정리를 위해서 기존 기록에 5년을 더해 1985년까지 갱신되었다. 그러나 1988년 초에 1987년 마지막 관측이 이루어진 후 단 4개월의 자료를 추가하여 지구 온난화를 발표했는데, 그것은 당시 기록을 깨는 온난화를 보여 주었다. 거기서도 핸슨(James Hansen, 세계 온도 경향을 연구하는 NASA 팀장)과 레베더프(Lebedeff)는 온실효과와 관련짓는 것을 조심스러워하며 '이 논문의 범위를 벗어난 주제'라고 말했다. 그러나 1987년 자료를 얻는 4개월 동안 세계는 다시 변하였다. 몇 주 후에 핸슨은 미국의 상원에서 1988년의 처음 5개월은 1880년 이후 어떤 해당 기간보다도 더 따뜻하고, 바로 우리 앞에 온실효과가 나타났다고 말하였다.

그러므로 모든 온난화 이슈는 전구 연평균기온 자료 세트에 나타난 상승에 의해서 시작된 것으로 보인다. 현재 1960년대와 1970년대의 냉각화 경향은 11년 주기의 태양흑점 주기(태양 흑점 강도는 11년 주기로 변한다)와 이산화황 에어로졸과 같은 오염 물질의 영향에 의한 것이라고 알려져 있다. 그러나 전구 연평균기온 상승만이 지구 온난화 논쟁을 출현하게 한 유일한 이유는 아니었다. 1970년대 후반과 1980년대에 지구 기후 모델이 상당히 진보하였고, 과거 기후에 대한 이해에 상당한 진전이 있었다. 이 기간 중 대기대순환모델(GCMs)은 전구 기후에 영향을 미치는 미립자와 구름, 이산화탄소의 해양 교환의 역할 등을 고려하여 개선되었다. 오염 물질과 연관된 것으로 생각된 냉각효과에도 불구하고 새로운 해양-대기 결합 대순환모델이 대기권을 잘 추정할 수 있는 도구로 부상하였다. 1980년대에는 열의 운반자로써 해양뿐만 아니라 메탄과 그 외 비(非)이산화탄소 온실기체에 대해서도 과학적 관심이 고조되었다. 대기대순환모델은 지속적으로 개선되었고 1980년대와 1990년대에 걸쳐서 과학자 팀의 수도 증가하였다. 1992년에 14개 대순환모델의 모델 결과에 대한 전반적인 비교가 처음으로 수행되었다. 그 결과는 대체로 일치하였고, 지구 온난화의 예측을 확신하게 하였다.

다음 빙하작용은 언제 일어날까?

1980년대에 과거 기후가 어떻게 그리고 왜 변했는지를 이해하려는 경향이 커졌다. 심해 퇴적물과 빙하 코어에서 고해상도의 과거 기후 기록을 얻기 위한 중요한 진전이 있었다. 빙상은 아주 느리게 형성되고 자연적으로 불안정하여 빙기가 오려면 수만 년의 시간이 걸린다는 것을 알게 되었다. 이와는 대조적으로 현재 같은 따뜻한 시기(간빙기)로의 전환 기간은 대략 수천 년 정도로 지질학적으로 매우 짧은 편이다. 이것은 일단 빙상이 녹기 시작하면 해수면이 상승하여 큰 빙상을 더 빠르게 약화시키고 파괴할 수 있게 되는 등 과정을 가속화시키는 양(+)의 피드백이 크기 때문이다. 고기후학 모임에서 지구 온난화가 냉각보다 쉽게 그리고 더 빠르게 일어난다는 것을 재현하였고, 이것이 곧 닥칠 수 있는 다음 빙하작용에 대한 신화를 잠재웠다. 지난 250만 년 동안의 빙기-간빙기는 지구가 태양을 도는 궤도의 변화에 의해 나타난 것으로 보였기 때문에 인간의 영향이 없다면 다음 빙기가 언제 시작될 것인지를 예측할 수 있을 것이다. 벨기에에 있는 UCL(Universit'e Catholique de Louvain)의 베르제(Andre Berger) 교수와 그 팀의 모델 예측에 따르면, 적어도 5,000년간은 다음 빙기를 걱정하지 않아도 될 것 같다. 그들의 모델이 정확하고 대기 중의 이산화탄소 농도가 두 배가 된다면, 지구 온난화가 다음 빙기를 4만 5,000년 동안 더 지연시킬 수 있다. 러디먼(Bill Ruddiman) 교수는 지난 5,000년 동안 관측된 대기 중의 메탄과 이산화탄소의 증가는 초기의 삼림 벌채와 농업 때문이라고 주장하였다. 이것이 기후가 완전히 빙하 조건으로 들어가기 전에 발생한 보통의 지구 기후 냉각을 이미 정지시켰을지도 모른다고 그는 주장한다. 고기후 연구는 기후 시스템이 작동할 수 있는 속도에 대한 우려를 불러일으켰다. 최근 빙하 코어와 심해 퇴적물의 연구는 지역적으로 최소한 5℃의 기후변화가 10년 이내의 문제로 발생할 수 있다는 것을 보여 주고 있다. 이런 과거 기후의 복원 연구는 지구의 기후 시스템이 유순한 것이 아니라 매우 역동적이며 급속히 변화하기 쉽다는 것을 증명하는 것으로 보인다.

가장 큰 기후변화의 관심사 중 하나는 그린란드와 남극 대륙의 빙상이 녹는 비율이다. 과학자들은 그린란드와 서부 남극 빙상(아래 그림)이 컴퓨터 모델에 의해 예측된 것보다 더 빠른 속도로 녹고 있다는 것을 발견하였다.

과거로부터의 교훈

지질학적으로 과거의 기후변화는 이를 연구함으로써 앞으로의 변화 메커니즘과 속도를 파악할 수 있기 때문에, 인위적인 지구 온난화에 대한 현재의 우려에 근거를 제공한다. 각종 지질학적 기록은 공룡들이 온화한 환경을 즐길 무렵인 백악기의 소위 '온실 세계(greenhouse world)' 에서 오늘날의 더 차갑고 더 동적인 '빙실 세계(icehouse world)' 로 직행하였으며, 지난 100만 년간 지구의 기후가 차가워졌다는 것을 보여 준다. 대륙의 이동이 1억 년간 이어진 더 길고 한랭한 지구 기후 조건으로의 전환을 가져왔다. 3장에서 알아본 것처럼, 태즈메이니아–남극 해양 통로의 개방과 남극을 고립시켰던 드레이크 해협, 히말라야의 융기, 파나마 해양 통로의 폐쇄 등이 그런 예이다. 이런 냉각이 대기 중 이산화탄소 농도의 엄청난 감소를 동반하였다는 지질학적 증거도 제시되었다. 1억 년 전 공룡 시대 동안에 대기 중의 이산화탄소 농도는 현재보다 5배 더 높았을지 모른다.

3장에서 이런 장기간의 냉각이 약 3,500만 년 전 남극의 빙하작용과 약 250만 년 전에 시작된 대빙하시대에서 정점에 달하였다는 것을 보여 주었다. 이런 빙하시대의 초기에 빙기–간빙기 주기는 매 4만 1,000년이었고 100만 년 전부터는 매 1만 년마다 일어났다. 현재 간빙기인 홀로세(7장 참조)는 약 1만 년 전에 시작되었으며, 이는 각 빙기 사이에 발생하였던 온난 환경의 한 예이다. 홀로세는 마지막 빙기의 빠르고 극적인 종료와 함께 시작되었다. 4,000년도 채 안 되어서 전구 기온은 6℃ 정도 상승하였고, 해수면은 120m 상승하였으며 대기 중 이산화탄소는 1/3 정도, 메탄은 두 배 가량 증가하였다.

지구 온난화에 대한 현재의 고정 관념 속에서 본다면, 현재 지질학적 '빙실 세계' 에 있다고 하는 것이 이상하게 보일 수 있다. 지구의 지질학적 역사에서 보면, 드물게 발생하는 비교적 온난한 간빙기 시대에 포함되어 있음에도 불구하고 양 극지방에는 아직도 빙하가 덮여 있기 때문이다. 남극 대륙과 그린란드가 빙상으로 덮여 있고, 북극해의 대부분이 해빙(海氷)으로 덮혀 있다. 이는 더 온난해지면 녹을 수 있는 빙하가 많다는 의미이고, 지구의 미래에 대한 가장 큰 미지수 중 하나이다. 빙하로 덮인 양 극지방은 적도의 평균기온인 약 30℃에서부터 극에서의 평균인 –35℃까지 극과 적도 사이의 온도 차이를 크게 만들고 있다. 이런 온도 차이가 기후 시스템을 만드는 주요 요인의 하나이다. 이로 인하여 열대의 열이 해양과 대기를 통해 극으로 수송된다. 지질학적으로 보아 적도와 극의 온도 차이는 현재의 매우 역동적인 기후 시스템을 이끄는 요소 중 하나이다. 그래서 현재의 '빙실' 조건은 허리케인, 토네이도, 겨울철의 온대성 저기압 폭풍, 강한 계절풍 등으로 특징지어지는 다양한 날씨 시스템을 만든다. 러브록

(James Lovelock)은 그의 책 『가이아의 시대(*The Ages of Gaia*)』에서 오늘날의 홀로세와 같은 간빙기를 일컬어 지구가 '열병에 걸린 상태'라고 제시하였다. 실제로 약 250만 년 동안 전구의 평균기온은 오늘날보다 낮았다. 러브록은 지구 온난화에 대해 인류가 단지 열병을 늘리는 정도라고 보았다.

옆면 2005년 뉴올리언즈를 덮친 허리케인 카트리나의 미항공우주국(NASA) 위성 사진. 비록 개개의 폭풍을 지구 온난화의 탓으로 돌리는 것은 불가능하더라도, 대서양에서는 허리케인이 더 많이 더 크게 발생할, 우려할 만한 경향이 있다.

소빙하기

하지만 현재 간빙기인 지난 1만 년 동안에도 기후는 일정하지 않았다. 고기후의 증거는 홀로세 초기가 20세기보다 더 온난하였음을 보여 준다. 7장에서 보았듯이 홀로세 동안 본드 이벤트(Bond events, 4장에서 설명한 단스고르-외슈거 주기에 해당함)라고 불리는 1,000년 규모의 기후 사건이 있었으며, 그것은 지역적으로 2℃의 기온 하강을 일으켰고 인류 사회에 심각한 피해를 줄 수 있었다. 이런 기후 주기의 마지막이 소빙하기이다. 소빙하기에 매우 한랭한 두 기간이 있었다. 처음은 1,000년 전에 끝난 중세 온난기(Medieval Warm Period)의 뒤를 잇는 시기로, 종종 중세 한랭기(Medieval Cold)라고도 부른다. 중세 한랭기는 그린란드에 대한 노르웨이 식민지의 종말을 가져오는 역할을 하였으며, 유럽의 기근과 대규모 이주를 초래하였다. 중세 한랭기는 기원후 1200년 전에

아래 허리케인 카트리나에 의해 뉴올리언즈에 남겨진 황폐화. 피해는 허리케인 바람에 의한 것이 아니라 엄청난 양의 폭우에 의해서 이루어졌으며, 그것은 도시 보호를 목적으로 건설된 둑이 무너지면서 방대한 지역으로 범람하여 나타난 것이다.

서서히 시작되어 1650년경에 끝났다. 두 번째 한랭기는 1300년부터 1860년 사이에 발생하여 전보다 더 전형적인 소빙하기로 언급된다. 빙하 코어와 심해 퇴적물 기록에 나타나는 것처럼 지난 홀로세 기간 동안 북대서양에서 일어났던 가장 규모가 크고 빠른 변화였을지도 모른다. 하지만, 전 세계에 걸쳐 있는 기록에 의하면 소빙하기와 중세 온난기는 북유럽, 북동 아메리카와 그린란드에서만 발생하였던 것이 분명하다. 즉 소빙하기는 전 지구적인 기후변화이라기보다 지역적인 것이었으므로, 지구 온난화 반대의 근거로 사용하는 것은 적절하지 않다. 종종 지구 온난화는 소빙하기로부터 지구가 '회복되는 것' 일 뿐이라고 일컬어지지만, 지구 대부분에서 소빙하기가 있었던 것이 아니므로 이것은 옳지 않다. 소빙하기로부터 '회복할' 것이 없는 것이다. 지난 1,000년의 복원된 전구 기온 기록이 중요하다. 왜냐하면 이것이 지난 150년 동안 관측된 기온 자료 세트에 대한 전후 관계를 알려 주기 때문이다. 이것은 적어도 북반구에서 기온이 지난 1,000년의 그 어느 때보다도 20세기에 더 온난하였다는 것을 명확하게 보여 주며, 과거 1,000년이 손잡이에 해당되고 최근 150년이 날에 해당하는 소위 '하키용 스틱' 모양을 보여 준다.

온실효과

지표면의 온도는 태양으로부터 입사한 에너지와 우주 공간으로 손실된 에너지 사이의 열수지에 의해서 결정된다. 지구로 입사하는 단파인 태양 복사(자외선 복사와 가시광선 스펙트럼) 에너지의 약 3분의 1은 다시 우주 공간으로 반사되어 되돌아간다. 나머지는 지표면에 흡수되고, 지표면은 흡수한 열을 장파인 적외선 복사에너지로 내보낸다. 수증기와 이산화탄소, 오존, 메탄, 이산화질소 등이 대표적인 온실기체로 알려져 있으며, 장파 복사에너지의 일부를 흡수하면서 대기를 가열시킨다. 지구에는 이런 온실효과가

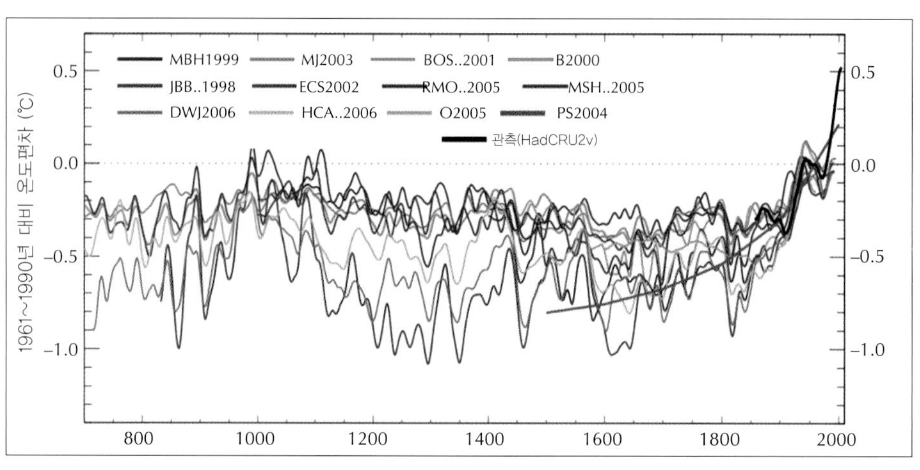

2007년 IPCC 보고서는 지난 1,200년간 북반구 기온의 모든 복원 자료를 모았다. 그 결과 그래프는 20~21세기 동안의 급격한 기온 상승을 보여 주고, 이런 그래프의 모양은 지금 '기후변화 하키용 스틱(climate change hockey stick)'이라고 한다.

필요하다. 온실효과가 없다면, 지표면의 평균기온은 최소한 35℃ 더 하강할 것이다.

식물은 물과 이산화탄소를 흡수하고 광합성을 통해 자신의 성장에 필요한 분자를 만들어 내기 위해 태양 에너지를 사용한다. 식물 중 일부는 동물의 먹이가 된다. 식물이나 동물이 죽을 때 부패하면서 함유되었던 탄소는 '탄소순환'으로 다시 방출되며 대부분 기체 형태로 대기에 되돌아간다. 유기체가 죽은 뒤 썩지 않는다면, 그 안에 들어 있는 탄소는 그대로 남게 된다. 3억 5,000만 년의 기간 동안(주로 3억 5,900만~2억 9,900만 년 전의 소위 석탄기)에 걸쳐서 식물과 작은 해양 유기체는 죽어서 퇴적물 아래로 묻히고 분해되어, 석유, 석탄 및 천연가스와 같은 '화석 연료'를 만들었다. 산업혁명으로 인하여 화석 연료가 대규모로 연소되기 시작하였고, 다시 대기 중으로 탄소를 방출하고 그 결과로 지구의 기온이 상승하고 있다.

과거 기후와 이산화탄소의 역할

과거 기후, 특히 빙기에 대한 연구를 통해서 대기 중의 이산화탄소가 지구의 기후를 조절하는 데 얼마나 중요한가를 파악할 수 있다. 수백만 년에 걸쳐 발생한 대륙이동과 같은 지질적인 변동에 비교했을 때, 빙상의 성장과 쇠퇴는 매우 빠른 편이었다. 그러나 어떻게 이런 빙하작용에서 이산화탄소의 역할을 알 수 있을까? 2장에서 보았듯이 그 증거는 주로 남극 대륙이나 그린란드에서 추출된 빙하 코어에서 얻을 수 있다. 눈

대기로 유입되는 인위적인 온실가스의 80%는 전기를 생산하기 위한 석탄과 천연가스 연소를 포함한 산업으로부터 온다.

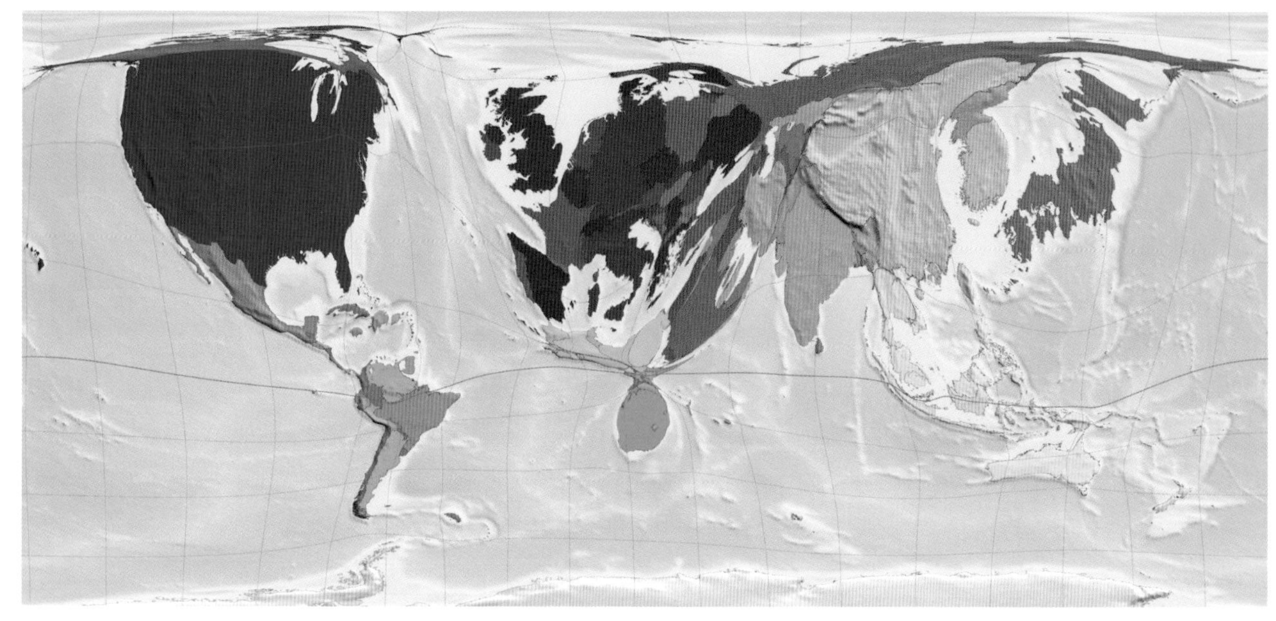

이 내릴 때, 눈은 가볍고 푹신하며 많은 공기들을 포함한다. 이 눈이 천천히 압축되어 얼음을 만들 때 공기의 일부가 갇히게 된다. 과학자들은 얼음에 갇힌 기포를 추출하여 과거 대기에 있었던 온실기체의 비율을 측정할 수 있다. 과학자들은 그린란드와 남극 지역의 빙상에서 3km 이상을 시추하였고, 그것을 바탕으로 지난 50만 년 동안 대기 중에 발생한 온실기체의 양을 복원하였다. 빙하 코어에 있는 산소와 수소의 동위원소

위 온실기체는 전 세계에서 고루 분포한다. 디지털 방식으로 생성한 지도 또는 비교통계지도는 전 세계의 국가들을 그 나라의 실제 크기가 아닌 2000년도 이산화탄소 배출량의 크기로 나타낸다. 이 통계지도는 대부분의 이산화탄소 오염을 만든 것은 세계의 부유한 선진국이라는 것을 보여 준다.

왼쪽 기후학자들은 오염의 정도를 측정하기 위해 얼음 표본을 채취한다. 심부 빙하 코어를 채취하여 간빙기 동안 대기 중의 이산화탄소의 자연 수준이 약 280ppm이라는 것을 발견하였다. 이 수치는 150년도 못 되어 이미 387ppm로 증가하였다.

실험을 통하여 얼음이 형성되던 시기의 온도를 측정할 수 있었는데, 그 결과는 놀라웠다. 지난 65만 년간 대기 중의 이산화탄소와 메탄과 같은 온실기체가 온도와 함께 변화하고 있었던 것이다. 이것은 대기 중의 이산화탄소량과 전구의 온도가 밀접하게 연결되어 있다는 것을 강하게 보여 준다. 즉 이산화탄소와 메탄이 증가하였을 때, 온도는 상승하는 것으로 나타났다. 그 반대의 경우도 마찬가지이다.

인류가 초래한 기후변화

대기 중 이산화탄소 농도의 직접적인 측정이 오염 지역에서 멀리 떨어진 하와이 마우나로아 산 정상 약 4,000m 고도에서 1958년에 처음 시작되었다. 이 기록을 더 거슬러 올라가기 위해서 빙하의 기포를 분석하였다. 빙하 코어의 장기 기록은 산업화 이전의 이산화탄소 농도가 약 280ppm이었음을 보여 주었다. 1958년에 이산화탄소의 농도는 이미 316ppm이였고, 매년 상승하여 2008년경 387ppm에 도달하였다. 그러므로 한 세기동안의 오염 정도는 우리가 보아 왔던 것처럼 수천 년이 걸렸던 빙하기의 자연적인 성장과 쇠퇴에 비견될 만하다.

2007년에 발간된 기후변화에 관한 정부 간 협의체(IPCC)의 보고서에 의하면, 최근 150년 동안 온실기체의 증가에 의하여 이미 기후가 크게 바뀌었다. 즉, 전구 평균기온은 0.75℃ 상승하였고, 해수면은 22cm 이상 상승하였으며, 강수 강도와 계절성의 상당한 변화가 있었다. 또한 기후 패턴과 북극의 해빙 및 거의 모든 대륙 빙하도 변화하였다. 지난 150년의 기록에서 가장 온난하였던 12개 해가 최근 13년 동안에 일어났다. 즉, 1998년이 가장 따뜻했고, 2005년, 2002년, 2003년, 2004년이 뒤를 이었다. 여덟 번째로 따뜻했던 해는 2007년이었다. 2007년에 IPCC는 지구 온난화에 대한 증거가 분명하고, 이것이 인간 활동 때문이라는 것이 아주 확실하다고 주장하였다. 이런 전망은 영국 왕립학술원(Royal Society)과 미국과학발전협회(American Association for the Advancement of Science) 등 주요 과학 단체의 지지를 받고 있다.

어떻게 미래를 설계할까?

이상하게 들릴지 모르지만, 모든 인류 사회는 미래(특히 날씨)를 예측하는 것에 기초하여 움직인다. 예를 들어, 인도의 농부는 내년에 언제 몬순 강수가 오는지, 작물은 언제 심어야 할지를 알고 있다. 반면 인도네시아의 농부는 내년에 두 번의 몬순 강수가 있다는 것을 알고 있다. 그래서 두 번의 작물을 심을 수 있다. 그들은 과거의 지식을 통하여 항상 같은 시기에 몬순이 온다는 것을 생생하게 기억하고 있다. 그러나 그것을 예측하는 것은 이보다 심오하며, 우리 생활의 모든 부분에 영향을 미친다. 가옥은 그

뒷면 이 항공 사진은 부탄에 있는 히말라야 빙하의 융해를 보여 준다(하얀 지역은 여전히 눈과 얼음이 남아 있는 지역이다). 히말라야에서 얼음의 손실은 파키스탄, 인도 그리고 중국을 거쳐 모든 방향에서 물 공급에 심각하게 영향을 미칠 것이고, 이것은 잠재적으로 지역적 긴장을 증가시킨다.

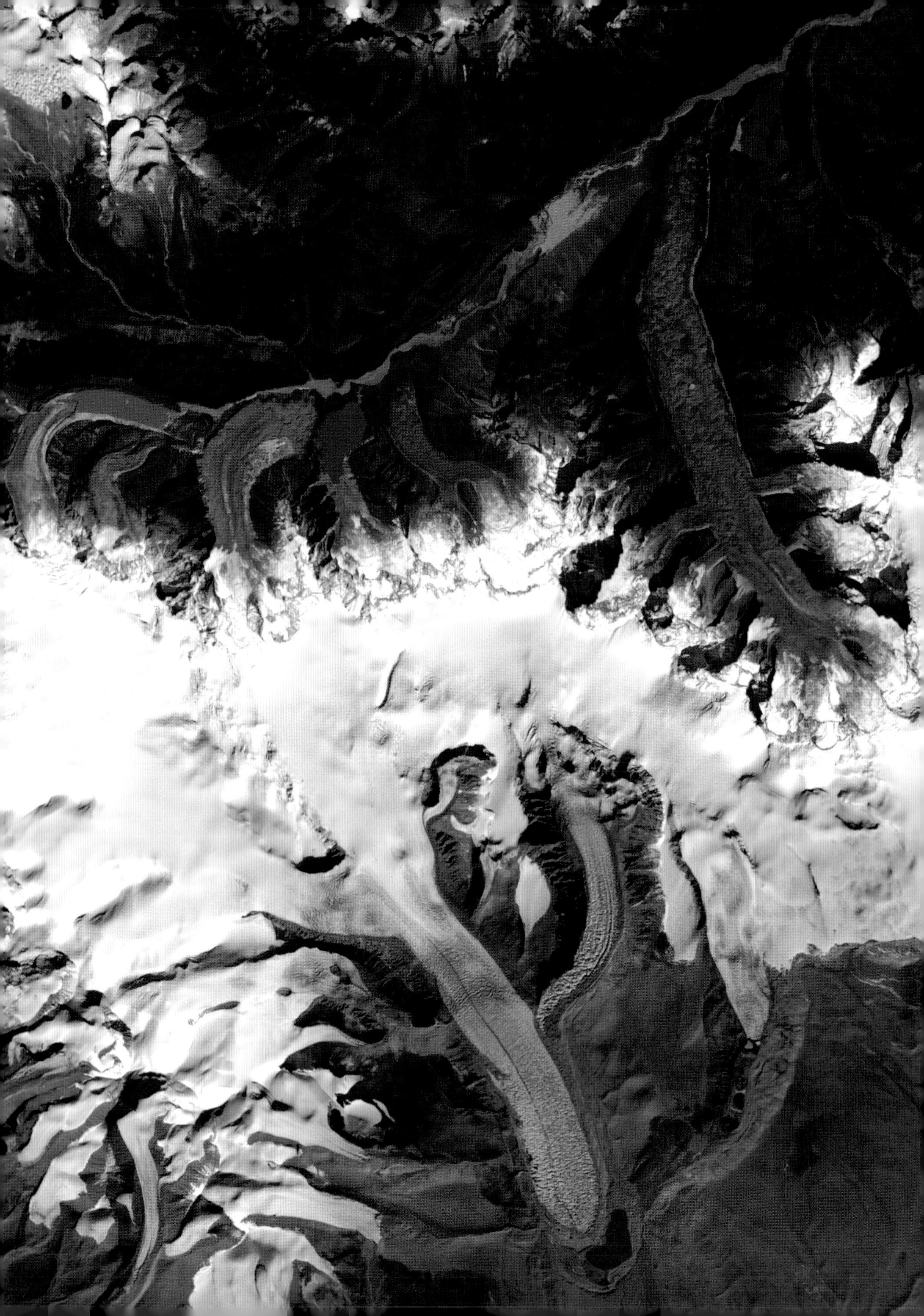

지역의 기후에 맞게 지어진다. 영국의 가옥은 냉방이 아닌 중앙 난방을 택하는 반면 미국 남부에서는 그 반대이다. 도로와 철도, 공항, 사무실, 차, 기차가 모두 그 지역의 기후에 맞게 디자인되었다. 그래서 2003년 봄의 어느 오후에 런던에서는 1cm 눈 때문에 마비된 반면, 토론토에서는 0.5m의 눈에도 쉽게 대처할 수 있었다. 2003년 여름 유럽에서는 열대에서 정기적으로 발생하는 염파로 3만 5,000명이 사망하였고, 오스트레일리아에서는 기온이 영하로 떨어지자 쇼크 상태에 빠졌다. 지구 온난화가 갖는 중요한 문제는 원리를 변화시킬 수 있다는 것이다. 즉 한 지역의 과거 날씨가 미래에 지속될 것이라고 믿을 수 없다. 그러므로 미래를 예측할 수 있는 새로운 방법을 개발하여야 하며, 우리는 그 결과에 의하여 생활을 계획할 수 있고 인류 사회는 충분한 기능을 유지할 수 있다. 우리는 미래를 설계해야만 한다.

기후학자들은 기후 시스템의 여러 부분을 단지 한두 개의 상자로 표현하는 비교적 간단한 모델에서부터 아주 복잡한 3차원 대기대순환모델(GCMs)까지 다양한 계층의 기후모델을 사용한다. 각각은 기후 시스템에 대한 실험을 통하여 이해를 넓히는 역할을 한다. 그러므로 미래의 지구 기후를 예측하기 위하여 대순환모델을 사용한다. 이런 복잡한 기후 모델은 지구에 대해 3차원 격자를 사용하여 푸는 수학 방정식으로 표현되는 물리적 법칙에 근거를 둔다. 가장 현실적인 시뮬레이션을 얻기 위해서는 기후 시스템의 중요한 부분인 기상과 해양, 지표면(지형), 빙권, 생물권뿐만 아니라 각각의 과정을

영국 기상청 해들리 센터의 기후모델은 2100년까지 온도 상승을 예측하기 위해 사용되어 왔다. 아래 그림에서는 기온의 상승이 불균등하게 분포되며, 고위도에서 가장 크게 나타날 것이라는 사실을 알 수 있다.

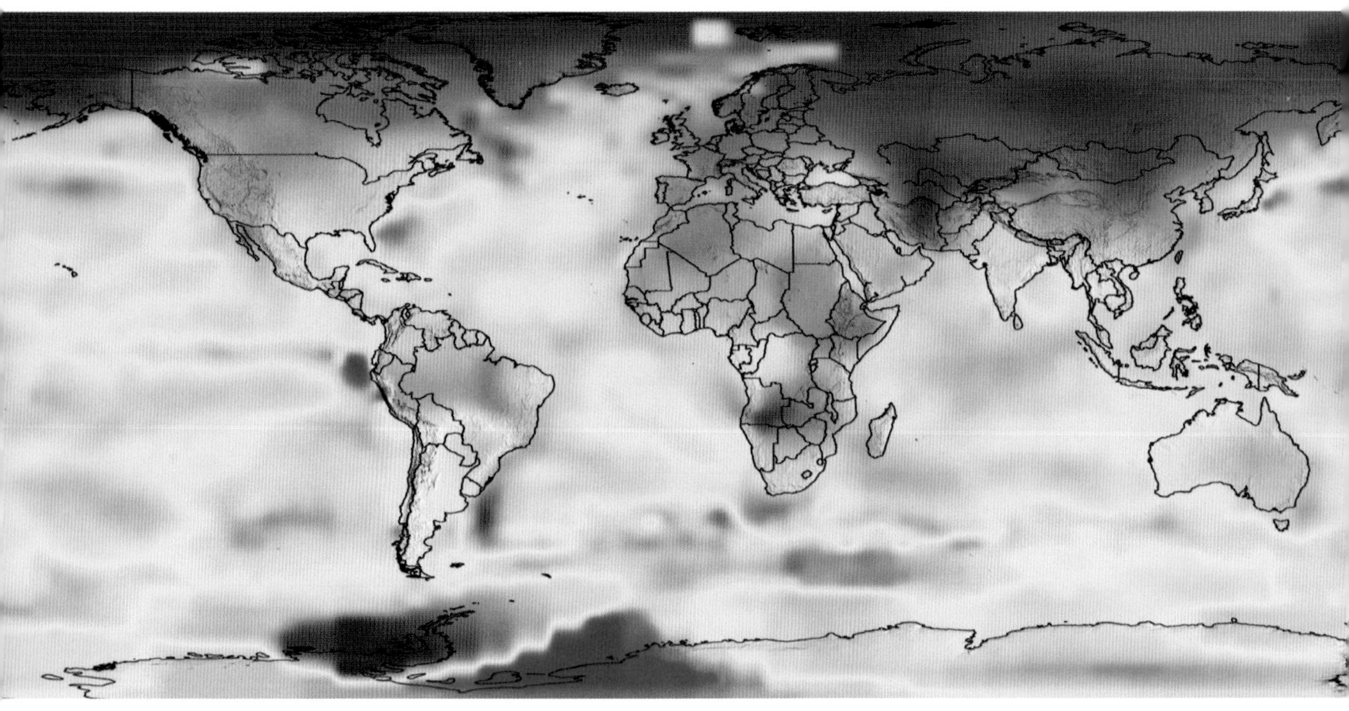

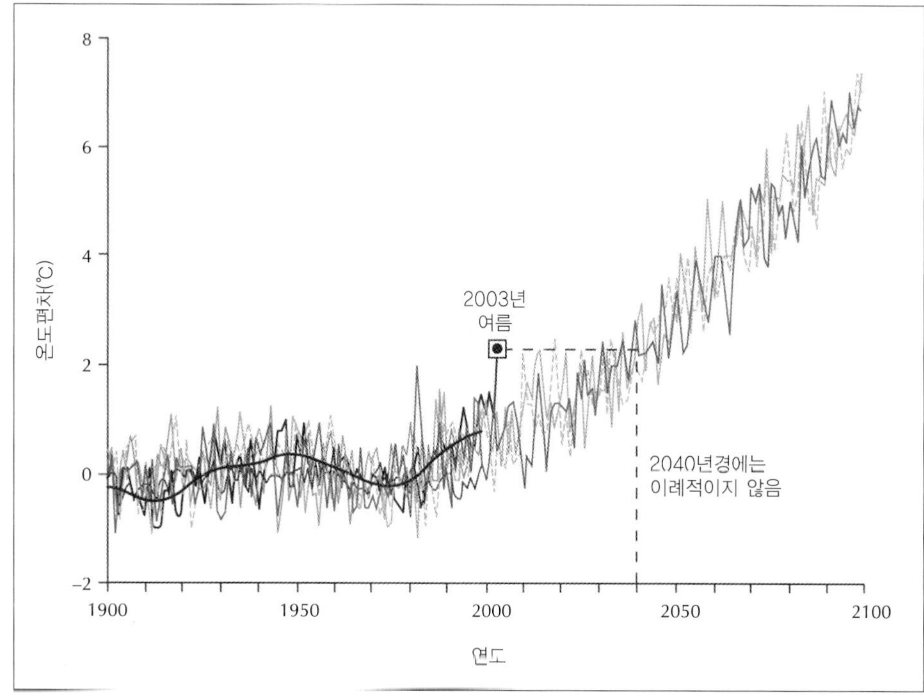

이 그래프는 북유럽 여름 온도의 모델 예측과 실제 자료의 비교를 나타낸다. 2003년 열파는 이례적이었지만, 이 그래프는 기후변화 때문에 유럽의 여름 평균기온이 40년도 채 못 되어 그 수준에 도달할 것이라는 것은 보여 준다.

포함하여 하위 모델로 나타내어야 한다. 온실기체의 온난화 효과뿐 아니라 지구의 기후 시스템은 얼음-알베도 피드백처럼 냉각 효과가 있어서 더욱 복잡하다(4장 참고). 지구 상의 거대한 얼음은 빙하시대의 주요 유산 중 하나이다. 얼음은 햇빛의 대부분을 반사하여 다시 우주 공간으로 보내는데, 이를 알베도라고 부른다.

미래에 지구의 얼음 범위가 얼마나 될지 예측하는 것은 지구 온난화의 정확한 결과를 계산하는 데 상당한 어려움으로 작용한다. 예를 들어, 극의 빙원이 녹는다면, 빙하가 깨끗한 눈이나 얼음처럼 반사하기보다 열을 흡수하는 식생이나 수괴로 바뀌기 때문에 알베도는 상당히 낮아지게 될 것이다. 이것은 지구 온난화의 효력을 강화하는 양의 피드백을 일으킨다. 이미 빙하시대의 유산이 사라지기 시작했다는 온난화의 신호가 나타나고 있다. 2007년 여름 북극해의 해빙(海氷)은 지난 과거 어느 때보다 북쪽으로 후퇴하였다.

미래 기후변화와 그 영향

2007년 IPCC 보고서에서는 6개의 배출량 시나리오에 근거하여 미래의 기온 상승을 예측하기 위하여, 앞에서 기술한 23개의 대기-해양 대순환모델의 결과를 종합하였다. 이 보고서는 2100년에 전구 평균 지표면 온도가 1.1~6.4℃가 상승할 것이라고 하였으며, 그 중 가장 최적의 추정 값은 1.8~4℃이라고 하였다. 그러나 세계적인 이산화탄소 배출량이 이미 IPCC의 가장 극단적인 배출량 시나리오보다 더 빠르게 증가하고 있나

IPCC란 무엇인가?

기후변화에 관한 정부 간 협의체(Intergovernmental Panel on Climate Chage, IPCC)는 1988년, 지구 온난화의 가능성에 대한 우려로 유엔환경계획(UNEP)과 세계기상기구(WMO)가 공동으로 설립하였다. IPCC의 목적은 과학 · 환경 · 사회 · 경제적 영향과 대응 전략 등 기후변화의 다양한 양상에 관한 지식 수준을 지속적으로 평가하는 것이다. IPCC는 전 세계에서 발표된 모든 중요한 연구를 종합하여 합의를 도출할 뿐이며, 독립적인 과학적 연구를 수행하는 것은 아니다.

IPCC는 기후변화에 대해 과학적 · 기술적으로 가장 권위 있는 기관으로 인정받고 있으며, 그 평가는 유엔기후변화협약과 교토의정서 이행 국가에 막대한 영향을 미치고 있다. 2000년 11월에 헤이그에서, 그리고 2001년 7월에 본에서는 1998년 교토에서 채택한 의정서를 비준하기 위한 제2차, 제3차 회의가 있었다. 불행히도 2001년 3월 미국의 부시 대통령은 협상국에서 빠졌다. 그러나 UN에 의해 승인된 191개 다른 국가들은 가장 폭넓고 종합적인 환경 조약에 동의함으로써 2001년 7월에 새 역사를 만들었다. 교토의정서는 러시아가 이 조약을 비준했을 때 효력을 발휘할 수 있었으므로 2005년 2월 16일 마침내 효력이 발생되었고, 그로 인하여 최소한 전 세계 배출량의 55%를 대표하는 55개국이 협약에 사인해야 하는 요건을 충족하였다. 2007년 12월에는 새롭게 선출된 호주 노동부 장관 러드(Kevin Rudd)가 교토의정서에 서명하여 발리 회의에서 기립 박수를 받았다. 2008년 4월 현재 UN에 의해 인정된 총 192개국 중 178개국이 이 조약에 비준하였고, 미국은 주요 국가 중 서명하지 않은 유일한 국가로 남게 되었다.

IPCC는 각 국가에서 생산되는 온실기체의 양을 계산하는 특별 전문 조사단과 3개의 실무 그룹으로 조직되었다. 이런 4개의 주요 부서는 각각 두 명의 공동 위원장(선진국과 개발도상국)과 기술 자문단을 두고 있다. 실무 그룹 I

기후변화에 대한 그들의 업적을 인정받아, 2008년 노벨평화상은 파차우리(Pachauri) 교수(그림 오른쪽)가 의장으로 있는 기후변화에 관한 정부 간 협의체와 앨 고어가 공동 수상하였다.

은 기후변화와 기후 시스템의 과학적 양상을 평가한다. 실무 그룹 Ⅱ는 기후변화에 따른 인간과 자연 시스템의 취약성, 기후변화의 부정적 · 긍정적 결과, 그리고 기후변화에 적응하기 위한 옵션을 다루고 있다. 그리고 실무 그룹 Ⅲ는 온실기체 방출을 제한하기 위한 옵션을 평가하고 그 밖에 기후변화를 완화시키는 것뿐만 아니라 경제적 이슈에 대해서도 평가한다. 그러므로 IPCC는 또한 기후변화에 따른 개발도상국가의 반응과 위험을 평가하는 것에 관계된 과학적, 기술적, 사회적, 경제적 정보를 정부에 제공한다. 위의 세 실무 그룹으로부터 약 120개국의 400명에 가까운 전문가가 IPCC 보고서에 직접적으로 밑그림을 그리고 수정하고 마무리하는 데 관여하였다. 또 다른 2,500명의 전문가가 검토 과정에 참여하였다. 비정부 조직을 포함한 국제 조직과 각국 정부가 IPCC 저자들을 지명한다. 이 보고서는 지구 온난화에 관심이 있는 모든 사람들에게 필독서이다. 2008년에 IPCC는 지난 20년간 수행한 모든 업적을 기리는 의미에서 앨 고어(Al Gore)와 함께 노벨평화상을 공동 수상하게 되었다.

는 점에 주목할 필요가 있다. 모델들은 18~59cm 사이의 지구 평균 해수면 상승을 예측하였다. 그린란드와 남극 대륙에 있는 빙하가 녹는다면, 해수면 상승의 범위는 28~79cm에 이른다. 이런 모든 예측은 전구 온도와 빙상의 손실 사이에 선형의 반응을 가정한 것이다. 이런 가정은 현실적이지 않기 때문에 해수면 상승 폭은 훨씬 더 커질 수 있다.

지구 온난화의 영향은 지구의 온도가 상승하면서 두드러지게 증가할 것이다. 홍수와 가뭄, 혹서와 폭풍의 재현 주기와 강도가 악화될 것이다. 특히, 해수면 상승은 폭풍해일과 홍수의 영향을 증가시켜 해안 도시와 인근 지역에 큰 피해를 입힐 것이다. 물과 식량을 감소시킬 수 있는 극한 기후의 증가로 수십억의 인구가 질병에 걸려 공공의 건강에 상당한 악영향을 미칠 것이다. 또한 지구 온난화는 생물 다양성을 위협한다. 생태계는 이미 서식지의 손실과 오염, 사냥 등으로 극심한 퇴화를 겪고 있다. 2007년에 발간된 밀레니엄 생태계 평가 보고서는 매 시간마다 알려진 세 가지 종이 멸종되고

북유럽에서 2003년 발생한 열파로 3만 5,000명이 사망했으며, 열파가 너무 극심하여 라인 강이 말라 버렸다.

있음을 제시하였다. 2008년 지구생존지수(Living Planet Index)는 지구 척추동물의 다양성이 35년 만에 1/3이상 떨어졌다고 보고하였다. 이는 화석의 기록에서 관측된 그 어떤 것보다 현재의 멸종 속도가 1만 배 이상 빠르다는 것을 보여 준다. 지구 온난화는 그런 종의 감소를 가속화시킬 수 있다. 경제적 충격도 심각할 것이며, 대규모 이주와 무력 충돌이 발생할 수 있다.

기후변화의 안전한 수준은 어느 정도일까?

그렇다면 어느 정도 수준의 기후변화까지 '안전' 할까? 영국 정부는 이 중요한 주제를 논의하기 위해 2005년 2월에 영국 엑시터(Exeter)에서 국제과학회의를 개최하였다. 그들은 지구 온난화를 산업혁명 이전의 평균기온보다 최대 2℃ 상승하는 수준으로 제한해야 한다고 권고하였다. 이 임계값 이하에서는 지역별 기후변화로 인한 승자와 패자가 모두 있을 수 있지만, 그 이상이 되면 모두 패배할 것으로 보았다. 하지만 기온 상승은 이 임계값을 초과할 것으로 보인다. 이미 0.75℃의 상승이 일어났고, 2000년에

2004년 할리우드의 블록버스터 영화인 "투모로우(The Day After Tomorrow)"는 미국에서만 적어도 2,100만 명의 많은 사람들이 관람하였다. 영화에서는 기후변화가 수 년도 아닌, 수 주 안에 일어난다. 가장 잊지 못할 장면 중 하나는 빙상이 녹아 뉴욕에 홍수를 일으키는 것이다. 남극 대륙과 그린란드에는 여전히 녹으면 지구 해수면 고도를 70m 상승시킬 충분한 얼음이 있다. 좋은 소식은 이런 현상이 일어날 가능성은 매우 적다는 것이다. 왜냐하면 대부분의 얼음이 매우 안정한 동쪽의 남극 대륙 빙상에 안전하게 잠겨 있기 때문이다.

모든 배출을 멈춘다고 하여도 기후 시스템의 피드백과 관성으로 인하여 0.6℃ 더 상승할 것이다. 작은 기온 상승의 영향이 엄청나다면, 5~6℃의 지속적인 지구 기온 상승의 결과는 끔찍할 것이다. 이런 기온 상승은 다음 세기의 중반까지 그린란드와 남극 대륙 서부의 빙상을 녹이고 해수면을 12m 상승시킬 수도 있다. 영국 환경부는 이를 막기 위하여 에식스(Essex)에서 켄트(Kent)까지 24km 길이인 템스 강 하구의 둑을 4.5m 높일 계획이다. 하지만 13m의 상승은 인근의 모든 낮은 저지대 해안과 강변에 위치한 도시 지역이 홍수를 겪고 영구적인 손실을 입을 수도 있는 높이를 의미한다. 현재 세계 인구의 1/3은 해안선의 100km 이내에 거주하고, 세계 20개 대도시 중 13개 도시는 해안에 위치해 있다. 결과적으로 수십억의 인구가 대규모로 이주하게 될 수 있다. 북대서양 순환이 붕괴되어 서유럽은 여름 열파에 이어 혹한의 겨울을 겪을 수 있다. 적어도 전 세계 30억 인구는 물 부족을 겪을 것이며, 수십억 이상의 인구는 굶주림에 직면하게 될 것이다. 점차 무력 충돌의 위험이 매우 높아질 것이다. 세계 곳곳의 공공 건강 시스템도 붕괴될 것이다. 전 세계 생물 다양성은 황폐화될 것이다.

비용은 어느 정도인가?

그렇다면 세계를 구하는 비용은 어느 정도인가? 2006년 기후변화의 경제에 대해서 영국 정부의 위임을 받은 스턴 경(Sir Nicolas Stern)의 논평에 따르면, 지금 할 수 있는 모든 것을 하고 전구적으로 온실기체 배출을 줄이며, 다가오는 기후변화의 영향에 적응하는 것이 보장된다면, 매년 세계 GDP의 단 1%에 해당하는 비용이 들 것이라고 하였다. 그러나 우리가 기후변화의 영향에 대해 어떤 노력도 하지 않는다면, 매년 세계 GDP의 5~20%에 해당하는 비용이 들 수 있다. 이런 수치는 논쟁의 대상이 되어 왔다. 소수의 전문가들은 지구에서 방출되는 탄소는 최악의 예측보다 더 빠르게 증가하고 있어서 전 세계 경제를 저탄소로 전환시키는 데 드는 비용이 GDP의 1%보다 더 클 수 있다고 주장하였다. 이에 대하여 스턴 경은 최근 그의 수치를 세계 GDP의 2%로 수정하였다. 반면 다른 사람들은 이런 비용이 전구 탄소 거래 시스템에 의해서 쉽게 상쇄될 수도 있다고 주장한다. 다른 전문가들은 지구 온난화의 영향과 그 관련된 비용은 IPCC와 스턴 경의 재검토에 의해서 과소평가되었다고 말한다. 지구 온난화를 해소하기 위한 비용-편익이 스턴 경이 제시한 것보다 적더라도, 우리가 수천만 인구의 죽음과 10억 인류의 빈곤 증가를 막아야 한다는 윤리적 문제를 안고 있다는 것은 부인할 수 없는 현실이다.

해결책

지구 온난화는 전 세계 사회의 주요 도전 과제이다. 우리는 앞에 놓여 있는 이 문제를 과소평가해서는 안 된다. 2007년 IPCC의 기후 예측은 2000년에 실제적으로 예측된 다가오는 100년의 탄소 배출량 시나리오에 근거한 것이다. 2000년에서 2010년 사이의 탄소배출량은 중국의 경제 성장으로 인해 현재 IPCC가 아시아에 대해서 추정한 가장 높은 값인 3~5% 대신에 11~13% 증가할 것이다. 게다가 모든 나라의 동의를 얻기 위하여 IPCC가 사용한 합의 접근법은 그런 값이 보수적이라는 것을 의미한다. 이것은 2100년까지 기후변화의 시나리오 중 최대 추정치에 해당하는, 기온이 6℃ 이상 급격하게 상승하는 상황에 직면할 수 있다는 것을 의미한다. 또한 기후 시스템은 선형이 아니며, 중요한 기후변화가 급격하게 발생할 때는 주요한 티핑 포인트가 있을 것이다. 옆면 그림은 가까운 미래에 가장 일어날 가능성이 높고, 가장 엄청나게 충격적일 거라고 기후학자들이 믿는 티핑 포인트를 표시한 것이다. 우리가 현재 지구의 온실기체 방출 추세를 되돌릴 수 없다면, 이런 모든 티핑 포인트는 미래에 분명히 일어날 것이다.

그렇다면 지구 온난화의 해결책은 무엇인가? 가장 먼저 국제적으로 정치적인 해결책을 찾아야 한다. 우리는 포스트-2012년 협약 없이 전 세계적으로 엄청나게 증가하고 있는 탄소 배출량과 비극적인 지구 온난화를 바라만 보고 있다. 게다가 모든 정치적 협의에는 개발도상국을 포함시켜야 하고 그들의 급속한 경제 성장을 보장해야 한다. 왜냐하면, 가장 가난한 나라의 사람들이 현재 선진국 사람들이 즐기고 있는 것과 동일한 생활을 누릴 권리도 도덕적으로 중요하기 때문이다. 또한, 세계 탄소 배출을 줄이는 방안을 얻기 위하여 대체 에너지와 재생 가능한 에너지 자원, 그리고 저탄소 기술에 대한 많은 투자가 필요하다. 우리는 세계의 정치와 청정 에너지 기술에 모든 기대를 걸 수 없다. 그래서 우리는 최악의 사태에 대비하고 적응하여야 한다. 지금 실행한다면, 기후변화에 의해 야기될 수 있는 많은 비용과 손실을 크게 줄일 수 있다. 이것은 매우 단기적인 정치의 속성 때문에 대부분의 사회가 할 수 없는 향후 50년 계획을 국가와 지역이 할 필요가 있다는 것을 의미한다. 그래서 지구 온난화는 우리가 우리 사회를 조직한 바로 그 방식에 의문을 던지게 한다. 그것은 전 지구적 책임 대 민족 국가라는 개념뿐만 아니라 정치 지도자의 단기적 비전에 도전하는 것이다. 지구 온난화에 대해서 무엇을 할 수 있는지에 대해 답하기 위해서, 우리는 훨씬 더 전 세계적이고 장기적으로 지속

위 다음 100년 안에 일어날 수도 있는 잠재적인 기후변화 티핑 포인트의 지도

왼쪽 '현재와 같은 방식(business-as-usual)'의 세계(현재 방출되는 추세가 계속됨)와 대기 중 이산화탄소 농도를 550ppm 또는 450ppm로 안정화시켰을 때에 대해서 예측된 이산화탄소 배출량. 많은 과학자들은 우리가 기후변화를 2℃ 아래로 유지시키려면 450ppm을 목표로 해야 한다고 믿는다. 그러나 우리는 이미 387ppm에 있고 미래에 이산화탄소 방출량은 매년 2ppm 이상 오를 수도 있다.

가능한 접근 방식을 채택할 수 있도록 사회의 기본적인 규칙을 일부 바꾸어야 한다.

결론

빙하시대는 지난 250만 년 동안의 뚜렷한 기후였으며, 그 유산은 우리 주변 어디에서나 볼 수 있다. 그린란드와 남극의 거대한 빙상이 오늘날 전구 기후의 추위에 대한 증거이다. 아이러니하게도 기후가 온실기체의 증가에 대해서 민감하게 만든 것도 빙하이다. 많은 빙상을 갖고 있는 지구의 대기에 온실기체가 많이 유입되면 어떤 일이 일어날지, 인류의 가장 거대한 실험이 지금 진행 중인 것이다. 우리는 이 거대한 실험을 늦출 수 있고 심지어 멈추게 할 수 있는 기술적이고 정치적인 해결책을 갖고 있으므로 절망하지 않는다. 그러나 우리는 그것들을 사용할 것인지를 선택하여야 한다. 빙하시대의 연구가 우리에게 말하는 것은 기후가 변할 때 그것은 갑자기 그리고 경고 없이 나타난다는 것이다.

옆면 대체 에너지 공급은 이산화탄소 배출을 줄이므로 지구의 미래를 위해서 필수적이다. 만약 바람 터빈이 충분히 크다면, 바람 터빈은 전기를 생산하기 위한 효율적인 수단이다. 한 연구에 의하면 바람은 원칙적으로 12만 5,000TW/h 이상을 만들 수 있고, 그것은 현재 전 세계 전기 수요의 5배에 해당한다.

아래 태양광 패널은 각 태양 빛이 패널에 부딪쳐 그 속에서 전자를 나오게 할 때 전기를 만든다. 주요 장점은 에너지가 필요한 어디든지 설치할 수 있고 전기를 이동시키기 위해서 필요한 모든 기반 시설이 필요 없다는 것이다.

더 읽을거리

고기후변화, 지질시대, 빙하시대의 동물상과 지구 온난화에 관한 학술 문헌은 상당히 다양하다. 여기서는 앞서 다루었던 다양한 주제에 대하여 일반인의 입장에서 더 읽어 볼 만한 책으로서 처음 접하기 쉬운 것을 나열하였다.

1 빙하시대의 발견

Bahn, P. (ed.) *The Cambridge Illustrated History of Archaeology*, Cambridge University Press, Cambridge 1996

Imbrie, J. and Palmer Imbrie, K. *Ice Ages: Solving the Mystery*, Harvard University Press, Cambridge, MA 1979

Lurie, E. *Louis Agassiz: A Life in Science*, Johns Hopkins University Press, Baltimore 1988

2 단서를 찾아서

Berger, A.J. et al. (eds) *Milankovitch and Climate: Understanding the Response to Astronomical Forcing*, D. Reidel, Dordrecht 2007

Flint, R.F. *Glacial and Quaternary Geology*, John Wiley, New York 1971

Imbrie, J. and Palmer Imbrie, K. *Ice Ages: Solving the Mystery*, Harvard University Press, Cambridge, MA 1979

Ruddiman, W. *Earth's Climate: Past and Future*, 2nd edition, W.H. Freeman, New York 2007

3 빙하시대는 어떻게 시작되었나

Alley, R.B. *The Two-Mile Time Machine: Ice Cores, Abrupt Climate Change and our Future*, Princeton University Press, Princeton, NJ 2002

Christopherson, R.W. *Geosystems: An Introduction to Physical Geography*, 7th Edition, Prentice Hall, Upper Saddle River, NJ 2005

Corfield, R. *Architects of Eternity: The New Science of Fossils*, Headline Publishing, London 2001

Ruddiman, W.F. *Earth's Climate: Past and Future*, 2nd edition, W.H. Freeman, New York 2007

Seidov, D., Haupt, B.J. and Maslin, M.A. (eds) *The Oceans and Rapid Climate Change: Past, Present and Future*, AGU Geophysical Monograph Series Volume 126, 2001

Williams, M. et al., Quaternary Environments, 2nd edition, Edward Arnold, London 1998

4 기후의 롤러코스터

Alley, R.B. *The Two-Mile Time Machine: Ice Cores, Abrupt Climate Change and our Future*, Princeton University Press, Princeton, NJ 2002

Anderson, D.E., Goudie, A.S. and Parker, A.G. *Global Environments Through the Quaternary: Exploring Environmental Change*, Oxford University Press, Oxford and New York 2007

Lowe, J. and Walker, M. *Reconstructing Quaternary Environments*, 2nd edition, Prentice Hall, NJ 1997

Maslin, M.A. 'Quaternary Climate Thresholds and Cycles', *Encyclopedia of Paleoclimatology and Ancient Environments*, Kluwer Academic Publishers Earth Science Series 841–855, 2008

Maslin, M.A., Mahli, Y., Phillips, O. and Cowling S. 'New Views on an Old Forest: Assessing the Longevity, Resilience and Future of the Amazon Rainforest.' *Transactions of the Institute of British Geographers* 30, 4, 390–401, 2005

Ruddiman, W.F. *Earth's Climate: Past and Future*, 2nd edition, W.H. Freeman, New York, 2007

Williams, M. et al., *Quaternary Environments*, 2nd edition, Edward Arnold, London, 1998

Wilson, R.C.L., Drury S.A., and Chapman J.L., *The Great Ice Age: Climate Change and Life*, Routledge, London and New York 2003

5 인류 이야기

Boaz, N.T. and Ciochon, R.L. *Dragon Bone Hill: An Ice-Age Saga of Homo erectus*, Oxford University Press, Oxford and New York 2004

Fagan, B.M. *The Great Journey: The Peopling of Ancient America*, Revised edition, University Press of Florida, Gainesville 2004

Fagan, B.M. *The Journey from Eden: The Peopling of Our World*, Thames & Hudson, London and New York 1990

Gamble, C. *Timewalkers: The Prehistory of Global Colonization*, Harvard University Press, Cambridge, MA 1994

Haynes, G. *Early Settlement of North America: The Clovis Era*, Cambridge University Press, Cambridge and New York 2002

Hoffecker, J.F. *A Prehistory of the North: Human Settlement of the Higher Latitudes*, Rutgers University Press, New Brunswick 2005

Hoffecker, J.F. and Elias, S.A. *Human Ecology of Beringia*, Columbia University Press, New York 2007

Lewin, R. *Human Evolution: An Illustrated Introduction*, Revised edition, John Wiley & Sons, New York 2004

Mellars. P. *The Neanderthal Legacy: An Archaeological Perspective from Western Europe*, Princeton University Press, Princeton, NJ 1996

Mithen, S. *The Prehistory of the Mind: The Cognitive Origins of Art and Science*, Thames & Hudson, London and New York 1996

Pitts, M. and Roberts, M. *Fairweather Eden: Life in Britain Half a Million Years Ago as Revealed by the Excavations at Boxgrove*, Random House UK, London 1998

Stringer, C. and Andrews, P. *The Complete World of Human Evolution*, Thames &

Hudson, London and New York 2005
Stringer, C. *Homo Britannicus*, Allen Lane, London 2006
Stringer, C. and Gamble, C. *In Search of the Neanderthals: Solving the Puzzle of Human Origins*, Thames & Hudson, London and New York 1993
Stringer, C. and McKie, R. *African Exodus: The Origins of Modern Humanity*, Henry Holt and Company, New York 1996
Swisher, C.C., Carl, C., Curtis, G.H. and Lewin, R. *Java Man: How Two Geologists' Dramatic Discoveries Changed Our Understanding of the Evolutionary Path to Modern Humans*, Scribner, New York 2000
Tattersall, I. *The Last Neanderthal: The Rise, Success, and Mysterious Extinction of Our Closest Human Relatives*, Westview Press, Boulder 1999
Tattersall, I. and Schwartz, J.H. *Extinct Humans*, Westview Press, Boulder 2000
Trinkaus, E. and Shipman, P. *The Neandertals: Of Skeletons, Scientists, and Scandal*, Vintage Books, New York 1992
Walker, A. and Shipman, P. *The Wisdom of the Bones: In Search of Human Origins*, Alfred A. Knopf, New York 1996
Wood, B. *Human Evolution: A Very Short Introduction*, Oxford University Press, Oxford and New York 2005

6 빙하시대의 농불 이야기

Flannery, T. *The Eternal Frontier: An Ecological History of North America and its Peoples*, Penguin, London 2001 and Vintage, New York 2002
Guthrie, R.D. *Frozen Fauna of the Mammoth Steppe: The Story of Blue Babe*, Columbia University Press, New York 1990
Lange, I.M. *Ice Age Mammals of North America: A Guide to the Big, the Hairy and the Bizarre*, Mountain Press Publishing Company, Missoula, MT 2002
Lister, A. and Bahn, P. *Mammoths: Giants of the Ice Age*, Frances Lincoln, London 2007
Long, J., Archer, M., Flannery, T. and Hand, S. *Prehistoric Mammals of Australia and New Guinea: One Hundred Million Years of Evolution*, Johns Hopkins University Press, Baltimore 2002
Martin, P.S. *Twilight of the Mammoths: Ice Age Extinctions and the Rewilding of America*, California University Press, Berkeley 2005
Molnar, R.E. *Dragons in the Dust: The Paleobiology of the Giant Monitor Lizard Megalania*, Indiana University Press, Bloomington and Indianapolis 2004
Turner, A. and Antón, M. *The Big Cats and their Fossil Relatives*, Columbia University Press, New York 1997
Turner, A. and Antón, M. *Evolving Eden: An Illustrated Guide to the Evolution of the African Large-mammal Fauna*, Columbia University Press, New York 2004
Turner, A. and Antón, M. *Prehistoric Mammals*, National Geographic, Washington D.C. 2004

7 빙하 이후

Bailey, G. and Spikins, P. (eds) *Mesolithic Europe*, Cambridge University Press, Cambridge 2008
Barker, G. *The Agricultural Revolution in Prehistory*, Oxford University Press, Oxford 2006
Diamond, J. *Collapse: How Societies Choose to Fail or Survive*, Penguin, London and New York 2006
Diamond, J. *Guns, Germs and Steel: A Short History of Everybody for the Last 13,000 Years*, Vintage, London 1998 and W.W. Norton, New York 1999
Fagan, B.M. *Floods, Famines and Emperors: El Niño and the Fate of Civilizations*, Basic Books, New York 2009
Fagan, B.M. *The Great Warming: Climate Change and the Rise and Fall of Civilizations*, Bloomsbury, London and New York 2008
Fagan, B.M. *The Long Summer: How Climate Changed Civilization*, Granta Books, London 2005, Basic Books, New York 2004
Fagan, B.M. *The Little Ice Age: How Climate Made History 1300–1850*, Basic Books, New York 2001
Mithen, S. *After the Ice: A Global Human History, 20,000–5,000 BC*, second edition, Orion, London 2004 and Harvard University Press, Cambridge, MA 2006
Renfrew, C. *Prehistory: The Making of the Human Mind*, Weidenfeld, London 2008 and Modern Library, New York 2008

8 미래는 더워질까, 추워질까

Corfee-Morlot, J., Maslin, M.A. and Burgess, J. 'Climate Science in the Public Sphere', *Philosophical Transactions A of the Royal Society*, 2007
Flannery, T. *The Weather Makers: Our Changing Climate and What it Means for Life on Earth*, Grove/Atlantic, New York 2006 and Penguin, London 2007
Gribbin, J. *Hothouse Earth: The Greenhouse Effect and Gaia*, Grove/Atlantic, New York, 1990
Houghton, J.T. *Global Warming: The Complete Briefing*, 3rd edition, Cambridge University Press, Cambridge 2004
Lovelock, J. *The Ages of Gaia: A Biography of Our Living Earth*, Oxford University Press, Oxford and New York 2000
Maslin, M. *A Very Short Introduction to Global Warming*, Oxford University Press, Oxford 2008
Metz et al. (ed.) IPCC *Climate Change 2007: Mitigation of Climate Change, Contribution of Working Group III to the Fourth Assessment Report of the Intergovernmental Panel on Climate Change*, Cambridge University Press, Cambridge 2007
Monbiot, G. *Heat*, Allen Lane, London 2006
Stern, N. *The Economics of Climate Change: The Stern Review*, Cambridge University Press, Cambridge 2007
Walker, G. and King, D. *The Hot Topic*, Bloomsbury, London 2008

저자 소개

브라이언 페이건(Brian M. Fagan)

산타바바라에 있는 캘리포니아대학 인류학과의 명예교수이다. 그는 40편이 넘는 다양한 주제의 책을 편집하거나 집필하였으며 대부분 고기후 변화에 관한 것이다. 그의 대표적인 저서는 『홍수, 기근 그리고 제국 : 엘니뇨와 문명의 운명(*Floods, Famines and Emperors: El Niño and the Fate of Civilizations*)』, 『소빙하시대 : 기후가 역사를 어떻게 만들었는가(*The Little Ice Age: How Climate Made History*)』, 『대규모의 온난화 : 기후변화와 문명의 흥망성쇠(*The Great Warming: Climate Change and the Rise and Fall of Civilizations*)』, 『긴 여름 : 기후가 문명을 어떻게 변화시켰는가(*The Long Summer: How Climate Changed Civilization*)』 등이 있다. 또한 『고대 세계의 70가지 미스테리(*The seventy Great Mysteries of the Ancient World*)』, 『고대의 70가지 대단한 발명(*The seventy Great Inventions of the Ancient World*)』, 『디스커버리! 고고학에서 새로운 보물의 발굴(*Discovery! Unearthing the New Treasures of Archaeology*)』 등을 편집하였으며, 이 책은 모두 Thames & Hudson 출판사에서 출판하였다.

마크 마슬린(Mark Maslin)

UCL(University College London)의 교수이며, UCL 환경연구소 소장을 맡고 있다. 그는 고기후학의 대가이며, 정부의 기후변화에 관한 정책과 전구적 기후변화, 해양순환, 애리조나 그리고 동부 아프리카에서 나타난 과거의 기후변화 원인과 미래 등의 주제 등 전지구적 고기후변화와 지역적 고기후변화에 관한 전문가이다. 그는 유명한 『지구온난화(*Global Warming: A Very Short Introduction*)』 등 7권의 저서를 집필하였고, 90편이 넘는 논문을 발표하였다. 마슬린 교수가 주도한 첫번째 UCL 환경연구소 정책보고서는 2007년 채널4에서 방영한 특별방송 프로그램인 "Greenwash"의 기초가 되었다.

존 호페커(John F. Hoffecker)

콜로라도대학의 극지와 알프스 연구소 연구원이다. 추위에 대한 인류의 적응으로 나타나는 진화에 관한 전문가로서, 주요 연구 주제와 집필 주제는 러시아와 알래스카의 빙하시대 고고학이다. 그는 2005년에 러시아과학아카데미(the Russian Academy of Sciences)에서 명예학위를 받았다. 그는 수많은 저서를 집필하였으며, 『황폐한 경관(*Desolate Landscapes*)』, 『북반구의 선사시대(*A Prehistory of the North*)』, 그리고 스콧 일라이어스(Scott A. Elias)와 함께 쓴 『베링 육교의 인류 생태(*Human Ecology of Beringia*)』 등이 대표적이다.

한나 오리건(Hannah O'Regan)

영국 리버풀 존무어대학의 선임 연구원으로 고고학자이며 고생물학자이다. 그녀는 특히 빙하시대의 육식동물과 동굴 고고학에 관심을 두고 있다. 그녀는 초기 인류 및 초기 영장류를 포함한 제4기 포유류의 분포와 아프리카 남부의 육식동물 화석, 동물의 역사와 고고학 그리고 영국 북부의 동굴 고고학에 관한 논문을 다수 집필하였다. 그녀는 영국과 남부 아프리카에 있는 250만 년 전에서 20세기 초까지 다양한 연대를 보이는 수많은 고고 유적지에서 일했다.

역자 소개

이승호

건국대학교 지리학과를 졸업하고, 같은 대학 대학원에서 기후학을 전공하여 이학석사와 이학박사를 받았다. 공군기상대에서 예보장교를 하였고, 제주대학교 지리교육전공 전임강사를 거쳐, 1995년부터 건국대학교 지리학과 교수로 재직 중이다. 현재 건국대학교 기후연구소 소장과 대한지리학회 부회장을 맡고 있다. 주요 저서는 『기후학의 기초』, 『아일랜드 여행지도』, 『기후학』, 『한국의 기후&문화 산책』, 『자연과의 대화, 한국』 등이 있으며, 최근 기후변화와 그 영향에 대하여 연구하고 있다.

김맹기

공주사범대학교 지구과학교육과를 졸업하고, 서울대학교에서 대기과학으로 석사학위와 박사학위를 받았으며, 미항공우주국 고다드우주비행센터(GSFC) 방문연구과학자이다. 현재는 공주대학교 대기과학과 교수로 재직하고 있다. 연구 분야로는 에어로졸이 기후변화에 미치는 영향, 장기 기후예측, 극한 기후 등이며, 공저로 『대기관측법』, 『길들여지지 않는 날씨』 등이 있다.

황상일

경북대학교 사범대학 지리교육과를 졸업하고, 같은 대학 대학원에서 자연지리학을 전공하여 석사학위를 받았다. 독일 프라이부르크대학 지구과학부를 졸업하였다. 박사학위 논문은 『Holocene 한반도 충적평야 퇴적환경』이다. 현재 경북대학교 사회과학대학 지리학과 교수로 지형학, 제4기학, 고고지리학을 강의하고 있다. 저서로는 『한국의 지형 발달과 제4기 환경변화』, 『한국의 제4기 환경』 등이 있다.

사진 출처

1 Stephen Morley; **2-3** The Natural History Museum, London; **4-5** Semitour Périgord; **7** Julia Razumovitch/ istockphoto.com; **8** © Roger Ressmeyer/Corbis; 1 Francesco Tomasinelli/Tips Images; **9** The Art Archive/Corbis; **10-11** Kenneth Garrett/National Geographic; **13** Benoit Audureau/The Natural History Museum, London; **14** Colin Monteath/Minden Pictures/National Geographic; **15** Jan Will/istockphoto.com; **16-17** Anthony Dodd/istockphoto.com; **18** Muséum de'histoire naturelle de Neuchâtel; **19** Charles Lyell, *A Second Visit to the United States*, 1849; **20** Goldenhawk/SnapVillage; **21** A. Geikie, *Life of Sir R I Murchison..with notices of his scientific contemporaries...*, 1875; **22-23** Louis Agassiz, *Etudes Sur Les Glaciers*, 1841; **25** Kenneth Garrett/ National Geographic; **26-27** The Natural History Museum, London; **28** Imagestate/ Tips Images; **29** James Geikie, *The Great Ice Age*, 1894 (3rd edition); **30-31** Eric Grave/Science Photo Library; **32** © Phil Schermeister/Corbis; **33** © Lowell Georgia/Corbis; **34** Simpson, *Eruption of Krakatoa*, 1888; **35** James Campbell Irons, *Autobiographical Sketch of James Croll*, 1875; **36** James Croll, *Climate and Time in their Geological Relations*, 1875; **37a** Vasko Milankovitch; **39a** Emilio Segre Visual Archives/American Institute of Physics/ Science Photo Library; **39b** James King-Holmes/Science Photo Library; **40** Des Bartlett/Science Photo Library; **41** © Dean Conger/Corbis 43 E. R. Degginger/ Science Photo Library; **44** Roman Krochuk/istockphoto.com; **45** Roger Harris/Science Photo Library; **47** IDOP; **48-49** Bill Grove/istockphoto.com; **51b** NASA Goddard Space Flight Center; **55** NASA; **56a** Science Photo Library; **56b** Mark Maslin; **60-61** NOAA/Science Photo Library; **57** TT/istockphoto.com; **62-63** Anne Jennings; **64** © Mike Zens/ Corbis; **65** David M. Anderson, NOAA Paleoclimatology Program and INSTARR, University of Colorado, Boulder; **67** ML Design **68** ML Design **70** ML Design **71** Viktor Glupov/istockphoto.com; **72-73** © Dominic Harcourt Webster/ Robert Harding World Imagery/Corbis; **74l** U.S. Geological Survey; **74r** Markus Divis/istockphoto.com; **75** ML Design **76-7** ML Design **79** Morley Read/ istockphoto.com; **78** Heikie Hofstaetter/ istockphoto.com; **85** ML Design **86** Nancy Nehring/istockphoto.com; **87** After John T. Andrews and Thomas G. Andrews; **88** The Bedford Institute of Oceanography and Dalhousie University for the University of Colorado; **90** Anne Jennings; **91** ML Design **92** Javier Trueba/ MSF/Science Photo Library; **92-93** Getty Images; **95** Konrad Wothe/Minden Pictures/National Geographic; **96** John Reader/Science Photo Library; **97** Javier Trueba/MSF/Science Photo Library; **98** Kenneth Garrett/National Geographic; **99** Kenneth Garrett/National Geographic; **100** Volker Steger/Nordstar – 4 Million Years of Man/Science Photo Library; **101** Mary Jelliffe/Ancient Art & Architecture; **102** John Sibbick; **103a** Photo RMN; **103b** John Sibbick; **104** © Boxgrove Project; **105a** ML Design, after Bocherens et al, 2005; **105b** Imagestate/Tips Images; **106a** © Boxgrove Project; **106r** Christa S. Fuchs, Niedersächisches Landesamt für Denkmalpflege; **107** © Boxgrove Project; **108-9** Philippe Plailly/Eurelios/Science Photo Library; **110** Courtesy Professor Naama Goren-Inbar; **111** John Sibbick; **112** ML Design **113** Kenneth Garrett/ National Geographic; **114** Kenneth Garrett/National Geographic; **115** Viktoria Kulish/istockphoto.com; **116** The Natural History Museum, London; **117** Jeremy Percival; **118l** Javier Trueba/MSF/Science Photo Library; **119** State Hermitage Museum, St Petersburg; **118r** Jay Maidment/The Natural History Museum, London; **120-121** ML Design **122** Courtesy Chris Henshilwood; **123** Courtesy Chris Henshilwood; **125a** Sisse Brimberg/ National Geographic; **125b** French Ministry of Culture and Communication, Regional Direction for Cultural Affairs – Rhône–Alpes region – Regional department of archaeology; **126** Thomas Stephan © Ulmer Museum; **127** State Hermitage Museum, St Petersburg; **128-9** John Sibbick; **130** State Hermitage Museum, St Petersburg; **131** akg-images/Erich Lessing; **132** Photo RMN; **133** Sisse Brimberg/National Geographic; **134-35** Semitour Périgord; **136** Kenneth Garrett/National Geographic; **137** Irina Igumnova/ istockphoto.com; **138-9** John Sibbick; **140** ML Design **141** Courtesy of Smithsonian Institution, Washington D.C.; **1142-3** John Cancalosi/National Geographic; **145a** Arco Digital Images/Tips Images; **145b** The Natural History Museum, London; **146** © Gallo Images/Corbis; **147a** Ghar Dalam Museum, Malta; **147b** ML Design **149** John Reader/Science Photo Library; **150** Lee Pettet/istockphoto.com; **152** Mauricio Anton/Science Photo Library; **153** Philippe Plailly/ Eurelios/Science Photo Library; **154** French Ministry of Culture and Communication, Regional Direction for Cultural Affairs - Rhône-Alpes region - Regional department of archaeology; **155** Mauricio Anton/Science Photo Library; **156** Martin Raul/National Geographic; **157** Mauricio Anton/Science Photo Library; **158a** Richard Nowitz/National Geographic; **158b** Muséum Autun; **159** A.V. Lozhkin; **160** RIA Novosti; **161a** Michael Long/The Natural History Museum, London; **161b** ML Design **162** Jean Vertut; **163** Semitour Périgord; **164-5** French Ministry of Culture and Communication, Regional Direction for Cultural Affairs – Rhône–Alpes region – Regional department of archaeology; **166** The

University of Leeds, School of Biology; **167** The Natural History Museum, London; **168** Martin Shields/Science Photo Library; **169** University of Alaska Museum; **171** The Natural History Museum, London; **172a** Mauricio Anton/Science Photo Library; **172b** Paleozoological Museum of China, Beijing; **173** Courtesy of Smithsonian Institution, Washington D.C.; **174** Martin Shields/Science Photo Library; **175** Tom McHugh/Science Photo Library; **176** W K Fletcher/Science Photo Library; **177** Jason Edwards/National Geographic; **178** South Australian Museum, Adelaide; **179a** Science Source/Science Photo Library; **179b** Tasmanian Archive and Heritage Office, State Library of Tasmania; **180** South Australian Museum; **181** South Australian Museum, Adelaide; **182** Richard Nowitz/National Geographic; **185** ML Design **186-7** © Paul Almasy/Corbis; **189** ML Design **190** Norbert Rosing/National Geographic; **191** The British Museum, London; **192** © Adam Woolfitt/Corbis; **193a** Marja Gimbutas; **193b** National Museum of Denmark, Copenhagen; **194** R. Workman; **195** © Hanan Isachar/Corbis; **196** Sisse Brimberg/National Geographic; **197a** Israel Antiquities Authority, Jerusalem; **197b** © Keren Su/Corbis; **198** Lowell Georgia/National Geographic; **199a** SnapVillage; **199b** The British Museum, London; **200** The British Museum, London; **201** © Georg Gerster/Panos Pictures; **202** Craig Chiasson/istockphoto.com; **203** Martin Gray/National Geographic; **205** The Art Archive/ Museum of London/Eileen Tweedy; **206-7** © Kennan Ward/Corbis; **208** Chromorange/Tips Images; **212** © Paul Souders/Corbis; **214** NASA; **215** © David J. Philip/epa/Corbis; **216** IPCC; **217** Michael Utech/istockphoto.com; **218a** From *The Atlas of the Real World: Mapping the Way We Live* by Daniel Dorling, Mark Newman and Anna Barford. © 2008 Daniel Dorling, Mark Newman and Anna Barford. Published by Thames & Hudson Ltd., London, 2008; **218b** Hidden Ocean 2005 Expedition, NOAA Office of Ocean Exploration; **220-1** Jeffrey Kargal USGS/NASA JPL/AGU; **222** NASA; **223** Mark Maslin; **224** © Bjorn Sigurdson/epa/Corbis; **225** © Martin Gerten/epa/Corbis; **226-7** TM 20th Century Fox/Album/AKG; **229** ML Design, after Mark Maslin; **230** drob/Snapvillage; **231** Elyrae/Snapvillage.

찾아보기